国家社科基金青年项目"现代汉语反意外标记的语用功能及其演化机制研究"（项目编号：21CYY029）结项成果

现代汉语反意外语用标记研究

陈禹 著

上海教育出版社

SHANGHAI EDUCATIONAL
PUBLISHING HOUSE

序

陈禹的"反意外"研究专著终于要出版了，这是我翘首期盼的事情。汉语语法研究一直是在积极借鉴国外语言学理论方法、努力挖掘汉语事实中前进的，但是新世纪以来，也遇到了十分严峻的挑战，要求我们从汉语事实出发，提出新的理论和新的研究方法。我认为陈禹的研究工作正是回应了这一时代的要求。

还记得最早接触到陈禹，是审他的一篇关于复句的文章，感觉颇为新奇，于是打听作者是谁。后来来往多了，知道他的研究风格和思考问题的习惯，我把他当成一个学习的榜样介绍给我的学生们，评价为"敢想，敢干，腹中自有乾坤"而且"精力充沛""善于说服别人"。我一直很羡慕他的博士导师萧国政先生，又得一佳弟子。其实当年我读博士时参加的博士论坛就是萧老师主持的，他也是我的前辈。大约因为如此，觉得和陈禹有一种天然的亲近感。

意外范畴研究是诸多研究中较有影响力的一个，不久之前才拜读了胡承佼的大作《现代汉语意外范畴研究》，今天又为陈禹的大作写序，感慨万千，不得不惊叹近年来汉语预期和意外研究的狂飙突进，日新月异。我最初是通过学习语言类型学领域的意外研究成果而入门的，但是不久就感到不满，因为描写现象、总结语言事实多，心理学和行为学的研究视角少，对意外的定义和归类大多就事论事，不够严谨，尤其是缺乏对相关规律的总结，因此还不能称为一种"理论"。后来和其他研究者一起提出和修订"意外三角"模型，目的就是为了澄清基础概念、解释决定因素和语用迁移规律。因为一些观念上的冲突，我的研究受到过批评，而且很有意思的是，批评意见之一是没有完全遵从国外的有关说法。这次看见陈禹的大作，看到他也受到过一些批评指责，但我觉得他真的是幸运多了，因为他闯入的是一个全新的领域,国外还没有相关的研究,所以不必受九九八十一难,就立地成佛了。

为了坚持"以我为主"的方针,提倡自主的理论创新,当时我正在将意外研究扩大到预期范畴的研究,并对意外标记的语法化做一些新的探索。这时陈禹来信说,他打算从相反的方向考察汉语的情况,并初步提出了"反意外"这一理念。看到信中的讲解,我当场便忍不住击节赞叹,认为这是真正和我的想法高度契合的研究,而如此大胆,如此爽快,既具有心理分析的优势,又揭示出一大批汉语语言形式的共同功能,实在解气得很!很有意思的是,他的几篇论文我都参与了审稿工作,后来又邀请他参加2020年召开的以"预期与意外"为主题的小型研讨会。在短短几年间,陈禹的反意外研究一发不可收拾,文章一篇篇发表,我初步统计有七八篇吧,形成了一个"反意外"研究系列;2021年他拿到国家社科项目,现在项目都已经顺利完成,著作也即将出版。

陈禹此书最主要的贡献是成功地建立起了"反意外"语用范畴,以及相关的理论和研究范式。包括但不限于以下几个方面:

首先,扩大了意外范畴研究的范围和对象,反意外作为意外的逆反镜像范畴,实际上是和意外统一在一个整体之中的,正如他所说的:意外是"感叹—疑问—否定"三角关系,而反意外是"轻说—无疑—肯定"。从这三个方面入手,可以揭示反意外的本质规律,是非常好的理论抓手。

其次,对汉语中一大批语词和格式,从反意外的角度进行了专门的研究。这些语言形式过去是划分在不同的领域中的,陈禹说明了它们的共性,认为它们是对反意外的不同侧面的反映,并且讨论了它们的语法化等问题,以此说明反意外是一种浮现的语用功能。作为初次尝试,一般的学者往往会集中论述一两个典型的范例,而陈禹一口气就研究了十几种。而且在本书的后面还有一个附录,这是迄今为止最为完善的归纳总结,对今后的研究者有十分重要的作用,请读者特别留意。陈禹的这种工作热情,实在是超出众人。

除此之外,在具体问题的分析中,还经常出现理论性的探讨,其中不乏真知灼见,可惜散见于各部分,没有集中起来。

另外,针对各种观点的交锋,进行仔细的分辨,尤其是第十八章,很有特色。是非对错其实并不重要,重要的是一群志同道合的研究者,能够针对纯粹的学术问题,毫无顾忌地进行辩论,头上没有紧箍咒,胸中但有百万雄,学术的进步就依赖于反对者的素质。陈禹就是这样一个比较纯粹的人,也正是因为如此,他的这一研究才会进展如此之快,获得了学界的广泛好评。

当然,作为新生的研究领域和理论塑造,有一些问题是难免的。下面说说我的几点看法,希望能对反意外研究的发展有所助益。

第一,对意外与反预期的关系,我认为是"意外=自反预期+强烈的情感倾向或情绪反映",也就是反对部分学者所说的"存在无预期的意外"的观点。其实,艾肯瓦尔德(Aikhenvald 2012)自己也注意到,并不是有新信息就可以导致意外,而是具有惊讶性质的新信息才会导致意外;另外,强星娜所说的"无定预期的反预期",我和王梦颖所说的"类指条件下的预期",正解释了前人所谓的"无预期的新信息"例子其实都是有预期的(有无定预期或类指条件下的预期)。

第二,"反意外"这一术语,我主张分为"无意外"和"解意外"两个方面。我看陈禹书中尚未作出决定性的定义,因为有时他又将反意外和无意外对立起来。

无意外是没有产生意外(一般是言者没有产生意外),一般没有专门的表现形式,用词汇形式可以说,如"有什么奇怪的吗?!""不觉得奇怪""并无可怪之处""倒也说得过去"等。

本书讨论的绝大多数语言现象其实是"解意外",即有人对某事感到意外,或者言者认为可能会有人对某事感到意外,言者试图给出某种理由、某种方法来说明无需意外,或者解除其意外,或者说明意外心理是不合理的,或者表示言者自己并不意外(从而与对方产生对比)。

第三,"意外=自反预期+强烈的情感倾向或情绪反映"的定

义,不但对意外研究很重要,而且对反意外研究也很重要。反意外因此可以从两个维度入手:

一个维度是针对"自反预期"。无意外是正预期(本书的合预期),如"他们开会,我当然不去,因为和我没有关系"。解意外是解反预期,如"你觉得他这样做不好,我早就说过他不是个好人",我早就说过,因此他的表现符合我的预期,当然也不会产生反预期,也就不会产生意外。再如"连老师都不能进去,更不用说你了!"以老师不能进去作为理由,说明你不能进去是合乎预期的,不必意外。再如"看我干什么? 爷想吃就吃!"我在大口吃东西,你感到意外,我说明我就是这样爽快的人,想吃就吃,我现在的行为是符合我的人设预期的。我个人觉得,解-反预期对解意外的作用相当地大,不能忽视。我把正预期和解-反预期合为"肯定"范畴。

另一个维度是针对"强烈的情感情绪"。正如亨格维尔德和奥尔贝茨(Hengeveld & Olbertz 2012)已经指出的,意外不仅仅是认识状态,还带有价值判断。为什么如此? 就是因为反预期并不就一定会导致意外,要触发强烈的情感情绪,还需要认知主体有价值判断,认为有关事件的"价值很大"(重说),因此才会惊讶。当然,除了价值大小,还有后续事件是否足以抵消其效果、主体的心理容受能力的大小等因素。

无意外是"价值很小"(轻说),如"我只是班上的第一名,没什么大不了的!"解意外则是保留反预期,但是试图消除这一反预期对认识主体的影响力,消除或不产生强烈的情感或情绪。这也是本书讨论的重点,大多数例句都与此相关。如"这事啊,我早就知道了!"你对这事感到意外,我却说这事我早知道了,因此已经在心理上有了足够的缓冲时间,意外性已经消解。再如"你不理他不就得了,发什么愁啊!"他老来惹你,这的确是反预期的,令你发愁,但是没关系,你不理他就不会有什么事,"不理他"这一后续事件完全可以消除反预期事件带来的消极影响,从而消解意外。再如"——老师辛苦了! ——没什么! 你们还不是一样辛苦!"你们对老师的辛苦感到意外,老师并不否定这一点,但是通过"你们一样辛苦"来对比,从而减弱老师辛苦的意义价值(大家都具有的情况不值得意外)。再如"别这样!只不过是当了个局长嘛!"言者表明局长是主观小量,因此重要性大大减少,不值得意外。我和李宇涵把这些都归纳为"轻说"范畴,我们认为有必要总结"轻说—重说"的基本认知规律,作为分类的标准。

第四,有一点本书在理论阐释部分没有详细地说明,但是附录的反意外标记表中却占据了极为重要的主导地位,这就是"轻说—无疑—肯定"反意外三角。每个标记陈禹都给出了它在三角中的位置,但是没有说明为什么是这样的取值,其中用括号的栏目是什么意思等等,深感遗憾。我一直很欣赏反意外三角,但也对其中的关系有一些思考:首先,所有反意外都应该是无疑的,表中的"何苦"是反问,当然无疑;"当真在家当起了大少爷?"也是反问,不会当大少爷;其他几个,如"终于、早、还是"等也是无疑的。其次,正如前面所说,肯定和轻说代表了反意外的两个基本方向:肯定破除反预期,轻说破除强烈的情感情绪。

第五,一个语词或格式并不是在任何用法中都具有反意外的性质,需要将反意外和不是反意外的例句清晰地区分开来,并且统一说明该语词或格式的基本意义在什么情况下浮现出反意外功能。如"有知识和没知识还不是一个样",本身是反预期/意外用法。

预期:有知识和没知识是不一样的(常理预期)。

当前信息:有知识和没知识一个样。

预期性:反预期

但是,如果用这一句话来解释某种情况,就可能是反意外用法了,如"——你怎么都不去学习啊!——干咱们这行,有知识和没知识还不是一个样!"

预期1:应该去学习。

当前信息:你不去学习。

预期性1:反预期。

条件2:干咱们这行,有知识和没知识还不是一个样。

预期2：不必去学习。

当前信息：我不去学习。

预期性2：正预期。

这就是前面说的通过解-反预期来解意外。

第六，是不是所有反意外的例句都可以用"这毫不意外"来检验？这是个非常重要的问题。我觉得能够使用这一检验格式的主要是解除反预期的那一方向；而解除情绪情感的则往往不行，如"你不理他就是了，这毫不意外！""不就是个副厅级嘛，这毫不意外！"都不能说，而是需要说"你不理他就是了，不必大惊小怪！""不就是个副厅级嘛，何必大惊小怪！"需要考虑一共有多少种检验格式，决定它们的分布的机制是什么。

最后，希望陈禹继续努力，锐意进取，咬定汉语研究不放松，再出语言研究新成果。

陈振宇

2025年4月于上海木香斋

目　　录

第一章　从意外到反意外

本书是对现代汉语中各种反意外(counter-mirativity)标记的系统性研究,而反意外这个概念是从意外(mirativity)派生而来的,所以有必要先弄清楚意外是一种怎样的语言范畴,跟意外有关联的概念有哪几种,反意外跟意外是一种什么关系。

1.1　意　外　范　畴

反意外由意外理论衍生而来。意外理论最先集中于示证范畴的类型学研究(DeLancey 1997,2001,2012;Aikhenvald 2012;Hengeveld & Olbertz 2012),确立了意外范畴的五维架构,直接影响反意外的概念框架的搭建。汉语学界将意外范畴的论域扩展到对语气词、言说动词、情态动词(唐正大 2008;金智妍 2011;王健 2013;乐耀 2013;宗守云 2015),尤其是意外话语标记研究成果较为丰富(韩蕾,刘焱 2007;董秀芳 2008;邓思颖 2011;李宗江 2015;刘焱,黄丹丹 2015;强星娜 2017;胡承佼 2018)。陈振宇、杜克华(2015)指出意外语气的三类重要语用迁移,即感叹、否定、疑问,这三者与反意外也存在系统对立关系。近年来,意外范畴逐渐成为汉语学界的热门话题之一,论域扩展到疑问词、构式、时体成分等(胡承佼 2019;刘彬,谢梦雅 2019;陈振宁,陈振宇 2020;顾一鸣 2020;李宇凤 2021;李强 2021)。

1.1.1　德兰西的意外范畴研究

德兰西(DeLancey 1997)最先将意外作为语法范畴进行系统研究,提出部分已有研究中的示证范畴标记①(evidentiality marker)实

---

① 示证范畴又称作传信范畴、言据范畴,是表示所言内容信息来源与方式的语法标记。

际上跟一般的示证范畴有明显区别,它们具有独立的特征:不管所言信息是亲身经历还是道听途说,这些标记都表示对于说话人来说是全新的(new)或者惊奇的(surprising)信息。文章称作意外范畴(mirativity,也作 mirative 或 admirative)。可以发现,意外范畴有两项重要的属性:一是只跟说话人有关,所言是言者导向的,而非闻者导向的;二是体现新信息,因而不是已知信息,并且也必然在前景信息中。利用最小对比对(minimal pair)方法,作者展示土耳其语(Turkish)完成体中存在意外标记,如下所示:

(1.1) Kemal　　　gel-di
　　　凯末尔　　来-过去时
　　　"凯末尔来了。"

(1.2) Kemal　　　gel-miş
　　　凯末尔　　来-意外
　　　"凯末尔来了!"

两者的区别在于,(1.1)只是一般过去事件的陈述;而(1.2)中的"凯末尔"是不速之客,说话人并不知道他会来。而在北美洲原住民使用的黑尔语(Hare)中,表示意外的标记不再限于(未)完成体,而是独立于时体的一类标记,如下所示:

(1.3) Mary　o-wé'　　　ghálayeyǐda　　lō
　　　玛丽　它的-兽皮　工作.完成体　　意外
　　　"玛丽披过兽皮工作。"

(1.4) Mary　e-wé'　　　ghálayeda　　lō
　　　玛丽　它的-兽皮　工作.未完成体　意外
　　　"玛丽正披着兽皮工作!"

以上观察说明,黑尔语中的"lō"既可以用于完整体(perfective),也可以用于非完整体(imperfective),只是在完成体中的使用更容易解读为主观推断(inferential)或者道听途说(hearsay)。不过一个更有趣的现象是,"lō"常用于称赞的语境,表示说话人之前完全没有意识到的惊喜。

在松瓦尔语①中,意外范畴甚至编码为系动词(copula),系动词 / tstə / 指示的是已知信息,而系动词 / 'baak- / 指示的是新信息,如下所示:

(1.5) Tangka　　Kathmandu-m　　　tshaa

　　　 唐卡　　　加德满都-处所格　　存在.3 单

　　　 "唐卡在加德满都。"

(1.6) Tangka　　Kathmandu-m　　　'baâ-tə

　　　 唐卡　　　加德满都-处所格　　存在- 3 单.过去时

　　　 "唐卡在加德满都!"

如果(1.6)的系动词跟第一人称配合,还会产生奇特的解读,就是"我在梦中发现自己在加德满都",这是因为对于外在事物的处所,说话人可能感到意外;对于说话人自己的处所,一般不会招致意外,除非是处所包含新奇的要素。

在拉萨藏语中,系动词的意外与非意外跟人称出现了更为严格的对应,第一人称可以用无标记的系动词"yod"或者表示意外的系动词"'dug",而第二、第三人称表示同样的意思,只能使用表示意外的"'dug",如下所示:

(1.7) nga-r　　　　dngul　　tog＝tsam　　yod

　　　 我-处所格　　钱　　　一些　　　　有

　　　 "我有一些钱。"

(1.8) nga-r　　　　dngul　　tog＝tsam　　'dug

　　　 我-处所格　　钱　　　一些　　　　有.意外

　　　 "我有一些钱。"

(1.9) kho-r　　　dngul　　tog＝tsam　　'dug

　　　 他-与格　　钱　　　一些　　　　有.意外

　　　 "他有一些钱!"

(1.10)　＊kho-r dngul tog＝tsam yod

_____

① 藏缅语族的一种语言,在尼泊尔部分地区使用。

例句(1.7)与(1.8)有非意外与意外的区别,因为句子是关于第一人称的信息,可以是说话人完全知晓的知识(assimilated knowledge)或者是新知识。例句(1.9)可以说,而(1.10)不能说,因为这是关于第三人称的信息,说话人无法完全知晓。拉萨藏语的意外性跟说话人的意志(volition)与意向性(intentionality)关系密切,无意的事件只能使用意外标记。

韩语中表情态的后缀也出现意外与非意外的分化。后缀"-kun"在一般文献中标识为新信息,而"-ə"则是默认的无标记后缀,表示声明语式(declarative mood),在主观推断语境中两者都可以出现,但是有明显差别,如下所示:

(1.11) kɪ   cwesu   thalchulhʌ-ss-kun

那个 囚犯   逃跑-过去时-意外

"那个囚犯逃跑了!"

(1.12) kɪ   cwesu   thalchulhʌ-ss-ə

那个 囚犯   逃跑-过去时-声明语式

"那个囚犯逃跑了。"

这里面涉及一个时间间隔(time lapse),意外标记"-kun"只能在事件被发觉的一刹那间使用,时间间隔非常短。例(1.11)中说话人在刚刚发现"囚犯逃跑"时说这句话。而"-ə"用来报道最近发生的一件事情,时间间隔长。

文章认为有必要把意外作为一种语法范畴在类型学中进行确立,如同时体、情态、示证范畴一样。虽然在英语以及很多语言中,意外范畴可能只是一种可选择项目(optional),但在黑尔语中,这种项目已经开始成词;而在一些语言中,意外范畴可能已经成为一种强制项目(obligatory),应作为世界语言语法特征系统的一部分。

德兰西(DeLancey 1997)这篇论文是意外范畴的奠基之作,无论在材料占用还是方法选取上都有颇多可圈可点之处。不过需要注意的是,很多文章中列举的语言材料并非第一手资料,并且虽然最小对比对能够离析其与类似成分的区别,凸显意外性特征,但是这并不代表意外标记在这些语言中就是独立的功能标记,文中的讨论也证实几乎全部都可以归入示证范畴、系动词范畴或者情态范畴,而专用的意外范畴标记还有待发现。

为了回应学界对意外范畴与其他范畴的争论,德兰西(Delancey 2001)专门讨论了意外范畴为什么是一种独立的语法范畴。文章的思路是,纵使意外范畴跟情态范畴、示证范畴有重合之处,但是可以出现在截然相对的情态或示证的语境中,说明意外范畴与两者无关;另外,意外、情态、示证在概念层面本来就互相关联,因为三者都是认识状态的有标记范畴,都是对信息真值与自身信念的不完全确定,所以之间存在丰富的互动关系也十分正常。除了使用拉萨藏语和黑尔语等原先使用过的语言进行论证,文章还列举出英语的例子,比如意外性曲拱声调(mirative intonational contour)或者肯定性嘟哝语(affirmative grunt)。

德兰西(DeLancey 2012)进一步对内藤丘(Nathan Hill)与吉尔伯特·拉扎德(Gilbert Lazard)的挑战作出集中回应,也略微修正了之前的一些表述。内藤丘以藏语“'dug”为例,认为这只是表示直接感觉的示证标记,意外意义只是巧合,并进一步否定意外范畴的存在。对此,德兰西首先阐明语义意外和语法意外,明确提出意外性是语义范畴,意外标记(mirative)是语法范畴,意外标记的主要语义功能就是意外性,有些语言的意外标记有直接感觉示证的语义纯属正常,但在另外一些语言当中,意外标记还可以表示主观推断或道听途说,跟直接感觉是没有关系的。所以意外标记和直接感觉示证标记不宜混为一谈。有些语言没有语法化出单独的意外范畴,但可以借用其他手段表示意外性,而有些语言的意外性表达有非常专门的语法标记,比如黑尔语的“lȍ”,只跟新信息有关,可见意外范畴有语法化程度的不同,但意外范畴的存在是肯定的。拉扎德的观点跟内藤丘相对,认为意外标记多是间接示证中的一种媒介标记(mediative),理由是在现有报道的语言中,意外标记多半可以表达主观推断或道听途说。德兰西举出在部分语言中意外标记和媒介标记有系统性的对立,所以不可能同属一个系统。但是不得不承认由于意外性语义的影响,示证性、礼貌性(politeness)、意向性(volitionality)与亲涉性(egophoricity)等因素很容易跟意外标记发生交叠寄生。

1.1.2　艾肯瓦尔德的意外范畴研究

作为世界著名的示证范畴专家,艾肯瓦尔德(Aikhenvald 2004/2012)力挺德兰西关于意外范畴与示证范畴相互独立的观点。她在导言中就开宗明义地说:目前有足够的证据证明示证范畴与意外范畴是两种不同的范畴。示证范畴关注信息来源和信息获取方式,意外范畴反映的是命题的状态,跟说话人的整体知识结构相关,同时跟知识的预期相关,而跟信息来源毫无关系,也可以通过任何方式获取信息。

不过她也指出,虽然意外范畴在近年来受到了广泛的关注,但研究者的重点总绕不开跟示证范畴的归属争论。她认为更重要的是意外范畴的语义范围,以及在不同语言中意外范畴的这些语义是如何表达的。仅仅认定某种语言存在意外范畴是不完备的,要像描述时体、时态、性范畴、示证范畴一样,具体列出在语言中编码为不同语法成分的意外标记,阐明意外范畴的子类究竟有何共性与差异。

于是,艾肯瓦尔德划出一个归类意外意义的五维架构,拥有如下特征都可以纳入意外范畴的语义范围:

(i) 说话人,听话人(或闻者),主要角色的突然发现、突然启示或突然领会;

(ii) 说话人,听话人(或闻者),主要角色的惊诧;

(iii) 说话人,听话人(或闻者),主要角色的无准备心态;

(iv) 说话人,听话人(或闻者),主要角色的反预期;

(v) 说话人,听话人(或闻者),主要角色的新信息。

然后,根据五维架构,分别针对说话人、听话人、主要角色的意外意义,调查了 20 种语言,发现不同语言的意外意义的分布各异,如下表所示:

表 1.1 不同语言意外意义的选择（引自 Aikhenvald 2012）

意外意义	Magar	Kham	Archi	Khinalug	Tsakhur	Tariana	Chechen	!Xun	Cantonese (Chinese)	Quechua
(i) 突然发现、突然启示或突然领会				×						
(a) 说话人的	×	×	×		×			×		×
(b) 听话人(或闻者)的			×					×		×
(c) 主要角色(或泛指)的	×		×							×
(ii) 惊诧				×						
(a) 说话人的	×	×			×	×	×	×	×	×
(b) 听话人(或闻者)的						×		×		×
(c) 主要角色的						×				×
(iii) 无准备心态										not always
(a) 说话人的	×	×			×	×	×	×		
(b) 听话人(或闻者)的						×		×		
(c) 主要角色的						×				
(iv) 反预期										not always

续　表

意　义	Magar	Kʰam	Archi	Khinalug	Tsakhur	Tariana	Chechen	!Xun	Cantonese (Chinese)	Quechua
(a) 说话人的					×			×		
(b) 听话人(或闻者)的					? ×					
(c) 主要角色的										
(v) 新信息										not always
(a) 说话人的	×	×								
(b) 听话人(或闻者)的										
(c) 主要角色的										

意　义	nDrapa	Taɔo	Kurtöp	Shilluk	Hone	Ingush	Caddo	Haida	Liliooet	Korean
(i) 突然发现、突然启示或突然领会										
(a) 说话人的	×	×	×							
(b) 听话人(或闻者)的									×	×
(c) 主要角色(或泛指)的			×							probably yes
(ii) 惊诧										probably yes

续　表

意外意义	nDrapa	Tabo	Kurtöp	Shilluk	Hone	Ingush	Caddo	Haida	Lilooet	Korean
(a) 说话人的	×		×		×		×	×		×
(b) 听话人(或闻者)的					×					×
(c) 主要角色的			×		×					×
(iii) 无准备心态										
(a) 说话人的					×					
(b) 听话人(或闻者)的					×					
(c) 主要角色的					×					
(iv) 反预期										
(a) 说话人的			×	×	×					
(b) 听话人(或闻者)的			×		×					
(c) 主要角色的			×	×						
(v) 新信息										
(a) 说话人的		×	×							
(b) 听话人(或闻者)的			×			×				
(c) 主要角色的										

　　紧接着,她对不同语言中意外意义所借助的语法形式也进行了细致考察。将其分成三个大类:一是独立单一的意外标记表达式;二是意外标记内部进一步细分的语法表达式,比如突然发现是一种形式,惊诧又是另一种形式;三是并非意外标记而是蕴含意外策略,意外属于寄生意义。作者进行了非常精细的考察,进一步拆解成若干小类。

　　最后,艾肯瓦尔德指出意外范畴在不同语言中的语义-语用效应。在 Tariana 和 Quechua 这两种语言中,意外形式不可被否定。!Xun 这种语言的意外标记不可跟反预期标记共现。!Xun、Magar、nDrapa、Shilluk 等这些语言的意外标记有后悔与反驳的用途。Quechua 语把意外作为全然客观的陈述。当然还有分布更为广泛的焦点、反问等用法。只是艾肯瓦尔德坚持认为不应该把意外范畴扩展到词汇项目,诸如 to be surprised 这样的短语不属于意外范畴,正如 yesterday 不能看作时范畴一样。

　　艾肯瓦尔德的工作非常系统细致,她并不拘泥于前人在意外范畴存废问题上的讨论,而是把意外范畴当作既成事实,具体考察不同语言中可能的形态-句法编码和语义-语用表现。尤其突出的是重点分解了意外意义的五种维度和意外的三类承担者,把独立与寄生的意外表达式条分缕析,语料详尽。在语法描写的同时,重视对意外语用后果的探索,尤其是跟反预期的关联以及情绪上产生的效应,对后续的理论研究颇有启发性。

1.1.3　亨格维尔德和奥尔贝茨的意外范畴研究

　　同样兼顾说话人的意外和听话人的意外,亨格维尔德和奥尔贝茨(Hengeveld & Olbertz 2012)最关键的发展是明确提出意外不仅仅是认识状态,而且还带有价值判断的意外。他们认为意外不仅体现为对新信息的标记,同时也是说话人对具有新闻价值性(newsworthiness)命题的标记。一个更完善的意外范畴定义必须排除示证范畴与感叹范畴的干扰。较为刚性的区别是意外范畴成员与示证范畴没有关联;较为柔性的区别是即使意外范畴与示证范畴采用了相同的格式,单立意外范畴依然有很多实际的好处。

亨格维尔德和奥尔贝茨于是修改了意外范畴的定义：所谓意外范畴是这样一种语言学范畴，旨在赋予命题以下三类特征，即新闻价值性、无预期(unexpected)以及令人惊诧(surprising)。后两个特征跟艾肯瓦尔德的反预期、惊诧大致相当，但把新信息改成新闻价值性更好地契合了意外范畴是可以放在听话人／闻者一侧的，比如真性疑问句"where are you from?"可以传达意外，不过不是说话人对于命题的惊诧，而是说话人不知道答案，但又急切地希望获取答案中的新信息。很明显这个观点扩展了通常意义上意外的外延。

更重要的是，修改的定义把示证范畴排除在外，试图解决这个老大难的区分。因为在艾肯瓦尔德的五维特征之中，突然发现、无准备这样的表述还是跟信息的来源和方式有若隐若现的联系。亨格维尔德和奥尔贝茨的定义干脆消除这个隐患，并且他们还从历史演化的角度发现一些语言之中，相同格式可以表示意外意义，也可以表达示证意义，但二者不是互相派生的结果，而是从其他意义分化而来，比如结果意义(resultative meaning)。

1.1.4　汉语学界的意外范畴研究

汉语学界对于意外范畴的研究大致可分成三个阶段。首先是对汉语表现意外的成分标记进行描写性研究(吕叔湘 1942；王力 1943；丁声树 1961；朱德熙 1982)。然后是对汉语的某些语法表现从意外的角度进行解释(韩蕾，刘焱 2007；董秀芳 2008；唐正大 2008；邓思颖 2011；金智妍 2011；乐耀 2013；李宗江 2015；刘焱，黄丹丹 2015)。这两个阶段是意外理论引入国内之前的研究。在意外理论引入国内之后，学者开启了有意识的意外理论研究，也就是第三个阶段：基于意外理论开展的意外研究(王健 2013；宗守云 2015；陈振宇，杜克华 2015；强星娜 2017；郭晓麟 2018；胡承佼 2018 2019；刘彬，谢梦雅 2019；刘彬，袁毓林 2020；陈振宁，陈振宇 2020；顾一鸣 2020；李宇凤 2021；李强 2021)。

1.1.4.1　以描写为主的意外研究

吕叔湘(1942：298，317 - 318)指出**惊诧**是汉语疑问的一种应用,而在感叹词中,以 a 音或者 o 音为主而加以音节或者声调变化,可以表示**惊讶**,并认为跟表赞叹无法严格区分,至于具体语气要从后继的语句来判断。

(1.13) 你来了吗? 好极了,我正要找你呢。

(1.14) 哎呀! 我却没放着这个。

王力(1943:329)提出汉语的特殊形式之中,存在一些表示**诧异**情绪的词,比如哦(ó)、啊(ǎ)和咦(yí),比如:

(1.15) 凤姐听了十分诧异,说道:"哦! 是他的丫头啊!"

(1.16) 他便吃惊道:"啊! 我这把刀哪里去了?"

(1.17) 咦! 师傅今日怎么这样早就吹了灯儿睡了?

丁声树等(1961:161)提到疑问代词"怎么"单独放在句首,起到一个叹词的功能,表达**惊异**。朱德熙(1982:92)认为"怎么"充当一个分句,后面的分句多为问句,表示**出乎意料**。比如:

(1.18) **怎么**,你放她走啊?

廖秋忠(1986)认为一些篇章连接成分有意外的意义。这种成分有两种:一是从上文的信息的铺垫来看,下文事件出乎意料或者有违常理,比如"岂料、岂知、谁知、哪里知道"等;二是上文事件进行中,另一事件突然发生,令人措手不及,比如"忽然(间)、忽地、蓦地、突然(间)、猛然间"等。

以上几位先生用于释义的一系列跟意外近似的说法,应该说是为细致描写汉语事实服务的,有十分重要的价值。但到 21 世纪之后,出于研究的推陈出新以及西方当代语言学理论思潮的涌入,学者也就不满足于描写,而是在描写的基础上予以更为理论化的把握,而意外也逐渐成为一种更具概括性的理论解释角度。

1.1.4.2　以解释为主的意外研究

韩蕾、刘焱(2007)在解释话语标记"别说"时,指出其核心义就是意外。他们对意外作出独立的理论阐发,分成两种情况,一是说话人之前的认知和当前的认知有所不同,是为说话人意外,比如:

(1.19) **别说**,这颜色挺配你的。

二是说话人目前的反应有别于听话人期待,是为听话人意外,比如:

(1.20)——你去哪儿了?

　　——**别说**,还真哪儿都没去。

文中的意外的阐释作者归结为主观性的作用,是话语中自我印记的体现。

陶寰、李佳樑(2007)指出上海话"伊讲"表达未料的语气,这里的未料,按作者的话说即"说话人对事态变化的惊讶"。文章主要是从修辞动因角度解释"伊讲"未料语气的由来:一方面,"伊讲"作为小句赘余成分,违反合作原则的数量准则和方式准则,这种违反一般会导致不确信的言外之意;另一方面,"伊讲"暗示小句信息是引述信息,也就是说话人之前未知的信息。不确信的言外之意将未知信息转喻成未料和惊讶的信息。

唐正大(2008)认为直陈语气句末语气词"的"和"呢"的对立就在于,"的"表示不过量确认,而"呢"表示过量确认。不过量确认的实质是确认成分是了然于心的,也就是焦点在预料之中;过量确认的实质是确认成分是出乎预料的,焦点不在预料之中。虽然文章没有使用术语"意外",但涉及的语言事实和理论阐发已经涉及意外范畴的一些重要特征,比如在单说表示确认的时候,"的""呢"存在以下对立:

(1.21)张三看了书<u>的</u>。√ /张三看了书<u>呢</u>。×

(1.22)张三看了几百本书<u>的</u>。× /张三看了几百本书<u>呢</u>。√

差异的原因就是"看了书"不算什么预料之外的事,不会导致意外,用"的"加以不过量确认;而"看了几百本书"按照通常情况是比较罕见的信息,会导致意外,用"呢"加以过量确认。文章还有更为细致的分析,但核心议题就是揭示出在现代汉语直陈语气中可认为存在意外与非意外的对立。

董秀芳(2008)认为反问句会演化出意外事态,比如"谁知/谁知道"的反问用法,这是一种对正常发展事件的违背,不符合常规预期,即出乎意料,逐渐从实义成分转变成话语标记,乃至副词性插入

语,比如:

(1.23)她弯下身子,想把那小女孩抱起来,谁知道,那小女孩忽然抬起脚来,对着阿香就一脚踢了过去,……

源自反问的意外是从反问句中的否定意义发展而来的,"谁知／谁知道"在反问句中就是"不知道""没有人知道",没有人知道的事肯定不在预期当中,也就落在意料之外了。

邓思颖(2011)关注出现在句首的"怎么",具有比较特殊的语用意义,几乎没有表示询问的功能,而是表达说话人一种强烈的语气,表现为惊异、惊讶、惊叹。通过一系列句法测试,句首的"怎么"应该位于句子最高的边缘位置,属于句法-语用接口之处。刘焱、黄丹丹(2015)指出"怎么"的惊异或意外是其标记反预期事件的语用后果,而"怎么"还存在不满的批评嗔怪义,这又是惊异或意外造成的语用后果。

李宗江(2015)指出近代汉语中表示意外的语用标记,其构成有很强的规律性,都是"否定标记＋心理动词",心理动词可分为"意料、知晓、期望、认为"这四类。但在现代汉语中保留的只剩下意料与知晓两类,意料类包括"不想、不料、怎想、怎想到、哪想、谁想、谁想到";知晓类包括"不知、不知道、殊不知、果不知、三不知、怎知、怎知道、哪知、哪知道、哪里知道、哪晓得、谁知、谁知道"。文章指出语境吸收是这类语用标记产生意外意义的重要途径,这为意外范畴的演化机理提供了很好的汉语视角。

在意外理论引入之前,国内学者也自发产生了对于汉语意外现象的研究,在话语标记、语气词、特殊句式等研究中都深入探讨了意外的功能、认知乃至演化机理,助力了汉语语法学的纵深研究。但我们也看到这一阶段的意外研究多是借助其他理论框架开展的,比如预期理论、词汇化、语法化、界面理论等。不过,这都为独立的意外范畴研究做好了准备。

1.1.4.3 基于意外理论开展的意外研究

王健(2013)是在我们可见文献中首次引入"意外范畴"理论的国

内学者[①]，参考的主要是德兰西的理论框架，并定义意外范畴为"以用某种语法手段表示'出乎意料'的信息，表达说话人'吃惊'（surprise）的语气"。文章主要考察南方部分方言的意外范畴标记，发现它们都从言说动词发展而来，比如常熟话的"叫啥""话道""话啥""叫啥话道"，苏州话的"叫啥"，上海话的"伊讲"，富阳话的"总话""话"，宁波话的"话"，海门话的"倒话""话"，台湾闽南话的"讲"，粤语的"嗝"。以上标记的语法化路径都是先是言语动作，然后引述事件，再表示意外语气。

宗守云（2015）虽然也是借用了德兰西的意外范畴理论，但是认为意外基本上等价于反预期。文章根据吴福祥（2004）的反预期三分模式解释晋方言情态动词"待"的不同意义与用法，并用其他反意外成分来验证其意外性质。文章指出"待"标记获得一个信息时，说话人表示意外并且明确反对。"待"既有否定意义，又具意外意义，在情态动词中非常特殊，而文中反映出意外与反预期存在纠结之处，我们将在1.2节着重讨论两者关系。

陈振宇、杜克华（2015）结合汉语事实，对意外范畴理论进行深化发展，提出"意外三角"理论。他们认为意外范畴与感叹、疑问、否定的一些子类存在语用迁移的关系。说话者指向感叹会产生强烈的感情与情绪，容易与意外表达发生迁移；趋向性疑问或强化疑问因为迫切要求对方回答，多反映出说话人的某种意外性；语用否定是语义上没有显性的否定成分，但必须解读为否定的语言形式，意外是语用否定的来源之一。围绕意外，感叹、疑问、否定形成的语用迁移三角关系如图1.1所示。

强星娜（2017）对当时国内外的意外范畴研究做了详尽的综述。综合各家意见之后，文章认为意外既可以是反预期的，又可以是非预期的，而且不同于反预期范畴可能牵涉篇章层面，意外范畴一般

---

① 有文献指出Matthews（1998）和Chang（1998）是最早对汉语意外范畴的论述，但都未公开发表。

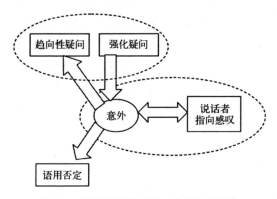

图 1.1　意外三角(陈振宇,杜克华 2015)

只发生于句子内部。强文还收集到一些未公开发表的有关意外范畴系统的概括,比如图 1.2 有关意外语义的表现手段①:

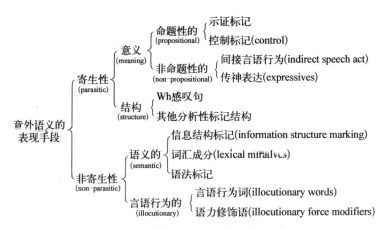

图 1.2　意外语义的表现手段〔强星娜(2017)转引 Peterson(2013)〕

郭晓麟(2018)借鉴陈振宇、杜克华(2015)的意外三角理论,提出表示起始义的 V+"上"有意外意义。文章对于意外的定义是"出

---

① 万光荣(2017)也有综述,称作"惊讶范畴",但偏重引介,论域没有超过之前研究探讨的范围。

乎言者的预期",跟自反预期完全一致。但提出了汉语验证意外范畴的方法,即共现的情态/语气副词,包括"居然、竟然、就、又、还、也、都、已、倒、却、可、还是",只是上述不少副词都不是单一功能,验证的准确性存疑。除了意外三角的语用转移之外,郭文发现评论性与意外性关联也十分紧密。

胡承佼(2018,2019)更关注意外范畴的实现手段,除了前人已论述过的示证范畴、情态范畴、反预期范畴与语气范畴之外,还整理出跟否定连用的"知晓、料想、小心"几类话语标记,以及"这一V不要紧,S"与"不V不V又/还S"两类习语构式,都可以实现为意外的表达。胡着重以前一种构式"这一XM,Y"作为案例,作出详细的刻画,通过强化因果关系的不匹配,从而制造主观认识的不备与惊诧,揭示出因果性与意外性的关系。

刘彬、谢梦雅(2019)与刘彬、袁毓林(2020)将"mirativity"翻译成"惊异范畴"。他们认为询问原因的"怎么"和在句首做独立成分的"怎么"都属于惊异范畴,后者由前者演化而来。两个"怎么"都表示语境新信息和说话人的意想不到,跟示证/传信与反预期也有千丝万缕的关系。借助惊异范畴的理论框架,可以发现疑问范畴向感叹范畴转化的条件、动因和机制,反问是转化发生的中间过渡环节,先是说话人将疑问加以强化形成反问,再由惊异情感推动反问变为感叹。

陈振宁、陈振宇(2020)对比北京话与成都话的意外类语气词,梳理意外范畴的语用迁移路径是:意外语气词—强调语气词—完句/交互标记,情绪强度与意外性是逐渐减弱的。而且北京话与成都话的意外类语气词存在类型差异,前者演化更快,后者保持的意外性更多。北京话中/a/系意外类语气词一家独大,其他类型的使用被大大挤占;而成都话中/o/系相对发达,其他类型能够各司其职。

顾一鸣(2020)认为汉语中的句末助词"了"可以单独表达意外。借助空间体理论,时体用法的"了",可以把所涉时间作为虚拟空间体上的一个结构,寻找其几何属性;而意外用法的"了",可以类似地把以上的时间换成预期,这样也可以从几何角度处理意外的语义表达。其核心思路是从形式语义学的角度,试图统一解释"了"的时体用法和意外用法,只是其运作在可能世界语义的高阶函数并不是特别容易理解。

李宇凤(2021)对引述回应语"你是说"进行细致分析,如果对方话语与说话人的预期冲突,那么说话人可能使用"你是说"总结或引申带有自己预期的解释。如果这个解释带有真性疑问,即反映说话人疑惑的,同时不牵涉其利益的,一般是单纯表示意外;如果这个解释是反问,即违背常理预期或者说话人个人利益,则在表示意外的同时兼具反驳。文章用于解释的意外框架与反预期理论并无二致。

李强(2021)反驳了刘彬、谢梦雅(2019)与刘彬、袁毓林(2020)将"怎么"处理为"意外/惊异范畴"的论断。文章认为从疑问到反问和感叹是平行转化,而且"怎么"并不能把本不具有意外性的句子变得具有意外性,如"竟然、谁知"等,而是强化本就有意外性句子的表达效果。所以,"怎么"不属于典型的意外范畴,而是标记自我示证(ego-evidentiality):实况即时知识与感觉经验和听说信息不符。

意外范畴理论引介到国内之后,汉语学界纷纷结合语言事实积极响应,原因是汉语中涉及主观性的成分数量繁多、用法复杂,而意外范畴正是主观性的一种重要表现。学者将意外范畴的论域从偏重类型学的方言研究逐渐扩展到通用语研究,从边缘成分研究逐渐扩展到核心成分,从个案考察逐渐扩展到理论探讨。意外三角理论以及意外范畴的语用迁移是国内学者之于意外理论的重要发展。然而我们依然可以看到,国内意外范畴的讨论在很大程度上跟反预期理论所涉问题极其相似,甚至易于混淆。因此,有必要在把握反预期研究历史与现状的基础上,对意外与反预期两组概念进行区别与辨析。

1.2　反　预　期

反预期理论对国内意外范畴研究的影响很大,一方面,反预期理论引进国内的时间更早,在意外范畴国内研究的萌芽时期,反预期理论已经出现诸多丰硕成果;另一方面,反预期作为一种语用现象,在性质上确实有跟意外十分近似之处,以至于学者在使用意外范畴本身时,也会有意无意把反预期作为意外的重要属性(如 Aikhenvald 2012),甚至是同义表述(如宗守云 2015)。但意外与反预期存在**理论来源**、**分析框架**以及**研究思路**三方面的不同。近年来,有学者将反预期理论继续发展,进一步精细化反预期的论域,意外范畴与反预期范畴的区分更为明晰。

公认反预期范畴的提出者是海涅等(Heine et al. 1991: 192),他们提出反预期(counter-expectation)是为说明语法化可能进入某些更为抽象的层次,包括可能世界、语篇世界与预期世界。譬如英语的 too、only、nevertheless、already、not yet、still、no longer 等副词的功能,反映的是一种相对预设或者常规的**对立**。这种对立偏离了说话人或者听话人的预期,而以上标记把原有的预期和当前话语的这种对立联系了起来。特劳格特(Traugott 1999)个案分析了英语"in fact"语法化的过程,只是她所用的术语是 adversative marker,其中从示证副词吸收语境意义,逐渐浮现出对立的含义,由这种对立带来反预期功能。达尔(Dahl 2001)对反预期学说进行进一步理论化,以解释语法化未发生的原因。反预期信息价值高,随之表达凸显、发音独立,不易发生语法化。我们可以清楚地看到,反预期的理论来源主要是服务于语法化研究的,反预期现象在语法化的目标、手段与限制上都能起到作用,语法化研究属于语言历时演化研究;而意外范畴的理论来源是语言类型学上的示证研究,示证研究是共时跨语言共性研究。理论来源上的历时与共时的差别可以算作反预期与意外两大理论的第一个差别。

吴福祥(2004)最早将反预期理论引入国内研究,旨在比较差比句否定形式"X 没有 Y·Z"与"X 不比 Y·Z"的差别,前者是客观表达,后者体现说话人的主观视点,也就是表示事实与预期相反。文章的另一贡献是明确了反预期的三种类型:与听话人预期相反、与说话人预期相反以及与社会共享预期相反。陈立民(2005)认为"就"在时间上先于预期,在数量上少于预期;"才"在时间上晚于预期,在数量上多于预期。这意味着偏离预期或者反预期可能存在方向上的不同甚至对立。袁毓林(2008)认为"甚至"与"反而"都是表递进的反预期副词,前者是顺向逐层递进(1→2→3),后者是反向对立递进(-1→0→1),这说明反预期存在量的差别和质的差别,所谓量的差别就是所述情状的概率较预期更低,所谓质的差别就是所述情状与预期截然相反。以上各家可以代表国内学者依据反预期理论分析汉语问题时所采用的分析框架,都是以预期作为出发点,反预期是作用于预期基础之上的各种偏离。因此,高度关注相对预期有哪些偏离角度是反预期分析框架的理论必然,而意外的分析框架并没有设置明显的正反二元对立关系,把意外本身作为分析出发点,更关注意外所带来的立场、情绪、态度,以及由意外生发或者影响的各类语用现象。分析框架上的二元框架和一元框架可算作两种理论的第二个差别。

　　近年来反预期也成为理论热点,用来解释各种汉语语法问题,而最为显著的理论发展表现为对概念的进一步细化。陈振宇、姜毅宁(2019)提出"双重反预期",说话人会先设置一个自反预期,然后再采取他反预期把前一个反预期推翻,最终达到强调的效果。双重反预期是一种语用策略,进行了两次反预期操作,最终希望实现的语用效果是呈现某个命题的合理性。陆方喆、朱斌(2019)区分了广义的反预期和狭义的反预期。广义的反预期涉及任何跟预期不一致的信息,除了狭义的反预期所包含的跟预期相反之外,还存在超预期和负预期的情况①。强星娜(2020)区分了特定预期的反预期和无定预期的反预期,类似特指名词与无指名词,预期所反映的命题也可以分为表特定命题的事件句与表无定命题的特征句,偏反这两

---

① 此观点首见于齐沪扬、胡建锋(2006),但该文没有将其放在反预期的框架之中,而是作为另一种预期现象。

种不同类型的预期分别是副词"偏偏"与"竟然"的区别。从以上成果的研究思路来看,由于反预期是由"反"和"预期"两个要素组成,理论进展也是从"反"和"预期"两个角度进行细化:一方面是细分"反",也就是预期的偏反模式,诸如量的偏反、质的偏反,单次偏反、多次偏反,广义偏反、狭义偏反都是从偏反入手的思路;另一方面是细分"预期",有的根据预期的拥有者,有的根据预期的语义类,有的根据预期的有定性,分解的都是预期的内在结构。反预期理论的研究思路跟其二元分析框架息息相关,意外研究显然无法进行这样的双管齐下。不过这包含一个明显的理论后果,就是反预期归根结底是一个有标记项目,那么与此直接相关的无标记项目,即语言中的合预期又是如何表现的呢?

1.3　合　预　期

　　谷峰(2014)指出,人类语言反预期标记种类繁多,而合预期①标记罕见,典型的仅有"当然"和"果然"。张则顺(2014)给合预期下了一个定义,要点可以分解为,合预期发生在三类语言层面:① 小句,② 句子,③ 句群;合预期对应三类事实状况:① 合乎事理情理,② 合乎公众普遍预期,③ 合乎说话人预期。张文认为合预期是"当然"的核心意义,包括确信在内的其他意义都由合预期推导而来。可以发现,张文定义的合预期跟反预期相比,少了听者预期这一维度,又把常理预期分解为事理情理与公众预期,或许这是出于某种考虑,但原文未见详述。范晓蕾(2018)解释"差一点没VP"否定是否冗余时,认定其语义诠释规则是所谓"真值合预期",即如果VP合预期,就没有否定冗余,真值等于VP;如果VP反预期,必须解读为否定冗余,真值等于"没VP",两种情况的共同点是最终真值都得跟合预期一致。范文所言的合预期近似常理预期,是一种标准规范的

---

　　①　文中称作"预期标记"。

状况,只是希望把预期问题纯粹放入与说话人自身无关的真值语义的讨论之中,在论证程序上略显复杂,在语感直觉上雾里看花,譬如否定反预期是否一定等同合预期,这仍然有待商榷。郑娟曼(2018)区分所言预期和所含预期。所言预期在话语中直接呈现,不需要经过语用推理即可获取;所含预期隐藏在话语中,需要经过语用推理方可获取。"我说吧"关联所言预期,"我说呢"关联所含预期,"我说嘛"两者兼有。郑文的二分很有新意,强调预期的隐显具有很高的理论价值。但无论是所言预期和所含预期,在真实话语中可能都要借助语用推理,差别仅在话语提供的明示信息的多寡。陈振宇(2020:252,285)认为大概率推理和小概率推理都可以产生合预期与反预期,只是所依赖的心智基础有所差别。

合预期标记的相关研究明显少于反预期。究其原因,或许因为说话一定程度上是信息的交流,而合预期信息是之前已有准备的信息,倾向于使用无标记形式,甚至减少语言编码以提高交际的效率。而往往有标记的合预期表达,不再只是概念信息的表达,而是同时展现出一定的人际功能。如果说反预期跟意外紧密联系,那么合预期可推知也就走到了意外的反面。我们要探讨的反意外正是一种意外的对立。符合预期的固然就不会意外,因而极有可能合预期标记是反意外标记的重要类型。但根据语料的观察,反意外虽是意外的反面,但却不仅仅是合预期,一些情况下甚至可以是反预期。

1.4 反意外的缘起

意外理论搭设理论框架,反预期学说提供理论思路,两者协同构建出"反意外"的概念内涵,其中的"逆反/偏反"与"意外"都是直接从反预期与意外范畴借鉴而来。而合预期直接影响反意外的外延的确定。既然反意外是对于意外的逆反,意外与反预期相似,合预期又与反预期逆反,那么反意外有可能跟合预期相似。观察一部分合预期标记,存在明显与意外背道而驰的线索,无法与惊诧成分

共现,比如:

(1.24) a. *啊? 老王**还不是**去美国了。

b. 啊? 老王去美国了。

"啊"是一个表示说话人惊诧的语气词,可以看到在不加"还不是"的句子当中,惊诧成分能够跟一个事件句共现,而加上"还不是"之后,这种共现就不再合法,说明"还不是"跟惊诧所代表的意外性是不相容的。类似的还有"不还是、不就是、不也是、罢了、而已、不就是了、当然、自然、更别提、更不用说"等。这些成分进入句子以后,都与意外性表达的语气相反,传达出一种没有意外、无须意外、不该意外的信息。如果把意外直接解读为意料之外的话,那么以上成分也就是在意料之内了,也就是说跟合预期有一些共通之处。

但反意外又不完全是合预期的,甚至也可能是反预期的。说话人认为一件事情是常识,不值一提,但却可能对听话人连这样的常识都不知道而感到意外,这时往往也会使用反意外的成分,但就不再单纯是合预期了,而是带有听者反预期,即强调的意味,比如:

(1.25) 他老是找你说个不停,嫌烦的话,不理他**不就好了**。

上例中,说话人认为"不理他"是个稀松平常的反应,但听话人显然没有意识到这一点,所以说话人用"不就好了"不仅表示自己认为这么做不在话下,更是暗示对听话人缺乏常识的负面评价,提醒听话人不要忘记这一简单办法。这说明,反意外可以将合预期和反预期统一在同一个维度,反意外真正的对立是意外,尤其是说话人自己的意外。这种对立也不是一种类似合预期/反预期之间的互补关系,而是一种极化的对立,也就是说,反意外是对意外有意地反其道而行之。但以上讨论都只是基于部分事实的观察和已有理论的推导,反意外概念的具体界定在下一章节详细说明。

1.5 本 章 小 结

本章重点谈及反意外的重要理论基础——意外范畴在国内外的

研究现状,兼顾跟其密切相关的反预期、合预期等学说。可以看到,以上三者都已成为目前国内类型学、语法学、语用学研究的热点问题。反意外的提出深植于这三个概念,从意外研究中获得分析范式,从反预期研究中获得观察角度,从合预期研究中获得事实启发。反意外理论的建构应是意外理论的一种发展,但也须结合预期学说,使我们能够更全面、更辩证地把握汉语事实。

第二章　反意外的相关概念

　　上一章提到反意外跟意外是一种极性对立的关系。在现代汉语普通话之中，反意外多作为一种语用范畴在话语中使用。虽然学界以往并未使用反意外这个概念，但是有非常丰富的相关研究内容跟反意外高度相似，有代表性的研究包括轻说语气、主观小量、确信语气、反问语气、合预期、解-反预期。以上研究都或多或少跟反意外有所差异，本章试图条分缕析各研究中反意外的共性与个性，从而赋予反意外概念一个清晰的定位。

2.1　轻　说　语　气

　　吕叔湘(1980/1999：252 - 253)发现语气词"还"有往轻里说、小里说、低里说的意味，吕先生叫抑的语气，我们根据"轻"这一核心属性，称之为轻说语气。吕先生举出例子：

（一）表示勉强过得去。多修饰褒义形容词。

（2.1）最近身体怎么样？——还好，还好。

（2.2）这根绳子还比较结实。

（2.3）这画儿画得还可以。

有时候在形容词前面用动词"算"，"还"修饰"算"。

（2.4）还算不错，电话最后打通了。

（2.5）还算好，你没出门，要不然我又找不着你了。

（二）表示数量小，时间不到，等等。

（2.6）人还太少，编不成队。

（2.7）这块布还不够。

（2.8）那年我还只有五岁。

（2.9）还只有九点钟,不算晚。

（2.10）现在还早,可以再等等。

（三）还……就……

（2.11）还不过五点钟,他就已经起床了。

（2.12）我还上小学的时候,我姐姐就已经上大学了。

（四）还＋没(不到)……就……

（2.13）我还没说话,他就说"知道了"。

（2.14）月亮还没升起,孩子们的故事会就开始了。

（2.15）还不到半年,大楼就盖好了。

（五）尚且。前一小句用"还",作为陪衬,后一小句作出推论。这类句子也可以不用"还"而用"都"。

（2.16）小车还通不过,更别提大车了。

（2.17）这些书一个月还看不完,不用说一个星期了。

"还"常和"连"合用。

（2.18）连你还不能跑完一万米呢,我更不行了。

（2.19）连平面几何还没学过,何况解析几何?

观察以上释义和例句,可发现轻说语气的内在差别较为显著。五类之中有的对功能进行描述,有的只是给出格式。对于较为实在的少、小、早,并不涉及意外性,而抽象的程度轻,比如(2.1)与(2.16),就跟意外性有关联,表示命题内容早已知晓或是既成事实。轻说语气并不能跟反意外语气直接画上等号,只能说两者存在一定的交叉和相似。但不可否认的是,反意外具有轻说性,而轻说语气的讨论启发了对反意外内涵的细化。

王力(1985：176)用"轻说语气"这个术语描述"倒""却""可""敢"这几个词,具体论述如下:

（一）"倒"字,是为减轻谓语的语义而设的,例如:

（2.20）你倒大方得很。

（2.21）这词上我倒平常。

（2.22）你答应得倒好,如今还是落空。

以上是减轻描写的力量。

（2.23）我怎么磨牙了？咱们<u>倒</u>得说说。

以上是减轻必要性。

（二）"却"字，也是为减轻谓语的语义而设的，和"倒"字差不多。例如：

（2.24）虽然住了两三天，日子<u>却</u>不多，把古往今来没见过的……都经验过了。

（2.25）我<u>却</u>没告诉过他。

（三）"可"字，也是为减轻谓语的语义而设的。在某一些情形之下，"可"和"倒"竟是相同的。试比较下面两个句子：

（2.26）这<u>可</u>别委屈了他。

（2.27）<u>倒</u>别委屈了他们。

但是，普通"可"字的语气总比"倒"字更轻些。像下面这些例子，就只能用"可"，不能用"倒"：

（2.28）这<u>可</u>该去了。

（2.29）我<u>可</u>比不得你们奶奶好性儿。

（2.30）妈妈每日进来，<u>可</u>都是我不知道的。

"可"字又能帮助疑问或反诘的语气，更不是"倒"字所能替代的了。例如：

（2.31）这会子<u>可</u>好些？

（2.32）倘若打出个残疾来，<u>可</u>叫人怎么样呢？

（四）"敢"字，普通只放在"是"字的前面，以减轻"是"字的语义，表示肯定之中带着多少怀疑，例如：

（2.33）<u>敢</u>是我们从中取势。

（2.34）心想<u>敢</u>是美人活了不成？

王先生敏锐把握到这些副词中都有减少语力（force）的效果，从描写评价到道义情态再到认识情态，融贯其中的是情况并不是完全如此，而仅仅是够格这么说。描写评价的用法是说这样描写评价并不是特别贴切，只是算得上、勉强能这样描写评价。道义情态的用法是说这种事的必要性的级别不是很高,但依然有必要性,是比较应该去做的,程度一般。认识情态也是说这估计的把握要打折扣,说话人是不那么自信的。这些轻说语气副词跟反意外的相似之处与不同之处就更为凸显了。相似之处在于反意外在一定程度上也有语力减少的效果,是一种属于轻描淡写的语用降调(down-toner),而不同之处在于王先生的轻说语气包含一种缺少确信的语义稀释(attenuation),而反意外多彰显确信,暗示语义内容是不值一提,而非勉强可说。由此可知,轻说语气比反意外语气范围更大,轻说之轻有语用的轻,也有语义的轻。反意外的轻说性几乎只作用于语用层面上。

2.2　主 观 小 量

陈小荷(1994)认为,含有主观评价意义的量称为"主观量"。主观评价为大的是主观大量,评价为小的则是主观小量。据此可以判断"就""才""都"三个副词前后有相关联数量成分时各自含义的区别。"就"的相关数量成分无论在前还是在后都标记主观小量,比如:

(2.35)三本就够了。(主观小量)

(2.36)就剩这三本了。(主观小量)

上两句表示说话人认为"三本"这个数量不多,都是主观小量。"才"的相关数量成分如果在前标记主观大量;如果在后,则标记主观小量,比如:

(2.37)三小时才做完。(主观大量)

(2.38)才三小时。(主观小量)

第一句"三小时"说话人认为时间很长,是主观大量;后一句"三小时"说话人认为时间很短,是主观小量。"都"的相关数量在后,表示主观大量;相关数量在前,要看数量大小和"都"后谓语表示事件实现度的相关性。如果数量大小和事件的实现成正相关,即数量越多越容易实现,则"都"标记主观小量;如果和事件的实现成反相关,即数量越多越难实现,则"都"标记主观大量,比如:

（2.39）他都买了十几件了。（主观大量）

（2.40）他半斤酒都喝不了。（主观小量）

（2.41）他半斤酒都喝得了。（主观大量）

第一句话中，"十几件"说话人的意思是数量多了，表现主观大量；第二句话，酒的数量和"喝不了"这个事件的关系是正相关，即酒越多，越喝不了，所以是说"半斤酒"的数量少了，表现主观小量；第三句话则是酒的数量和事件"喝得了"反相关，即酒越多，越难喝得了，表现的也就是主观大量。陈文还考察了这些副词在表示主观量时的重读情况。由于主观量指向的是说话人，所以主观量作用于语用层面之上，而主观小量是在一种主观上的降低，这不仅避免了语义层面问题的纠缠，而且也是一种轻描淡写，这跟反意外的论域高度一致，只是反意外并不局限于数量成分。

李宇明（1997，1999）对主观量进行了更为细致的切分。与社会与个人常识相反的量称作"异态量"，"异态量"容易产生主观量，这里可以理解为跟预设有关的主观量。还有一类跟预设关系不大的主观量，分为两类："直赋式"与"小夸张"，前者是使用一些带有主观色彩的标记赋予在数量成分上，后者是当某种夸张的格式作用于数量成分，可以分别理解成为词汇手段与结构手段造成的主观量。如果出现了两个数量成分，其中一个数量成分的主观量还会对另一个数量成分造成"主观量感染"。李文认为主观量的手段包括重叠、特殊结构以及标志性词语。我们认为虽然较陈文的主观量探讨，李文更为宏观与系统，但不免造成主观量功能的泛化，以至于一些可能跟数量无关的功能纳入主观量的讨论。这也启发我们，有些强化与弱化功能未必作用于数量成分，而是作用于整句所表达的事件。同时也提示我们，预设也是影响语力增减的重要因素，反意外是对预设的一种"异态"。

2.3　确信语气

齐沪扬（2002：21）认为，有一部分语气词表示说话人对说话内容的态度和情感,称作意志语气。意志语气中的必然语气(譬如"一定""必定")与料定语气(譬如"果然""果真")分别是对事件发生和预料内容进行确认,与反意外对信念的确认高度相似,可以统一称之为"确信语气"。

徐晶凝(2008:77,176)从情态研究的角度认为一些语气助词是起到展示说话人如何处置自己与听话人关系的作用的,称作"传态语气"。在传态语气系统中语气助词"嘛"和"呗"既可以在陈述句中表达论理和弃责功能,又在祈使句中表达劝求和弃责功能(徐晶凝2008:79-80)。所谓"论理""劝求",徐著认为是表达说话人对自己的话持有确信态度,并且包装成"合乎情理"(徐晶凝2008:177)。所谓"弃责",按徐著是说话人认为自己所说的是唯一的可能,并且此发言是轻率的,相当于放弃对听话人交际身份做处置的责任(徐晶凝2008:197),用一种轻描淡写的、游戏的口吻在说话(徐晶凝2008:208)。徐老师的刻画细致入微,对句末语气词的功能描述贴合语感,但似乎给出的语气标签是为单个语气助词量身定做,要把握这些语气助词表确信的共性,需要更为概括的语气范畴,反意外就是一个可行选项。

张则顺(2015:17)对于确信范畴进行了概括归纳,定义"确信"为说话人对所表达命题的真实性的完全承诺,或对某个事件发生的必然性的高度承诺,英语的助动词 must 和汉语的副词"一定"表示的就是这两种承诺,确信与不确信的分野如下图所示:

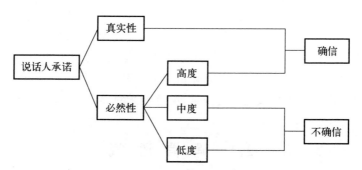

图2.1　确信与不确信(引自张则顺 2005:18)

反意外固然是说话人具有命题真实性与事件必然性的信念,但其与确信范畴最大的差异是,对于这种信念,说话人并不采取显性的"承诺",而是隐含在语气的预设之中,即当使用反意外语气时,命题真实性与事件必然性被认为是不值一提的。可以说确信范畴是在现实世界中说话人对真值取真的宣称,而反意外范畴是在所有可能世界中说话人对真值取真的宣称。真值如果有可能为假,说话人会立即陷入意外。当然作为语用手段不排除说话人出于某种修辞意图的主观故意。

王珏(2020)建立了一个系统的现代汉语语气词系统:作为平调和陈述语气下位概念的肯定语气词,作为曲调和感叹语气下位概念的惊讶语气词,作为升调和是非问语气下位概念的确信语气词,作为降调和祈使语气下位概念的确认语气词。不过这中间有典型与边缘之分,类型特征之间存在交叉,所以整个系统在操作层面上非常复杂,而且"肯定""确信""确认"这些概念相当近似,术语的所指不够显豁,似乎都可以划为必然性的承诺,即本节狭义所介绍的确信语气。但事实上该系统是尽可能将语气词系统归入相关度最大的句式语气当中,也就是陈述、感叹、疑问以及祈使。语气词系统的不完美性一定程度上反映了句式四分法的不完美性。因此像反意外这样的语气成分在四类语气词中都能找到,比如肯定语气词中的"而已""罢了",惊讶语气词的"嘛",确信语气词的"不成",确认语气词的"就是了""算了",很难抹杀这些语气词共有的与意外截然对立的语用功能。但王文提供的一个重要启示是语调的平曲升降是语气考察的一个重要维度。

2.4 反问语气

殷树林(2007)发现,"不就 X"既有确认的用法又有不屑的用法,但都隶属于反问语气。这意味着,带否定的反问跟反意外的概念结构高度相似,确认事实的同时带有轻视的态度。虽论文中没有详细描述,但考察其给出的例句(他不就要这个吗? 你给他就得了),可知轻视的含义来自说话人排除所有意料之外的情况,只有他确认的这一个不在话下的事实,因此反问语气的一些特殊表现也非常类似于反意外。

胡德明(2010:§6.2)细分了语用含义、语用功能和语用价值这几组理论工具。语用含义可推导出来的说话人说某句话的隐含意思,可以用"**说话人说这句话的意思是……**"这样的公式表现出来。语用功能则是话语的目的和用途,可以用公式"**说话人说这句话的目的是……**"说明。语用价值是相较其他表达方式的差别,可以用公式"**这种表达方式比那种更加……**"。依据这种细分,反问句的语用含义是间接表明某种行为不合理(胡德明 2010:277),语用功能有核心和衍生之分,核心功能是否定(胡德明 2010:292),衍生功能包括辩驳、怨责、提醒确认、惊异困惑、劝说、鄙夷嘲讽、感叹无奈等(胡德明 2010:294-296)。语用价值包括诱导性、隐含性与面子威胁等(胡德明 2010:309)。胡著从宏观上刻画了反问句的语用全貌,如果在特定的语境下,说话人希望表述某种意外、惊诧是不合理的,并借助怨责、鄙夷这样的态度立场,隐含着某种认知的优越性,那么反问与反意外的用法就很容易打通,这一点将在第五章详述。但同时我们也可以看到,反问既可以表示意外,也可以表示反意外;反意外的语用功能也是独立于反问的。

刘娅琼(2014:88-89)敏锐地观察到,很多反问句并不表疑,主要是传递非命题信息的附加义,而这种附加义可以被看成负面事理立场,即说话人认为某事物是不合理或不令人满意的。比如大多数特指反问句是针对听话人有悖常识或者事实的行为,说话人的负面立场有时对人,有时对事。对人就是用反问显示出对方对某常识或事实的忽视,表现出说话人对听话人的不满;对事就是表达对事情的反对或者不理解。刘著中对人反问的负面立场,涉及语言的人际功能层面,也就是说话在有些时候是试图取得某种人际关系的效果。反问,并不是关注问句的命题本身,而是关注对方"怎么看不到这件事"的认知状态,从而比照自己的认知状态形成贬抑。如果"这件事"是说话人认定绝不应该出现意外状况的,表斥责的反问就是意外,而表反对的反问就是反意外。前者的负面立场激烈,后者则较为淡然。

张文贤、乐耀(2018)创新运用社会语言学家拉波夫的 A、B-events 理论,将反问句的信息状态分成四种类型:说话人已知(A-events)、听话人已知(B-events)、双方都已知(AB-events)、人人皆知(O-events)。通过这个分类,文章希望解释为什么对反问句的语用解释既有表示礼貌的,又有表示不礼貌的,等于说反问的礼貌程度,随着双方都已知、说话人已知、听话人已知、人人皆知的序列逐步下降。如果追问人人皆知的反问信息何以不礼貌? 文章解释为这类信息"关涉的是公共信息与准则,是在言谈开始之前双方都应该了解并遵守的",也就是声明这种无须声明的信息,质疑听话人的交际资格,从而造成面子威胁。人人皆知的信息可以是客观的,但也可以是说话人通过反意外语气包装出来的。从该文的探讨中我们可以清晰把握反问和反意外相关联的信息结构机制,同时对于非反问的反意外现象也有启发。

2.5　解-反预期

"解-反预期"是袁毓林(2012:198-199)提出的一个术语,用来解释"连……都……"以及假设性让步这些由深到浅的逼进句。袁先生将解-反预期定义为"这种递进是程度由深到浅的反方向递进;是用一个极端的反预期的事情来衬托一个不太极端的事情,从而达到表示不足为奇、不在话下的表达效果",比如下例:

(2.42)比方瓶子,<u>哪怕是</u>一个墨水瓶她<u>也</u>舍不得丢出去,酒瓶、油瓶、酱菜瓶和罐头瓶,**就更不在话下**,全都收集到她的床下和床后……

解-反预期相当于构建一个合预期事件,可以理解为利用反预期信息反衬合预期事件。陆方喆、李晓琪(2013)认为"何况"的使用也表现出解-反预期的特点,其前项多是一些极端情况,但这些极端情况也发生了,是反预期事实,再用"何况"连接后项那些不那么极端的情况,在前项的衬托下,这些情况的发生就无比正常了,比如:

(2.43)好死不如赖活着,连虫子蚂蚁小鱼小虾都舍不得自己的一条命,何况人哩……

陈振宇、姜毅宁(2019)对合理句的分析中用双重反预期来解释解-反预期,并将意外学说引入其中。双重反预期是先通过自反预期实现意外,再通过他反预期实现强调。当后面的强调反对了自己的初始预期时,双重反预期就实现为解-反预期,比如:

(2.44)谢先生这才发现自己犯了多大的错误,的确该挨打,所以他甘心情愿地挨了第二次的嘴巴。

本来"挨打"是意外的,但是"犯错误"使之得以合理化,而后觉得"应该挨打"将原先的意外扭转了过来,意外所连带的反预期被消解。这里陈、姜发展了袁文的解-反预期的内涵,不过其中的精神是一脉相承的,就是最终都是合预期,而反预期只是实现合预期的一个环节。只是袁文的反预期是衬托,而陈、姜的反预期是铺垫。张秀松(2020:295)跟陈、姜的分析思路类似,认为"到底"句也有解-反预期的功能。通过合理化推理,使意料之外的事最终落入情理之中。

总体而言,解-反预期跟反意外的归宿都是合预期,但解-反预期必须设立反预期作为衬托或者铺垫,这一点反意外并没有要求。而且反意外是意外的逆反,有意外的不需要、不可能、不应该的一面,解-反预期最终的结果可能只是强调合情合理,未必跟意外发生明确的针锋相对。

2.6　本章小结

本章讨论了轻说语气、主观小量、确信语气、反问语气、解-反预期这些跟反意外密切相关的概念。由讨论可知,反意外与轻说语气共享语力减少的一面,不考虑轻说语气负责语义的部分。反意外也不限于主观小量对数量的聚焦,但两者都是加诸预设上的违和。反意外与确信语气关系非常密切,因为必然性是两者的共同承诺,但是确信未尝赋予意外针对性,而反意外的这种针对性非常明显。反问是实现反意外的一种手段,但反意外可以不借助反问,并且反问亦可以生发意外。解-反预期与反意外都是指向某种合预期,只是解-反预期必须同时设立反预期与合预期的对照,对反意外没有强制力。

第三章　反意外标记的
定义与分类

从上一章的讨论我们了解到,反意外标记跟相似标记有很多纠结之处,我们依次讨论了它们的共性与个性。基于此,我们可以勾勒出反意外的区别性特征,以这些特征定义反意外以及反意外标记,从而测试某个候选标记是否为反意外标记。在明确定义之后,有必要根据一定的分类标准,将反意外标记划分成若干类别。分类标准包括语用功能、演化来源、句法位置、构式类型四大类。

3.1　反意外标记的定义

因为反意外所"反"的是意外,所以艾肯瓦尔德(Aikhenvald 2012)关于意外范畴的五维特征给予我们启示。回顾她的描述,意外范畴的特征是突然发现、启示或领会,惊诧,无准备心态,反预期,新信息。依此,我们可以把反意外范畴的特征描述为:既有知识、常理或经历,舒缓,有准备心态,合预期,旧信息。

既有知识、常理或经历是指反意外标记不改变句子的命题意义,但增加说话人的主观评价,即指出该命题指涉内容是说话人自己早已熟悉的事物,或者此内容是众所周知的常识,或者是说话人自己亲身经历的事件。例如"这不就是庞氏骗局"表示"这是庞氏骗局",是说话人非常熟悉的知识;再如"喝多了找代驾不就行了"表示喝酒后找代驾对于说话人是一则毋庸置疑的生活常识;又如"我还不是太信任他了"是说话人陈述自身经历,标榜事件毋庸置疑的真实性。

舒缓是指陈述事件的语气反映说话人的放松自若、心平气和、从容不迫。因为意外标记通常标识的是说话人强烈的情绪,所以作为其镜像功能,反意外反映的是情绪的平抑,一些情况是说话人因为心中有数,展现出的自然从容,还有些情况是凸显说话人的特殊立场,故作姿态。例如"小张只不过是有些累了",比起单说"小张是有些累了",增加了说话人轻描淡写的口吻,前句可以跟限制语气词"而已"呼应,"小张只不过是有些累了而已",而后者则不行。舒缓淡然是人对待反意外信息的主要共现态度。

有准备心态亦可称作有备性,相当于说话人有充分的心理准备,所言说的事件或判断有坚实的理由或者实足的依据,是深思熟虑并胸有成竹的。反意外信息对于说话人而言,多是完全落入其认知经验之事,因此说话人不仅熟悉,而且这种熟悉还得非常明显,以至于外化在语用结构当中。例如"他连省都没出过,何况是出国",这里说话人希望说明的是"他没有出国"的信息,但除此之外,增加了说话人对这一层信息的心知肚明。实际上这种有准备心态凸显的是说话人相较听话人更为权威的知识地位。

合预期又称预期、正预期,这里是对说话人而言,话语中的命题内容是符合预期的。但反意外也可能有反预期的一面,但是这种反预期有可能是一种他反预期,即命题内容是对于听话人预期的逆反,或者是说话人没有预料听话人不知或者忽视命题内容。然而合预期与反预期在反意外的功能框架中是不平衡的,合预期是必然存在的,反预期只是可能出现,因为有些反意外可以纯粹只是合预期,比如"我当然知道"中的"当然",所以合预期可以当作反意外的特征,也可以说是反意外的必要条件之一。

旧信息,有学者唤作已知信息,是语篇信息结构中起到铺垫新信息作用的信息内容。旧信息跟既有知识与有准备心态是一以贯之的关系。正是因为信息内容为旧,说话人得以表现出有准备的心态。但这里的旧信息依然是针对说话人的,因为有可能对于听话人而言是新信息,而说话人之所以提到这个内容,并加之反意外的语气,正是说话人表达一种负面态度("连这都不知道")。但也可以对于听说双方都是旧信息,其铺垫的新信息则是说话人的态度,比如

"毕竟领导也是人",命题内容是全然的旧信息,但说这句话其实是用旧信息评论某种现象,凸显说话人认为此事是不言而喻的,不言而喻的一定是毫无意外的,旧信息也就天然契合反意外。

　　由此,我们可以将反意外定义为:**出于既有知识、常理或经历,说话人以舒缓语气或者为表现准备充分,传递出合预期旧信息的语用手段**。而反意外标记则是**实现反意外功能并且有语音形式的语用成分**。语调、身势以及表情也可以展现反意外,但它们都不能归入反意外标记当中,而反意外标记的类别也可以根据不同分类标准加以细分。

3.2　反意外标记的分类

3.2.1　根据结构类型分类

　　可以根据结构类型来划分反意外标记类别,其结构类型包括词语型、短语型以及框式型。词语型指的是反意外标记是已经完成词汇化的词语,在现代汉语的语感之中,构词成分之间的句法关系已经不再透明,比如:

　　(3.1)但梦<u>毕竟</u>是梦,真正想将轿车开进自己的家里,<u>毫无疑问</u>要假以时日。

　　上例中的"毫无疑问"提示"毕竟"所辖命题内容对于说话人是反意外的,而"毕竟"本身是由"毕"与"竟"两个表终结的文言动词词汇化而来,构词成分与整体词义之间关系已经非常晦暗,因此作为反意外标记的"毕竟"属于词汇型。

　　短语型指的是明显由一个以上词语组成的整体。短语分成两种情况,一种是多个词语的组合,另一种是词语与构词成分的组合。短语型的重要特点:首先,作为组成部件的词语在语义上跟整体有关联;其次,在使用时短语作为整体入句,部件词语不独立充当句子成分;再次,虽然部件词语语义相对独立,但依然具有规约性,一般不能替换成其他词语,或是替换之后意思完全变化,比如:

（3.2）中国传统文化缺少宗教，却可以宽容宗教，佛教、道教<u>不就是</u>一直滋生蔓延着。

上例中的"不就是"在意义上与部件词语"就是"关系密切，"不"不再表示命题否定，必须跟"就是"组成整体参与句子，呈现出的反意外以及其他含义具有规约性，短语间插入其他成分或者替换部分构件都不能维持<u>这些</u>意义。

框式型跟短语型类似，都是由多个词语组成，但有些成分是可以变换的，变换后反意外意义不变，比如：

（3.3）是我自作多情了，可是我已经说过不能去了，你深深表示一下遗憾<u>不就得了</u>。（豆豆《遥远的救世主》）

上句中的"不就得了"可以换成"不就好了""不就是了""不就够了"等，意思几乎不变，都是表达一种不由分说、不在话下的语气，也就是反意外语气，句末都可以用追补小句"这有什么意外呢"进行追补，而不能追补"这难道不意外吗"，可见其反意外性质。但中间的形容词成分有很强的可替换性，所以是框式"不就 X 了"为反意外标记，在构式语法框架下，也称作图式型构式。

3.2.2　根据句法位置分类

句法位置可以作为划分反意外标记类别的标准。在语料中，反意外标记的句法分布具有一定的倾向性，有的分布在句首，类似于连词或话语标记；有的只能出现在句末，跟句末语气词有诸多共同点；还有的几乎全在居中谓语动词之前，与副词的表现一致。以上三类可以分别称作句首型、句末型、句中型。

句首型的代表有"只不过"，虽然做副词时，它可以用于句中，不过副词的"只不过"还算不上已彻底虚化为反意外标记，依然保存有限制副词的意思，证据就是往往可以换作"仅仅"。试比较"张三只不过数学没考好"与"张三仅仅数学没考好"，两句话可作为同义替换句，但是"只不过"位于句首时，就不能替换成"仅仅"了，比如：

（3.4）陆小凤道："你用不着担心我，比她再厉害十倍的人，我也见过，我现在还活着。"他不让蛇王开口，又道："<u>只不过</u>，有件事我倒

有点担心!"(古龙《陆小凤传奇》)

这里的"只不过"不能换成"仅仅",因为其虚化程度更高,而且相较于"但是","只不过"的转折更轻。这种轻体现在态度的从容与情绪的平抑,对应反意外特征之中的舒缓特征,因此句首的"只不过"是反意外标记。而在句法位置上,作为反意外标记的"只不过"只能出现在句首。

句末型的代表有"才怪"。"才怪"一般置于小句最后,对整个小句的内容进行颠倒反转。相当于小句所表示的命题如果为真,那就是奇怪的事了,可推理出说话人认为该命题实际上为假,形成隐性否定。"才怪"的隐性否定和常规否定不尽相同,不仅仅是确认命题为假,而且是命题为假丝毫不奇怪,对应反意外的第三个特征有备性,可视作反意外标记,比如:

(3.5)穿上吧,还算透气舒服的,要是穿我们以前的那种破玩意儿,不闷死你才怪。(刘慈欣《三体Ⅱ》)

上句相当于说如果穿上以前的那种,一定会闷死,明显表达一种确信与肯定。但是加上"才怪"后,说话人对此判断的把握进一步提高,甚至有"如果没发生才是不合理的事"的意思。"才怪"这种反意外标记出现在句末,起先是条件复句的结论小句,而后紧缩固化而成。结论小句一般居后,固化定型后也保持原先句法位置。

句中型的代表有"未免"。在 CCL 语料库中,"未免"总共有 800 条例句,出现在句首的只有 2 例,句末的 0 例,并且 2 例句首的例句明显是主语省略①。我们有理由相信,"未免"是居于句中的成分。"未免"之后往往跟随主语或说话人的评价,而此评价是完全落入说话人的预期之中的,是不在话下的,也应判定为反意外标记,比如:

(3.6)她觉得以他们的关系,还客客气气地以"先生""女士"相

---

① 两例句分别是:

(1)作为一本大学教科书,一本学术性著作,竟有那么多骂街话,真叫人愕然。未免太不文明了吧。

(2)同是怅望此天宇,两地相思共此心。未免过于香艳吧?

称，未免太拘束了。(苏雪林《棘心》)

"未免"处于句中是由于它是一个评价行为的联系成分，因为对于一个评价行为肯定有一个评价者，再就是有一个评价内容。"未免"就是给予这个评价内容一个反意外的语气，但这个语气的形成源自动词短语的"未免"，其中"免"是及物动词，"未"是其修饰语，作动词短语时只能位于句中，初始结构序列滞留至今，即使短语已经完全词汇化也依然如此。

3.2.3　根据语用功能分类

语用功能也可以作为反意外标记的分类标准。反意外标记肯定具备反意外功能，这里的语用功能是指除了反意外功能以外的语用功能。因为反意外标记实现作用的方式不尽相同，说话人可以通过强调其真实性表现反意外，也可以通过铺垫一个前提，推出一个不证自明的结论表现反意外，还可以通过预先就已掌握命题信息表现反意外。反映在语用功能上，分别是确信型、推理型与先时型。

确信型的代表是"当然"。"当然"一般被归入确信副词，因为不管其单用还是入句，都是说话人对于某个命题的真值表示坚定的支持。这种坚定反映说话人的信念，即自身认识状态可以完全把握命题涉及的情况，以至于作出真值判断是确凿无疑的，任何可能的意外都是荒谬或者无知的，因而也就落在了意外的极性对立面，比如：

(3.7) 我的声音没有笛子的尖锐，当然他不会听到。(沈从文《生之记录》)

上句中，如果"他听到"则是意外的，而这种意外是不可能的，基于前一小句说话人铺设的条件。通过如此确定的信念，从而让意外完全落空的语用功能，是反意外标记的重要类型，相似者如"一定""必然""绝对"也具有反意外语气。但需要注意的是有确信功能的成分必须在确信程度上居于高位，如果只是低程度确信，则失去反意外的效果，如"固然"。

推理型的代表是"何况"。"何况"通常出现在某前提小句的后接小句之首，追补一个推理的意义。而且与之功能相类似的还有

"遑论""更不用说""更别说""更不用提""更别提"等。共同的语用功能正是基于前提小句必然为真的判断，而且只要是承认前提小句为真，"何况"小句所指命题的真值在说话人看来是不言而喻的，比如：

（3.8）山珍海味也会吃厌，<u>何况</u>我吃的不是山珍海味。（张小娴《把天空还给你》）

"何况"小句的意思是"我吃的肯定也会吃厌"，借助的推理是"山珍海味最不容易吃厌"，但"山珍海味会吃厌"，所以"其他的食物会吃厌"是肯定的。因此，如果前提小句的命题是真，推理小句的命题则是千真万确，其中隐藏了说话人对某种常理的信念，而且对这一信念是深信不疑的。一般认为某种量级序列发挥作用，但信念的自明性与反意外的效果更值得关注。

先时型的代表是"早就"。如果说话人表达某件事是他先前就已经知晓的，那么也会触发反意外的语气。其中的道理在于先前知晓的信息是有备的信息，也是已知的信息，这跟反意外的基本特征高度契合。而且像"早就"这样，既通过"早"表明时间在前的意义，又通过"就"赋予在前的时间过去已久的意义，因此更明显地反映出反意外的语气，比如：

（3.9）中国人<u>早就</u>说过，食色性也。这在阶级斗争没有时就有，阶级斗争消火以后还会有。在俗文学中，反映了这一情况。（时辑《谈谈俗文学》）

体标记"过"就表明事件发生于过去，但"早就"不仅强调事件是过去的，而且是很早以前的过去。至于很早以前的程度，是说话人的主观判定，赋予事件这种先时的程度，彰显的是该事件发生由来已久，同时暗示自己也了然已久。因为事件刚刚发生可能会不知道，但是"早就"发生大概率是众所周知了，跟意外截然相反的语气由此实现。

3.2.4　根据演化来源分类

还可以根据演化来源对反意外标记进行分类。常见的来源有反问型、断言型、总括型等。从学理上说，反问带有的否定意义，与反意外中对意外的逆反,有概念结构上的对应关系,尤其是在轻微转折的反问中。总括副词具有全称量化功能,从实体的全量,到命题的全量,再到语气的全量,传递把控全局信息的语气,全局信息是彻底的已知信息,反意外的语气通常伴随而生。断言性多呈现出合预期与有备性的语用含义,易于向反意外转移。

反问型的代表是"何必",先秦便有用例表示反问,比如:

(3.10) 以辞伐罪足矣,**何必**卜?(《左传》)

(3.11) 枉道而事人,**何必**去父母之邦?(《论语》)

虽然此处"何必"未必成词,但反问用法表现的正是否定的意义,相当于用"不必"的陈述句。现代汉语中就直接有"何必"陈述句的用法了,比如:

(3.12) 有时想着想着又想通了,当官还不就是那么回事,当来当去没个完,<u>何必</u>去赌气。(刘震云《单位》)

这是一种委婉的否定,相当于说"去赌气"是没有必要的,符合语气舒缓的特征的同时,更有无须多言,默认知晓的典型反意外功能。从道义方面的否定演化为意外方面的否定。

总括型的代表是"无非",金颖(2011:62-65)指出"无非"初始义为"没有不是",在与系词连用的促动下,在晚唐五代发展出总括副词的用法,比如:

(3.13) 尽总颙颙合掌,<u>无非</u>楚楚敛容。(《敦煌变文·维摩诘经讲经文四》)

(3.14) 菩萨<u>无非</u>现化身,声闻各总居权地。(《敦煌变文·双恩记》)

近代汉语乃至现代汉语中,"无非"已经演化出语气副词的用例,比如:

(3.15) 我知道,无论什么谣言,外边尽自大叫大喊,本人大抵蒙在鼓里;此刻对你提起,<u>无非</u>是报告个消息,让你知道外边的空气罢了。(茅盾《蚀》)

上例的"无非"指向的是"提起"这个行为,因为主语不是复数,不应视作总括副词,而是表示一种低评价,即低认识价值。低认识价值正是来源于说话人对于当前信息的全局情况的彻底把握。对于说话人来说,"无非"起到的作用就是标记出这种全然掌控的反意外意味。

断言型的代表"明明"表断言的用法最早见于宋元时期(匡鹏飞2011),比如:

(3.16) 明明不直分文,万两黄金不换。(《五灯会元》)

(3.17) 如今这内关何在? 明明是一派胡说。(《宋四公大闹禁魂张》)

匡文将以上两例的释义归纳为"强调事实确定无疑"和"强调判断显而易见"。这已经跟反意外只有一纸之隔了。在现代汉语可以跟意外信息对举,表达某种负面评价,比如:

(3.18) 尹白笑着附和:"明明是旗袍,为什么叫长衫。""对呀,明明是蛋糕,偏偏叫西饼。"(亦舒《七姐妹》)

"为什么""偏偏"按理应该是展现一个说话人的意外,但由于跟"明明"对举,也就不再是在信息层面的意外,而是在言语层面的意外,即对所标记的言论感到意外。之前铺垫的"明明"是作为完全不应该动摇的认识。"明明"即标记反意外的前提。

3.3　本　章　小　结

本章对反意外和反意外标记进行了界定。反意外的界定可以分解为五大特征:① 既有知识、常理或经历,② 舒缓,③ 有准备心态,④ 合预期,⑤ 旧信息。反意外标记既要能实现反意外功能,又得有语音形式,主要充当的是话语中的语用成分。我们分别从结构、位置、功能、来源四个方面对反意外标记进行分类。要注意,这些分类是从不同角度的分类,比如反意外标记"嘛",结构上属于词语型,位置上属于句末型,功能上属于确信型,来源上属于断言型。虽然可能还有细碎小类未必都能在每个类型中找到归属,但是这些分类是大体上可以展现反意外标记的主要性质和典型成员的。反意外标记具有很多语用细节的刻画,仅从定义与分类给出的范畴共性寻找,显然是不足备的。以下章节将运用各种现代语言学的理论工具和分析模型,对具体反意外标记成员在现代汉语语用系统中的表现抽丝剥茧,观微查详。

第四章　陈述句中的反意外

本章从"还不是"的非否定陈述用法出发,证明该用法实际上属于反意外范畴标记,并有其特定的立场属性。不同于主观小量、合预期与反预期,反意外范畴有自身的独立性。追补小句测试法可有效区分反意外范畴、意外范畴与无意外范畴。杜布瓦(Du Bois 2007)的立场三角理论给予立场分析一套有力的框架。归根结底,反意外范畴是说话人制造与听话人的立场不一致,从而建立自身的立场优越感。

4.1　"还不是"的非否定用法

"还不是"的非否定陈述用法一直为学界所关注,引出一系列教学疑难问题,比如:

(4.1)"他们到底在吵什么?"

　　　　"还不是为了钱。"

答句中的"还不是"重音没有像一般否定句一样落在"不是"上,同时也没有否定的意思。邵敬敏(1982)、刘月华等(1983:509)、邢福义(1987)、王志(1992)都认为"还不是"的这种用法属于反问语气。陈瑶(1996,1998,2000)也认为"还不是"具有"反问性",并称之为"X反断句",并细分为三种类型:类同句(还不是 x=也 x)、质同句(还不是 x=照样/同样 x)、断定句(还不是 x=就是 x)。殷树林(2007)分成了五类,指出"还不是"可以替换成"还不就是",由于"是"之前的"就"往往有加强肯定的意思(吕叔湘 1999:316),对陈述句"还不是"的反问说提出挑战。

诸家的研究对"还不是"的基本含义作出了解说,一定程度上深化了对此语言现象的理论认识,然而也存在着明显不足,可以大致分为以下三条。

首先,认定"还不是"非否定用法仅属于反问语气。必须承认,"还不是"的非否定用法中一部分的确属于反问句。在 CCL 语料库中,"还不是"有 4 021 例,其中 695 例处在问句之中,占比约 17.3%。但是我们必须要看到依然有约 82.7% 的语例不是或者难以判定为问句,更不必说反问句。因此把"还不是"归入反问语气,有一定的片面性。并且反问用法的"还不是"跟陈述用法之间存在差别,比如:

(4.2) a. 那位"大哥"说:"现在还不是'最后'吗? 快走!"

b. 他之所以受欢迎,<u>还不是</u>因为他以前有俩臭钱。

(4.2a)中反问用法的"还不是"在语气上有明显的增强,而(4.2b)非反问用法的"还不是"在一定程度上语气是减弱了的。在历时上,非反问的"还不是"极有可能是由反问句中的"还不是"发展而来,但是在共时的层面上,我们必须正视二者的差别①。

其次,表示"扬的语气"的"还"跟表示"抑的语气"的"还"未作清楚切割。吕叔湘(1980/1999:252 – 253)提到"还"不仅有"往小里、低里、轻里说"的"抑的语气",还有"往大里、高里、重里说"的"扬的语气"。本章提到的陈述用法中的"还"属于"抑的语气",但是也有将二者混为一谈的情况。陈瑶(2000)将以下句子放入了"X 反断句"的归类中:

(4.3) 我也是大人,我都有儿子啦<u>还不是</u>大人呐! (语例引自陈瑶 2000)

例(4.3)中的"还不是"先由"不是"与"大人"合并成一个关系事件,"还"对这个关系事件加以语气上的强化,"还不是"传递的是类似于"难道不是"的口吻。"扬的语气"的"还不是"跟反问句中的情况有相似之处,但跟例(1)中典型的陈述"还不是"大相径庭,有必要

---

① 反问用法的"自信"与非反问用法的"自明"存在关联性,语气上存在交叉与过渡的可能。

剥离开来进行讨论。

另外,"还不是"所传达的语气缺乏系统性归类与定位。王志(1992)认为是一种提醒语气,陈瑶(1998)则认为是一种表面上求同,骨子里否定的言语功能。殷树林(2007)提到"还不是"有体现说话人认为后面的事件数量少。这些洞见都刻画了"还不是"语气的一个方面,但是离准确地把握该用法的语气类型,以及该类型在情态系统的定位,仍然存在距离。

我们认为"还不是"的非否定用法不属于反问语气,而是一种表达"抑的语气"的陈述话语标记,那么需要解决的问题是,这种"抑的语气"具体属于哪种语气范畴系统?该范畴系统的话语功能是什么?"还不是"与系统中其他成员又是什么关系?

4.2 我们的设想

仔细考察"还不是"的陈述用法的语料,可以发现有时蕴含"不过如此、仅此而已"的意思。比如:

(4.4) 没啥,你们在后方还不是一样辛苦。

(4.5) 读了这么多年书,还不是回来种田。

(4.6) 姓童的还不是看上了美家的门第。

如果删除例(4.4)(4.5)(4.6)中的"还不是",只是单纯地事实描述,加上"还不是"之后,便多了一层意思:例(4.4)是说话人的处境不过如此,例(4.5)是"读了这么多年书"不过如此,例(4.6)是姓童的"想法"不过如此。陈瑶(1998)将之分别解读成为类同句(还不是 x=也 x)、质同句(还不是 x=照样/同样 x)、断定句(还不是 x=就是 x),本质上是三位一体的,即所标记事件并没有出乎说话人/听话人的意外。

艾肯瓦尔德(Aikhenvald 2012)将"意外范畴"定义为"令说话人、听话人或者主要参与者意料之外的信息",其内部语义包含恍然大悟、惊讶、猝不及防、反预期、新信息。根据强星娜(2017)的综述,学界目前讨论的在汉语中的意外范畴涉及语气词(陈垂民 1993;唐正大 2008;金智妍 2011),话语标记(邵敬敏 1996;韩蕾,刘焱 2007;董秀芳 2008;邓思颖 2011;李宗江 2015;刘焱,黄丹丹 2015),完成体标记(Zhang 2013),感叹句、疑问句、否定句(陈振宇,杜克华 2015);在方言中还包括话题标记(黄伯荣 1996:558)、言说动词(王健 2013;乐耀 2013)、情态动词(宗守云 2015)、助词(易丹 2015)。可见,意外范畴在汉语研究的论域中的考察范围遍布整个语气系统。一个问题很自然地就会浮现出来:同样在现代汉语的语气系统中,是否存在与意外范畴相对立的"反意外范畴"? 当我们使用"还不是"的陈述用法时,恰好跟意外范畴所传递的信息相反,信息内容往往是胸有成竹、镇定、有所准备的。因此,我们设想可以将"还不是"的这种用法看作"反意外范畴",即表明在说话人意料之中,或者打消听话人意料之外的话语范畴。

4.3　两个易混淆的概念

"反意外范畴"不只有"还不是"一个成员,像"罢了、而已"这样的句末标记也可以表示反意外的含义。[①] 我们采取替换分析法进行验证,有时"罢了、而已"可以替换"还不是",语气类型保持一致:

(4.7) 干我们这行工作,也不需要什么技术,有知识没知识**还不是一个样**(一个样**罢了**)。

(4.8) 老干部觉得:"**还不是一九四二年那一套**(一九四二年那一套**而已**)。"

上两例的"罢了""而已"一般被分析为"主观小量"(方绪军 2006;刘晓晴,邵敬敏 2012)。"主观小量"这个概念历来被很多语言学研究所追捧。陈小荷(1994)在分析"就""才""都"时就认为"就""才"

---

　① 　准确地说,"罢了""而已"应属于无意外(de-mirativity)(详见第十三章),但反意外与无意外都是对意外的否定(详见第十二章),有一定的相容性。

语义指向后边数量时,体现主观小量,即主观上认为量比较小。吕叔湘(1999：253)指出"还"就有"把事情往小里、低里、轻里说"的意思在里面。方绪军(2006)认为"而已"反映主观小量,而"罢了"传达"完全属于某种情况,而非其他"的意味。陈昌来、占云芬(2009)认为在一定的句子标记、语境或语音情况下,"多少"也表示主观小量。刘晓晴、邵敬敏(2012)认为"罢了"有主观小量的语义特征,任鹰(2013)认为"V 个 NP"(吃个饭、聊个天)有往小里说的意味,因而也是主观小量。

必须得承认,以上讨论的带有主观小量的语段跟反意外范畴有很大的重合。但是需要指出的是,除了陈小荷(1994)讨论的"主观小量"是对数量成分的直接诠释以外,其他的研究或多或少都在谈及一种广义的"量",即说话人往轻里说。我们认为这个层面上的语义用大小来衡量是不合适的,一是因为李宇明(1999)指出主观量是量范畴的次范畴,因而它理应属于一个数量概念;二是因为我们完全可以对一个量大的信息往轻里说,比如:

(4.9)因为所谓的庄家也是人,不过比我们有钱**而已**。

想必无论主观量还是客观量,"有钱"也绝对不是少量,但是依然可以加"而已"标记。当然,可以论证这里说的少量不是说钱少,而是有钱这个类型量少,不过这样就涉及重新分析与烦琐讨论,伤害了这个理论的自洽性与一致性。

另外,即使是毋庸置疑的主观小量,也可以分化为"意外"与"反意外"两种情态,比如"才"与"就"后指的时候"才"表示数量太少,"就"往往表示数量还不多:

(4.10)a. 你这次考试怎么**才**三分?

　　　　b. 我也**就**四分,考得并不理想。(语例引自陈小荷 1994)

事实上,"才"的"数量太少"是意料之外的反应,属于"意外范畴"。而"就"表示的"数量还不多"是说话人出于自己掌握的已知信息,把"数量不多"往轻处说,旨在打消听话人的意外,属于"反意外范畴"。

类似的概念除了主观小量以外，还有"合预期范畴"。艾肯瓦尔德(Aikhenvald 2012)、强星娜(2017)提到"意外范畴"跟"反预期范畴"有紧密联系。那么，这是否意味着"反意外范畴"跟"合预期"(expectation)范畴也应该等量齐观呢？

从外延上看，海涅等(Heine et al. 1991)、吴福祥(2004)、谷峰(2014)提到人类语言中反预期标记种类繁多，预期标记罕见，公认的汉语合预期标记只有"当然""果然"。从内涵来看，张则顺(2014)将"合预期"定义为(a)合乎事理或情理，(b)合乎公众普遍预期，(c)合乎说话人预期。范晓蕾(2018)将语境中的"预期"定义为说话双方预先持有的信息，是对"事件实现的可能性或合理性"的估计，该定义符合人们日常对于预期的认知。而"反意外"，根据上一节的定义，表达的是"在说话人意料之中，或者打消听话人意料之外"。该定义可以分为两段：(a)说话人意料之中，(b)听话人意料之外的逆反。而"意料"也是事先对于事情发生的估计，那么，"合预期范畴"所辖范围跟反意外定义中的(a)情况完全重合。但是由于"反意外范畴"涉及(b)情况，因此"合预期范畴"只是"反意外范畴"的一种下属类别。我们在语料库里可以找到合预期语料都显示出说话人的"意料之中"：

(4.11)西门吹雪一走，陆小凤也就走了，华衣老人们<u>当然</u>不会阻拦他。

(4.12)嘉靖看了此疏，<u>果然</u>大怒，要杀他。

例(4.11)中，"当然"作为合预期标记表示"不会阻拦他"是说话人事先估计好的可能发生的事件，同样该事件也可以表述为正好在说话人的意料之中。例(4.12)的"果然"标识的"大怒"符合说话人的预期，也没有摆脱说话人的意料。

"反意外范畴"定义(b)的情况有时跟"反预期范畴"如出一辙，通常表现为两种情况：(i)听话人认为意外的情景，说话人认为并不意外；(ii)说话人估计听话人很意外，希望听话人不用意外，这两种情况都是跟听话人的预期不一致。比如：

(4.13) 她说:"你以为东尼每天出去忙什么？<u>还不是</u>想法子弄钱。"

(4.14) 你赶快和翠屏办个离婚手续,离了婚,你还是可以照顾她,就像我<u>还不是</u>照顾子璇,爱护众望。

例(4.13)当中,对听话人可能的意外,"她"用"还不是想法子弄钱"表明这个情况自己是有完全的心理准备的。例(4.14)说话人给出了一个可能出人意料的建议"赶快办个离婚手续",然后用"还不是"自己现身说法,希望听话人对建议用不着过于吃惊。两句话都是预设了听话人拥有"意外"的预期,从而反其道而行之,让表述呈现"意外"的无现实性与无必要性,达到与预期偏离。

不过,"反意外范畴"与"反预期范畴"二者的关系严格地说是有交叉但不同。吴福祥(2004)指出"反预期范畴"可以细分为三个类别: ① 偏离听话者预期,② 偏离说话者预期,③ 偏离常理。根据刚才的分析,"反意外范畴"定义(b)中的两种情况都是围绕偏离听话者预期发挥作用的,跟偏离说话者预期无关。对于反预期范畴偏离常理的情况,是绝对不会出现在"反意外范畴"之中的,因为对常理的违背就是最典型的"意外"情况。

然而,从逻辑上看,"合预期范畴"覆盖了"反意外范畴"定义(a)的情况,定义(b)又跟"反预期范畴"的①类别几乎吻合,那么是否表示"合预期范畴"与"反预期范畴"瓜分了"反意外范畴"呢？答案是否定的。因为根据定义(b)"听话人意料之外的逆反",除了有偏离听话人预期,还包括无关听话人预期。在语料库中,我们可以找到这样的句子:

(4.15) 你<u>还不是</u>打来的,你能打,我亦能打,你有拳头,我也不是没有!

说话人这里既不是表示事件符合自己的预期,也不是表示偏离了听话人的预期,而是与说话双方的预期无关,只是事件不是什么吃惊之事,听话人与说话人的吃惊都不应存在。

综上所述,反意外范畴的关系跟"主观小量""合预期""反预期"的关系可以用以下欧拉图(Euler diagram)表示:

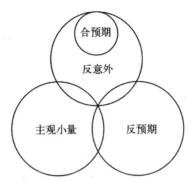

图 4.1　反意外范畴与类似概念的关系

　　需要说明的是,除了合预期标记是整个包含在反意外范畴之中,上图交叠处是两类标记之间相重合交叉的部分,也可以看作两者的兼类。反意外范畴跟主观小量的范畴的交叉包括"罢了",主观小量标记跟反预期标记的交叉如"才",反意外范畴跟合预期范畴的交叉有"当然""果然"等。

4.4　反意外范畴的反意外性

　　反意外范畴跟主观小量标记、反预期标记、合预期标记都有一定交叉,但是依然保持了自身的独立性,原因在于反意外范畴是从说话人对于信息的立场评价:或者表现出不吃惊,或者暗示对方不用吃惊。对于吃惊立场的逆反是判断反意外范畴的准绳。我们发现这种逆反可以通过增加追补小句进行验证,比如:

(4.16) a. 我爸爸还不是去了美国,去做他觉得有意义的事情去了(,这毫不意外√)。

　　　 b. 只不过是战略意识太差,失败了而已(,这毫不意外√)。

　　　 c. 丁岩只是少个宣泄的出口罢了(,这毫不意外√)。

　　　 d. 安摄像头啊,照死了罚呀,不就是想创收么(,这毫不意外√)。

　　　　e. 明智的人<u>当然</u>会选择更有效率的方式(，这毫不意外√)。

　　　　f. 原来这门火炮中<u>果然</u>有一颗炮弹(，这毫不意外√)。

　　上述六句中，"这毫不意外"印证了前文对吃惊立场的逆反，这样可以排除表示有意外可能的语言成分，比如以下几句就不能添加"这毫不意外"：

　　(4.17) a. 今天<u>居然</u>会受到这样的小辈的侮辱(，这毫不意外×)。

　　　　　b. 他们<u>竟然</u>置革命事业于不顾(，这毫不意外×)。

　　　　　c. 你<u>原来</u>受了这么多委屈(，这毫不意外×)。

　　　　　d. 她<u>甚至</u>容不下一个钟点工(，这毫不意外×)。

　　由于"居然""竟然""原来""甚至"四个词标识了说话人意外的语气，因而，跟追补小句"这毫不意外"的语义发生违背。不过，这种测试只是提供"反意外性"的必要条件，因为单纯对事实的陈述也可以通过此测试：

　　(4.18) 他去了珠宝商那儿(，这毫不意外√)。

　　所以验证反意外范畴的"反意外性"，还要对其进行"意外追补小句"测试，只有无法跟表示意外的追补小句，才能算作具有反意外范畴的句子，比如：

　　(4.19) a. 我爸爸<u>还不是</u>去了美国，去做他觉得有意义的事情去了(，这太意外了×)。

　　　　　b. 只不过是战略意识太差，失败了<u>而已</u>(，这太意外了×)。

　　　　　c. 丁岩只是少个宣泄的出口<u>罢了</u>(，这太意外了×)。

　　　　　d. 安摄像头啊，照死了罚呀，<u>不就是</u>想创收么(，这太意外了×)。

　　　　　e. 明智的人<u>当然</u>会选择更有效率的方式(，这太意外了×)。

　　　　　f. 原来这门火炮中<u>果然</u>有一颗炮弹(，这太意外了×)。

　　如果有表示意外的成分就可以通过意外测试，并且与意外与否无关的句子也同样可以通过测试，因为跟意料相关的范畴可以通过测试的追补小句添加：

　　(4.20) a. 今天<u>居然</u>会受到这样的小辈的侮辱(，这太意外了√)。

b. 他们**竟然**置革命事业于不顾（，这太意外了√）。

c. 你**原来**受了这么多委屈（，这太意外了√）。

d. 她**甚至**容不下一个钟点工（，这太意外了√）。

（4.21）他去了珠宝商那儿（，这太意外了√）。

根据"不意外追补小句测试"与"意外追补小句测试"，我们可以得出如下对比意外范畴与无意外①范畴的反意外范畴判断标准：

表 4.1　反意外范畴的判断标准

	意外关系小句测试	不意外关系小句测试
反意外范畴	×	√
意外范畴	√	×
无意外范畴	√	√

值得一提的是，在自然语感中，说话人对反意外范畴的敏感程度不及意外范畴。我们调查了 103 位在校的本科生、研究生以及语言学学者，受试者来自全国 17 个省、自治区、直辖市。调查的内容是受试者的语感，即在同一事件"他去了北京"中增加意外范畴标记、无意外范畴标记以及反意外范畴标记，测试受试者语感上能否通过。跟所属范畴匹配率高于 80% 是测试者高敏感度的范畴，50%—79% 属于中敏感度范畴，小于 49% 是低敏感度范畴，根据调查得到以下统计结果（顺序与问卷保持一致）：

---

① 原先把跟意外无关的情况记作"非意外范畴"，是类比于李新良（2015）对于动词叙实性进行的三分：叙实动词（factive verb）、反叙事动词（counter-factive verb）、非叙事动词（non-factive verb）。从逻辑上讲，意外范畴与反意外范畴对立，但是非意外范畴包含反意外范畴，分类上应先分为"意外范畴"和"非意外范畴"，"非意外范畴"中再分为"反意外"和"无意外"。是故将之改为"无意外范畴"。

表 4.2　三种范畴敏感度差异的调查

	受试者认为意料之外	受试者认为意料之中	受试者认为与意料无关	所属范畴	受试者敏感度
竟然	100%	0%	0%	意外	高
居然	98.06%	0.97%	0.97%	意外	高
原来	72.82%	4.85%	22.33%	意外	中
甚至	65.05%	1.94%	33.01%	意外	中
果然	1.94%	97.09%	0.97%	反意外	高
还不是	4.85%	78.65%	16.50%	反意外	中
当然	0%	71.84%	28.16%	反意外	中
而已	2.91%	21.36%	75.73%	反意外	低
罢了	0%	22.33%	77.67%	反意外	低
刚刚	0%	0.97%	99.03%	无意外	高

　　根据以上数据,我们发现常用的四个意外范畴标记中,有三个属于高敏感度范畴,一个中敏感度;而五个反意外范畴标记中,只有一个是高敏感度,两个中敏感度,两个低敏感度。究其原因,我们可以回到艾肯瓦尔德(Aikhenvald 2012)的定义当中,意外范畴往往包括"恍然大悟、惊讶、猝不及防、反预期、新信息"这些内容,前三者可以归入未知信息一类,而未知信息、反预期信息与新信息都是信息量(informativity)比较大的信息。陆俭明(2017)明确指出,交际的目的主要就是说话人把听话人未知的信息或者新信息告诉听话人。那么无疑意外范畴彰显信息量的能力较为明显,容易为人所感知也是顺理成章的。反意外范畴作为意外的逆反,相应地提供更多的是已知信息以及旧信息,信息量很小,因而时常说话人根本难以觉察自己在使用反意外范畴,有时难以感知到,从上表的敏感程度就可以看出来这一点。然而较为使人疑惑的是,既然不怎么提供未知信

息以及新信息,人们为什么还要大量使用反意外范畴? 要弄清这个
问题,有必要从语言的人际功能角度加以考虑。

4.5　反意外范畴的立场属性

韩礼德和麦蒂森(Halliday & Matthiessen 2014:30－31)指出,
语言有三大元功能,其中包含人际功能,即跟身边的人建立关系。语
言的人际功能的实现,需要交际双方不断调节的背景知识、信息状态
或观点立场,使对话顺利进行下去(Grice 1975;Leech 1983;Levinson
1983;Sperber & Wilson 1986;张文贤,乐耀 2018)。反意外范畴的
人际功能属性体现在说话人制造与听话人立场(stance)的不一致,
从而建立起对于听话人更高的认知立场定位,减少意外性对于对话
顺利进行所造成的妨碍。我们使用的"立场"这个术语来自杜布瓦
(Du Bois 2007)的立场三角理论,他将立场定义为由社会角色做出
的一项公开行为,由对话中的显性交际手段实现。该行为同时评价
(evaluate)了客体,定位(position)了主体(自己或他人),并与其他主
体保持一致或者不一致(align),该行为跟社会文化领域各个显赫的
维度都密切相关。根据定义,立场的表达实际上包含着三个互相联
系的角度,如下所示:

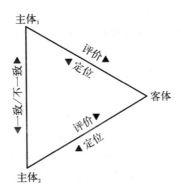

图 4.2　立场三角(Du Bois 2007:163)

以上就是著名的立场三角,只是需要注意的是客体本身并不能定位主体,而是评价客体这个行为定位了主体。只是该三角没有显示出来的是,与其他主体保持一致或者不一致也可以对主体进行定位,而不单单基于交互主观性(intersubjectivity)的认同度,而且也是一个自我地位建构的过程。

这种地位建构如何理解? 当我们使用反意外范畴去描述某个事件的时候,实际上预设着三种情景:

一,听话人觉得很意外;

二,说话人估计听话人觉得很意外;

三,听话人估计说话人觉得很意外。

基于这三种预设,说话人选择打破听话人对于某事可能会造成意外的看法。事实上造成的就是听话人与说话人的不一致,意图在于说话人传达出自己的知识背景、消息来源、认识程度强于听话人的态势。因为这种强势在社会文化心理上是隶属于社会地位更高阶层的社群的,因而也就完成了说话人的自我地位的立场构建。不过要指出的是,这种构建并不反映客观实际的社会地位,只存在于说话人的想象之中。

以"还不是"为例,可以观察到说话人用反意外范畴表达立场的不一致,从而彰显自我定位:

(4.22)(东方野:)"此地怎么回事?"

郝名扬咬牙切齿地道:"还不是'无双堡'那批爪牙来干的好事。"

(4.23)黄剑云秀眉一蹙,摇着头悄声说:"我不知道,总不外是昔年有名的厉害人物。"

汤丽珠立即不屑地说:"还不是'东西二怪',再不就是'南北二妖'……"

(4.24)紫薇好感动,将小燕子的手紧紧一握。

"我姓夏,名叫紫薇,就是紫薇花那个紫薇。"

"好美的名字,人和名字一样美!"

"你还**不是**！"

小燕子大笑，紫薇也忍不住笑了起来。

例(4.22)即第二个说话人察觉听话人很意外，于是给出了一个他自己认为显而易见的答案，显示的自我定位是"我了解情况"；例(4.23)中听话人以为是意料之外的人物，所以说话人告诉她其实是意料之中的人，说话人估计这则信息会使听话人意外，"不屑"也佐证了说话人的优越感(condescending)，显示的自我定位是"我见多识广"；例(4.24)听话人上一话轮传达信息是夸奖，得到的反应有可能是受宠若惊、激动兴奋等意外所产生的态度，但是说话人没有意外，而是摆出大家都一样的立场，显示的自我定位是"我有自知之明"。

可见，"还不是"的反意外性既可以应对听话人觉得很意外的情况(语气功能是"不该意外")，也可以应对说话人估计听话人很意外(语气功能是"不需意外")，以及听话人估计说话人很意外的情况(语气功能是"我不意外")，类似的还有"不就是"。不过不是所有反意外范畴都能够包揽这三种，考察语料可以发现，表示合预期的"果然""当然"只有第三种情况，有主观小量意味的"罢了""而已"没有第三种情况。

4.6　讨　　论

本研究从"还不是"的非否定陈述用法入手，在充分继承前贤研究成果的基础上(邵敬敏 1982；刘月华等 1983；邢福义 1987；王志 1992；陈瑶 1996，1998，2000；殷树林 2007)，认为将其单纯作为反问句标记有困难，并且应该把做"抑的语气"与做"扬的语气"的"还不是"区分开来，更为重要的是，我们认为"还不是"代表的是一种独立的语气范畴：反意外范畴。

与艾肯瓦尔德(Aikhenvald 2012)所论述的意外范畴相对，反意外范畴体现了两层意思：(a) 在说话人意料之中，(b) 打消听话人意料之外。就此我们厘清了反意外范畴标记跟几个相关联话语标记的区别,包括主观小量标记、合预期标记与反预期标记。研究结果显示,虽然跟以上标记有交叉,但是反意外范畴有其自身的独立性。

我们从性质上,提出了一套反意外范畴的判断标准。通过设计意外关系小句与不意外关系小句测试,我们能够把反意外范畴、意外范畴与无意外范畴给区分开来;然而问卷调查结果显示人们对反意外范畴的感知远不及意外范畴,这跟反意外范畴提供的概念信息量较小有关。我们借用韩礼德和麦蒂森(Halliday & Matthiessen 2014)的人际元功能学说与杜布瓦(Du Bois 2007)的立场三角理论,讨论反意外范畴的使用超越了概念信息的传递,而是体现了一种人际关系。我们认为使用反意外范畴的本质是通过跟听话人的立场不一致来构建说话人自我的立场定位,在社会文化心理下,这种立场定位跟认识上(epistemic)的优越感有关。最后,我们证明了反意外范畴内部反意外性的强度存在差别,跟立场的优越感亦成正相关关系。

回到本章开头提到的教学疑难。由于作为反意外范畴标记的"还不是"没有出现在 HSK 任何级别的词汇手册之中,并且在通用的工具书里也无法查询到"还不是"的词条,致使目前留学生对这个语言项目存在认知缺失。在针对已学习过一年汉语的留学生的听力测试中,我们设计了这样一道试题:

(听力文本)

男:昨天小王不知道为什么哭了。

女:还不是因为考试成绩嘛!

问:小王为什么哭了?

A. 因为成绩   B. 不是因为成绩

C. 可能是因为成绩   D. 不知道是不是因为成绩

这一题的考点就在于对"还不是"的理解,参与考核的 171 位留学生中,只有 13 人正确,通过率不到 8%。值得一提的是,所有学生之前是学习过"不是"与"还"这两个词汇的,并且两者也列在 HSK 词汇表当中。之所以出现问题,就在于"还不是"并不等于"还"加上

"不是",这里出现了语义整合。结合本章的研究,在教学层面上有必要分两个层次加以改进:对于汉语的初级学习者,对"还不是"进行整体释义,释之为"是",暂不考虑具体的语气细节;而对于汉语的中高级学习者,有必要进一步告诉学生"还不是"传递了说话人不意外的语气。

4.7　本　章　小　结

本章主要分析反意外范畴的性质、功能与内部差别,同时也发现一些尚未澄清与解决的问题,首先,尽管我们论证了"还不是"的非否定陈述用法单纯用反问语气解释有困难,但是在语料库中,我们发现"还不是"在反问句中出现的频次也不少见。一个可能的假设是目前"还不是"的陈述用法是从反问用法发展来的,或者正处于构式竞争之中(Bybee 2015:172-175),不过这需要历时语言学方法的科学检验。其次,我们发现"还不是"跟第二人称"你"搭配时,可能出现较为客气、礼貌的表达,比如"你还不是很辛苦"。这似乎跟说话人的立场优越感相抵牾,尽管我们也可以论证其实优越和礼貌是可以兼容的,但是反意外范畴的作用会受人称影响是肯定的,人称与反意外范畴的配合问题也是需要研究的课题。另外,反意外范畴归根结底是一种语气范畴,语气跟人的表情、肢体乃至语言本身的声学特征都有密切关系,更精细的研究有赖于多模态(multimodality)语言测量技术的参与。

第五章　反问句中的反意外

句末"不就 X 了"构式结构固化程度高,意义较为虚灵,给语用分析带来困难。对比相似结构以及句末"就 X 了"构式,可以分别获得其形式与意义两方面的区别性特征。从自预期、他预期与常理预期的验证可推断句末"不就 X 了"构式不仅排斥反预期,更是对反预期乃至由反预期带来的感叹、疑问、否定等意外特征的逆反,因而可定性为反意外标记。反意外功能的确立可以较好回应形义表现中一些纠结之处,并从中管窥反意外与解–反预期的异同,以及反意外在反问句之中的浮现机制。

5.1　句末"不就 X 了"构式

现代汉语中有一类位于句子末尾的构式"不就 X 了",比如:

(5.1)你把所有衣服都穿在身上乘飞机,不就行了。(亦舒《一把青云》)[①]

这类句末构式中,构件"不""就""了"不可省去,否则,要么句子不能成立,要么句子的意思会发生变化。成分 X 高度受限制,一般为单音节词"行、是、好、得、对、完、有、成、结、够、算"等,有时也会是双音节词"可以、没事、知道、晓得、明白、清楚"等。单音节的情况较多,BCC 语料库中单音节与双音节情况的例句比是 1 164∶606,接近两倍。

殷树林(2007)最早对此类构式进行研究,将此类构式归入"不

---

① 若无特别注明,本章语料来源于北京语言大学语料库中心(BCC)。鉴于微博语料不够规范,应用文语料出处难以确认,故以文学语料为主。

就 VP"，认为"不就 VP"意思等于"就 VP"，作为表示结果的反问句。
不过"X 了"是否是动词短语 VP 尚存争议，因为"好了""对了"这种
情况也可以看作形容词短语。并且有时候"不就 X 了"不能直接替
换成"就 X 了"，比如殷文中的例句：

　　(5.2) 我觉得这事可以干，挣了钱咱捐残疾人一笔<u>不就完了</u>。
(王朔《玩的就是心跳》)

　　这里的"不就完了"不能直接替换成"就完了"，同时也不能直接
等同于"不"加上"就完了"，构式本身浮现出不同于构式构件简单相
加的构式义。值得一提的是，"不就 X 了"的反问存在典型与边缘的
区别，重要证据是 BCC 多领域语料库中有 991 项句末"不就 X 了"以
问号结尾，但还有 779 项以非问号结尾。尽管语气缓和的反问句，
句末可用句号(冯英 2000)，但不可否认的是这些反问句跟陈述句已
经相当接近。即使归入反问句，也不是典型类型，而是边缘类型。
边缘类型虽是典型类型发展而来，但极有可能也发展出新的意义
与功能。

　　郭奇军(2012)对殷文作出了回应，在构式语法的框架下对"不
就 X"的构式义作出解释，认为其表示说话人的一种主观态度，即说
话人认为某人或事物不重要，郭文称作看轻意义，并且从汉语史角
度分析了"不就 X"来源自"不就是 X 吗"，从单纯的反问，到浮现出
看轻意义，再到"就"逐渐轻声化以及"吗"的脱落，看轻意义增强。
看轻意义的表述一针见血，只是郭文之中，"不就 X"不限于句尾，并
且 X 的取值可以是名词短语、动词短语、形容词短语、介词短语等，
而所看轻的对象根据作者的分析就是 X，比如：

　　(5.3) <u>不就个副厅级干部</u>，牛什么牛！(引自郭奇军 2012)

　　根据郭的分析，例(5.3)中"说话人认为副厅级干部没有什么大
不了的"，这与句末"不就 X 了"或有不同，诸如例(5.1)的 X 是"行
了"，但我们不可以说对"行了"这个评价表示看轻。所以，沿着郭文
从构式发展的思路，也许存在这样一种可能，即句末"不就 X 了"是
"不就 X"构式的进一步发展，从而构式义也随之出现变异。

　　蔡旺、杨遗旗(2014)从词汇化的角度指出"不就"演化为一个复合副词,与副词"就"相比,更偏向表现主观小量。主观小量的解释力较强,可是副词"就"也有主观小量的功能(陈小荷 1994),两者是否能完全等同呢? 这一点作者是认同的。不过以下句子疑似是一个反例:

　　(5.4)**你更傻,早点对他说<u>不就好了</u>**。(凌尘土《都是招亲惹的祸》)

　　姑且认为主观小量的对象是"早点对他说",也就是说话人认为不难达成。"不就好了"如改作"就好了",虽在小句内没有问题,但跟前文"你更傻"语义相抵触。因而单纯视作主观小量还不能够精确定位"不就"的区别性语义特征。另外,句末的"不就 X 了"在一些情况下"了"不可或缺,其中的"不就"是否独立作句法成分有待斟酌。

　　各位前贤的研究给予本章许多洞见和启发,同时也提供可供研究的余地,归纳起来有三个较为重要的问题:一是句末"不就 X 了"构式有哪些句法表现区别于一般的"不就 X"构式? 二是句末"不就 X 了"构式的句法特征是为了呈现什么样的语义-语用功能? 三是表反问和非反问的句末"不就 X 了"构式之间是否存在某种内在联系?

5.2　句　法　表　现

　　句末"不就 X 了"构式句法表现可以从三个方面加以说明,首先是跟其形式相似但实质不同的结构之间的差异;其次是 X 成分选择上的限制性与优先性;最后是其与前成分的关系特点①。

5.2.1　跟相似结构的差异

　　一些结构跟句末"不就 X 了"构式有相似的组成方式,但有本质

---

　　①　构件对构式固然有影响,只是事实上句末"不就 X 了"构式义的形成跟所处的反问句与前接的条件小句关系更为密切,反而从构件分析看不到构式义的理据。这一点跟戈德伯格(Goldberg 1995,2006,2019)坚持的构式整体功能无法从部分预测保持一致。所以本章把关注点更多放在上下文的考虑上。

上的不同,句末"不就 X 了"构式与其区别主要有三:一是不可有显性或者隐性的后接宾语;二是前接成分不能单是名词性短语;三是结构之中不可再插入其他成分。

5.2.1.1 不可后接宾语

既然是句末构式,便不能再跟宾语等后接成分。如果宾语出现省略或隐含,则构成极其相似的结构,比如:

(5.5)童爷是飞毛腿,十几里路一眨眼<u>不就到了</u>。(李凉《快乐强盗》)

但是例(5.5)中的"不就到了"不属于本章所讨论的构式,因为实际上宾语隐含了,即成了隐性的后接成分,其完整语义是"不就到了(终点)"。除了"吗、嘛、么"等少数语气助词之外,如果句子的右端还能够继续延展,该结构就不具备句末构式的定位。

5.2.1.2 前接成分不可为单个名词短语

同样作为句末成分,"不就 X 了"的前接成分一定包含谓述结构,单纯的名词性成分没有谓述结构,在这种情况下"不就……了"成了一个主谓短语的语气修饰结构,跟相对独立的"不就 X 了"构式不可混为一谈,如下所示:

(5.6)我们两个一起努力,问题<u>不就解决了</u>。(林如是《逆情》)

前接成分是"问题",是一个名词,其谓述成分是"解决"。"不就解决了"本身不能作为一个独立的构式,而是附丽在"问题……解决"这个主谓短语的语气结构,跟句末构式并不同类。更为简单的测试方式是看"不就 X 了"之前能否加逗号①,如果不行,则不是我们所探讨的句末构式。

5.2.1.3 中间不可插入其他成分

作为一个构式,内部构件有一定的凝固性,其中只有 X 能够有一定数量的候选项,其他的成分是紧密不可分割的,这意味着成分

---

① 此外,还有一种测试方式是看"不就 X 了"是否可添加"这/那"回指此前整个小句。

间不允许插入其他的成分,比如:

（5.7）男人嘛！再找**不就有了**。（子缨《爱上黑帮大佬》）

例（5.7）中,"不"与"就"之间可以插入"一下、很快"等成分,"就"与"有"之间可以插入"又","有"与"了"之间可以插入"新的、别的"等成分。所以这是一个与句末"不就 X 了"高度相似,但尚未完成构式化的同构结构。

所以,句末"不就 X 了"构式的前、中、后成分都有比较严格的限制,这种限制是为构式义浮现服务的;由于构式化的完成有一定的阶段性,所以一些相同构件组成的结构可能形成巧合性对应。我们不排除这是构式化进程的发展阶段,很可能是从"不就"的凝固化,到"不就"与"了"的共现惯常化,再到与 X 合并成为不可分解的整体且定位于句子末尾的定型化。当然,这只是一个假设,但必须跟相似结构区分开来,才能真正确定本章研究的具体对象。

5.2.2　成分 X 的选择

根据我们对 BCC 语料库的调查,句末"不就 X 了"构式中 X 的选择较为固定,但是具体使用上还是有明显的偏向性。尤其是双音节 X 的情况,存在大量的稀疏数据,有些可能受方言或者外语影响,比如:

（5.8）广告都包给她做,**不就搞掂了**？（张欣《今生有约》）

（5.9）丁火让同学帮忙带手机**不就 OK 了**。（微博语料）

稀疏数据基本上是频次低于 5 次的项目,虽然可以使用,但是至少在可见语料中还不能算作典型的用法。我们统计了 5 次以上的用例,如图 5.1 所示。

可以看到,"不就行了、不就好了、不就成了、不就结了"在单音节 X 用例中占有显著优势;"不就知道了"在双音节 X 用例中占有显著优势。图中 17 类 X 的取值表现的都是说话人的评价,几乎都包含有完结、完成、完善的意义,有的是事件的完结,比如"不就完了";有的是义务的完成,比如"不就够了";有的是认识的完善,比如"不就明白了"。已有数据显示的情况表明,高频常见的句末"不就 X 了"构式的 X 构件都蕴含跟[＋终结]相关的某种评价。

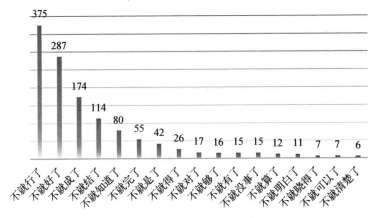

图 5.1 句末"不就 X 了"构式用例

5.2.3 跟前接成分的关系

句末"不就 X 了"构式跟前接成分的关系可以算是一种申说式的紧缩(王力 1985:105)。这种紧缩有三种特征:一是后成分是前成分的申辩说明;二是前成分往往是一个完整或者不完整的命题;三是后成分往往短小。王先生举的例子如下:

(5.10) 身子更要保重才好。

(5.11) 且商议咱们八月十五赏月是正经。

可见言说的重心放在前成分之上,于是后成分语言编码精简甚至没有停顿。不仅后成分有紧缩的现象,前成分也出现紧缩格式的特征,比如前成分是小句时,该小句会出现一系列非句化。高增霞(2005)提出多个小句整合成单一小句时,次要小句或多或少会丢失一部分句子的特征,且丢失的特征越多,小句结合得越紧密,整合的程度越深,这个过程就是非句化。非句化有一些句法上的具体表现,譬如情态语气受限或丢失、时体成分的受限或丢失、主语隐含等。小句整合正是王力先生所言的复句紧缩。观察语料,我们发现非句化的句法表现在句末"不就 X 了"构式的前成分中都有体现。

5.2.3.1　情态语气成分无法补出

（5.12）我们（*可以／*应该／*必须）瞒着他<u>不就好了</u>。（左晴雯《最爱》）

（5.13）我们别理他的话（*吧／*呀／*呗）<u>不就好了</u>。（于澄心《咆哮魔鬼》）

以上前成分小句语义上都可以接受的情态与语气成分受到非句化条件的制约，在与句末"不就X了"构式共现时无法补出。

5.2.3.2　时体成分有时可补出，有时无法补出

（5.14）何必麻烦，你直接帮我换（了）<u>不就成了</u>。（连清《狂徒交易》）

（5.15）那由他们说去，你我心里知道（*了）<u>不就行了</u>。（司徒红《妖灵皇子》）

以上两例，增添时体成分"了"并不改变原句句义，但是例（5.14）可以补出，例（5.15）不能补出。这一方面跟非句化小句处于从陈述性成分向指称性成分的过渡地带有关，另一方面跟小句紧缩后的韵律变化有关。

5.2.3.3　小句主语可以补出，但通常省略

我们抽样调查了 525 个句末"不就 X 了"构式，发现其中 296 例前接小句没有主语，约占 56.38%；虽然主语的定义依然有争议，但是我们采取的是最宽松的原则，即小句谓词前没有任何题元成分，即使在这样宽松的标准下依然有超过一半的前接成分没有主语，但是几乎都可以根据上下文补出主语，比如：

（5.16）"你也知道林主任的个性，他最讨厌别人迟到了。""（我们）编个理由<u>不就成了</u>"。（于晴《原来是你》）

（5.17）江柏恩不知在什么时候上了台，他牵动唇角无奈地爱怜一笑，拉过无辜站在水球下的她。"傻瓜，（你）说出来<u>不就好了</u>。"（陈明娣《小女子大作风》）

例（5.16）（5.17）中的原文小句都省略了主语，也都可以补出，不影响句子的合法性。同样在主语出现的例句中，这些主语也多半可以自然地省去,因为在结构中做主语的都是人称代词,以第一、第二人称居多。虽然吕叔湘(1999:8)认为省略人称代词是汉语的重要特点之一,但是第一、第二人称代词的省略在口语对话中更为频繁。在语料中也可以印证,句末"不就 X 了"构式是一类对话构式,样本中全部 525 个例句都在对话之中。

5.3　语义-语用表现

句末"不就 X 了"构式结构紧凑凝固,可变成分 X 选择稳定,多为终结义的词项,与前接小句整合之后出现一系列非句化表现。然而,句末"就 X 了"也存在高度类似的分布,那么两者全然一致吗?一致与不同各在何处?我们有必要从语义-语用角度作进一步区分。

石飞(2019)对句末"就是了"的话语功能进行了细致分析,基本逻辑是"就是了"可以表示评价、确认和建议等言语行为。这些言语行为的形成跟"就是了"处于非现实条件句密切相关;结论句在句末的长期凝固化以及主观化,使其浮现出"理所当然"的结果之义,从而在话语互动中演化为"这样做最好、最简单,不用犹豫"的话语立场。

句末"不就 X 了"构式与句末"就是了"的语用功能至少有三点一致:一是都可表示建议,二是都常处于非现实条件句之中,三是都可推导出说话人淡化困难的立场。具体见下文。

5.3.1　可以表示建议

(5.18)此时他开口了:"你们不是说有大姑娘的亲笔信函?(我建议)拿给蝶姑娘看看不就行了。"(黄苓《蝶恋》)

(5.19)你老婆就在外面和老板聊天,(我建议)我和她一块去问医生可不可以让你吃不就成了。(李馨《笑面娇娃》)

例(5.18)(5.19)括号中的内容是原文没有的,但所在小句的言语行为都不是以言指事,即用语言表示发生的一件事(行域);也不是以言断事,即用语言表示说话人对发生事件的推断(知域);而是以言行事,即用语言本身就是做事(言域),通过言说说话人提出一个意见,在小句之前可以补上言语行为的支撑小句。

5.3.2　常处于非现实条件句之中

(5.20)你目的不过想孤儿有衣穿有书读,**只要**他们穿得暖,又识字,<u>不就行了</u>。(亦舒《生活之旅》)

(5.21)但它的价值不就是人所赋予的,**如果**我认为当弹珠是最高价值,<u>不就好了</u>。(白暮霖《哪个皇上不风流》)

(5.22)**如果你介意的话**,我下个月再回请你<u>不就行了</u>。(王京玲《边关守将》)

例(5.20)和例(5.21)分别由连词"只要"和"如果"引领条件小句,"不就 X 了"构式充当满足了该条件的结果,两者构成条件复句的对子;不过从小句语义得知,该条件不是客观发生的,而是说话人设定的,有可能是尚未发生之事,也有可能对已发生之事提出另外一种可能,总之是非现实的条件。而例(5.22)的情况较为特殊,是由构式"如果……的话"设定一个假设的背景,在此背景之下再给出条件,因此也是一种非现实的条件。"不就 X 了"构式意义虚灵,句子的语义重心实际放在条件句上,该条件应理解为提议。

5.3.3　说话人淡化困难

(5.23)**很简单啊!**再加儿个字<u>不就行了</u>。(李凉《神偷小千》)

(5.24)**何必这么麻烦?**你只要再拿出金牌<u>不就成了</u>。(欧阳青《夜魅索情》)

(5.25)**这一点不会是问题啦!**反正你把人家娶过门,养个几年培养感情,<u>不就成了</u>。(阿蛮《却下水晶帘》)

说话人淡化复杂性的依据在于,话语中跟构式邻近的小句常出现叮嘱听话人降低事件复杂性的预估,避免听话人畏难纠结的语气标记,比如上例中的"很简单啊、何必这么麻烦、这一点不会是问题啦",它们直接引出说话人自认为的方便轻松的方案,即非现实的条件在说话人看来,不仅是可行的,而且是易行的。

与句末"就是了"构式一致的三点实际上是三位一体的,正是因为说话人淡化困难,所以就自己认知范围内规避复杂的选项,给出一个易行的非现实条件,而这个非现实条件出于结论小句表义的虚化,演变出提供简单明了的建议功能。句末的"就是了"和"不就 X 了"长期浸染在这一类型的语境之中,因而浮现出"因为简单易行,说话人希望听话人听从建议"的构式义。但是语感告诉我们,除了以上的相似之处,两者的不同之处也颇为明显,就拿最小对立的句末"就是了"构式和句末"不就 X 了"构式而言,存在两处重要差别。

一处差别是句末"就是了"构式可以表示对事实或者评价的确认,而句末"不就 X 了"构式不可以,以下例句来自石飞(2019):

(5.26)我也急着跟了上去,走到门口,只听到满叔对玉卿嫂说道:"玉妹。你再想想看,我表哥总不会亏待你<u>就是了</u>/(﹡不就是了),你下半辈子的吃、穿,一切包在我身上,你还愁什么?"(白先勇《玉卿嫂》)

(5.27)不,老杜同志,不要以为区委怀疑你。你被捕以后,尽管有人说你叛变了,可是组织上已经弄清楚,那不是事实。不过,你的表现有些软弱<u>就是了</u>/(﹡不就是了)。(雪克《战斗的青春》)

例(5.26)可以说是对某类事实的确定,例(5.27)是某种主观评价的确定,但原句中的"就是了"不能替换成"不就是了",因为"就是了"实际上表示的是元话语行为标记"可以确认的是……"的功能。"就"可以作为确认标记,比如"就他知道","是"也可以作确认标记,比如"他是知道",所以"就是了"在这里发展的是构式构件的确认义的一面,而非结论义的一面。"不就是了"有否定标记"不",消解了确认义,从而只继承了从非现实条件句发展来的结论义。

另一处差别是句末"不就 X 了"构式可用于责备,而句末"就是了"构式不可以,比如:

(5.28)"好好,我真无理,真混蛋,不该惹你生气。""你要早这样,<u>不就没了</u>/(√不就是了/﹡就是了/﹡就没事了)。"(王朔《给我顶住》)

(5.29)"地干吗找你? 直接告诉我<u>不就好了</u>/(√不就是了/﹡就

是了／*就好了）。""不知道。我在教室前碰到她,她叫我这么跟你说。"(谷川流时《逃离学校》)

（5.30)"你不会看不出来吧?"她澄亮的眼盯着他说道。"你刚才载她不就好了／(√不就是了／*就是了／*就好了）。"(岳霏《男人第六感》)

上面三个句子中,说话人都对听话人进行了责备。为了进行平行比较,我们也列出了"不就是了"与"就 X 了"的形式,发现都可以替换成"不就是了",而不能替换成"就是了"或"就 X 了"。因为从上下文我们可以知道,说话人是设立了一个反事实的情景,即明知是假命题的情景(陈振宇,姜毅宁 2019),对听话人没有如此这般行为而感到气愤,进而表达一种责备的语气。但如果换成"就是了",这种责备的语气便不复存在,与前后文铺垫的语用环境发生矛盾①。

那么为什么句末"不就 X 了"构式会跟责备的语境相符合呢?这里需要结合上文谈到的三点共性之一的淡化困难功能一起观察。虽然句末"就 X 了"和句末"不就 X 了"都表达对困难的淡化,但是把 S 标为前接小句的事件,"S 就是了"实际上说明 S 不算困难,而"S 不就是了"说明 S 非常简单。试比较修改过的例(5.23)中原句及其句末构式改成"就 X 了"的情况:

（5.31) ♯再加几万字不就行了。

（5.32) 再加几万字就行了。

例(5.31)接受度很低(♯标记语用不适,表示用语不得体、不恰当,不排除特殊条件下的使用),原因在于增加几万字,在一般人的通用认知能力中,绝不是非常简单的事情。而例(5.32)可以接受,是因为增加

①　似乎"就 X 了"也可以用于责备,比如:

我报出了一个数字,母亲重复了我报出的数字。"没算错吧?"老太太用不信任的目光盯着我说。"你自己算就是了。"我说。"这孩子,**说话真是暴躁。**"(莫言《会唱歌的墙》)可能是语感上的差异,我们认为这里的"就是了"责备用法不明显,因为责备往往是对已然事件的一种评价,"不就 X 了"通过反事实手段说明当时应该这样却未实现,从而迂回达到批评指责的功能。上句的"就是了"更多是说话不委婉、不礼貌、生硬唐突。具体是否为指责难以确定。

几万字之后就够了,意味着可以增加更多(即设置更高的困难度),但到这个程度足以达到要求。正如石飞(2019)言及句末"就是了"的论断一样,句末"就 X 了"构式本质上还是凸显某事件的充分条件。从主观化表达上说,句末"不就 X 了"构式强调此事不可更简单(最简条件),而句末"就 X 了"构式强调此事还可以更复杂(简单条件)①。

　　不可更简单的事件,却没有实现或者成功,这就是句末"不就 X 了"构式与责备语气相容的地方。所以,郭奇军(2012)认为"不就 X 了"具有看轻之义,可以算作该构式的语用后果。更明白直观的是吕叔湘(1999:253)对"还"的一类情态表述,同样可以用于句末"不就 X 了"构式的功能上,即"把事情往小里、轻里、低里说",属于主观小量,又不仅仅是主观小量,同时也体现说话人主观上轻松与低估的态度;但不属于委婉,因为该表达并非出于礼貌原则(Leech 2014:91)对听话人的观点感受高估价,而对说话人的观点感受低估价。多数情况恰好相反,说话人有炫耀自身认识水平的意味,无论是建议还是责备的用法都透露出优越的立场态度,对说话人的估价高于听话人。

　　非礼貌而将事件轻说,说话人凸显认知优越的评价立场。此处的优越立场来自事件的无反预期性。从说话人的自预期角度来说,低于预期表现为所述事件全然处于自己的理解与掌控之中,不会有任何差池;从听话人的预期角度来说,说话人默认必不超出对方预期,事件的简单易行不言自明,默认对方肯定会接受;从社会心理基准的常理预期角度来说,说话人持有的信念反映事件的简单易行是共有知识(common knowledge)②。所谓共有知识就是不仅群体中每

---

　　① "就 X 了"的构式意义从充分条件(即足量条件)转变为主观小条件(即要求低的条件)可能是一种普遍语用倾向的反映。"不就 X 了"一方面继承了反问语气的强调与感叹,更强化主观小条件的倾向;另一方面由于"不"使用过多而语用磨损,使构式超越了反问语气,所以"不就 X 了"可以分成两个层次:ⅰ表示主观小条件,ⅱ表示对听话人不知晓的不满。层次ⅰ对方面一的发展容易理解,层次ⅱ如何从语用磨损中浮现,可能需要中间环节。陈振宇、姜毅宁(2019)的"双重反预期"是一种解释,但我们坚持构式"不就 X 了"是对"最简条件"的强调。

　　② 自预期、他预期和常理预期的划分来源于吴福祥(2004)。

个人知道该事件——即公共知识(public knowledge),而且每个人都知道其他人也知道该事件——即互有知识(mutual knowledge),共有知识相当于该事件既是公共知识,又是互有知识(Lewis 1969:52-53)。因而从自预期、他预期、常理预期三个方面出发,说话人都坚信自己以及对方知识在正常情况下完全能够驾驭事件内容。责备义的浮现正是事件本来是无反预期的,但是真实情况却是反预期,预期的落差致使说话人用反事实讽刺当事人无法胜任如此简单之事,从而实现对于真实发生事件的负面评价。

5.4　反意外与意外、解-反预期、
反问之关联

本身无反预期性质,又排斥反预期出现,结合表建议附带的不以为意的态度,以及表责备附带的轻描淡写的语气,我们认为根本上句末"不就 X 了"构式的说话人是对于意外的逆反:说话人自己毫不意外,听话人不应意外,按照常识也不可能意外。

5.4.1　反意外与意外之关联

与德兰西(DeLancey 1997)、艾肯瓦尔德(Aikhenvald 2012)提出的意外范畴相对应,陈禹(2018a)认为存在反意外范畴,指在说话人意料之中,或者打消听话人意料之外的话语范畴。现代汉语中典型的反意外范畴成员有"还不是、不还是、不就是、不也是、而已、罢了、果然、当然"等,反意外范畴的重要特点是它既可以是合预期,又可以是反预期,甚至既非合预期又非反预期,而是跟由预期产生的感叹、疑问与否定语气的统一体——意外高度相关。句末"不就 X 了"构式符合定义,应看作一类反意外标记。

陈振宇、杜克华(2015)指出,感叹、疑问与否定构成意外范畴的三个维度,三者共同组成意外三角:感叹是由意外产生的强烈情绪,通常有负面的反感、愤怒、痛苦或正面的赞叹、幸福;疑问是由意外造成的不确定性,通常需要寻求答案甚至迫切需要对方回答;否定

是意外导致语用层面上对真值或合理性的不承认,通常包括命题否定与元语否定。

意外三角细化了意外范畴的语用系统,同时也给我们洞察反意外提供了启发。既然反意外是对意外的逆反,那么与其紧密关联的三元组是否也会走到自身反面呢?答案是肯定的。首先,反意外最重要的一点就是"把事情往小里、轻里、低里说",那么如此轻描淡写的语气事实上是强烈情绪语气的反面,也就是感叹的对立端,但又不具备委婉语气特殊的社会语用功能,我们可以命名为"轻说"(understated)功能[1]。其次,反意外所杜绝的正是不确定性。确定性使说话人显得信心满满,也暗示听话人无须担心,这样也就走到了疑问的反面。疑问的反面不仅仅是相信或者劝说,而是对于事件的真实性与正当性不需要也不允许有任何的怀疑,即可以称作"无疑"(doubtless)功能。另外,反意外建立在无疑的基础之上,那么无论是从命题还是元语,都不可能表现或者接受任何否认,所以即使很多反意外标记带有否定形式"不",但往往是纯粹的肯定(affirmative)功能。

需要注意的是,反意外对意外的逆反,不是"不意外",也不是"非意外",而是造成跟意外的"冲突"。这种冲突产生于说话人与听话人对双方认识状态之间的预估,是交互主观性的彰显。如果听话人表现出意外,而说话人认为对方不必意外,说话人对听话人意外的事实与应该不意外的评价的冲突构成一类反意外(比如"而已、罢了")。如果听话人表现出意外,而说话人对于听话人的意外反而意外,成为一种二阶的意外,那么这种意外与意外之意外的冲突构成另一类反意外(比如"不还是、不也是")。"不就 X 了"兼具两类反意外

---

[1]　"轻说"这个概念可能不好理解,这里作一下说明:轻说是相对重说而言的。重说是强调的重要方面。徐晶凝(2000)直接将"重说语气"解释为"强调";张谊生(2000:59)则将"强调"释义为"说话人对相关命题的高度重视和坚定的态度",等同于重说。所以,由重说的讨论可以得知,轻说实际上就是不强调、不重视、轻描淡写、不以为意。这跟郭奇军(2012)提到的"看轻"非常相近,但我们不主张使用"看轻"这种表述,一是自带贬义,轻说则较为中性;二是多表现认识状态,而轻说表现言说态度。"轻视"与"看轻"情况类似。

特点,前一类加强了作为建议、提议功能的语力,使之具有提供最简条件的语气;后一类反映了负面评价立场,为责备语气的功能张本。

5.4.2　反意外与解-反预期之关联

与反意外非常相似的是袁毓林(2012：198 - 199)的解-反预期表达,其定义为"用一个极端反预期的事情来衬托一个不太极端的事情,从而达到表示不足为奇、不在话下的表达效果",比如袁文的例子:

(5.33)**连**李县长那样的好人**都**要受罪,那咱们就更别提了。

上句存在一类递进,极端反预期的事情"李县长那样的好人"(预设：好人有好报)要受罪,递进为不太极端的事情"咱们"要受罪是肯定的,所以袁文说这种递进往往是由深到浅的反方向递进。这样看,似乎跟反意外的轻说(落脚点是浅的方面),无疑(不足为奇)高度一致。但是陈振宇(2019)指出解-反预期存在两个立场事件:一个是意外之事,即某件事造成预期不同或相反,让人意外;另一个是解惑之事,即找到某种因素,说明这件事是常规的或合理的,因此不应该意外。不过如果两个立场事件的论断正确,那么反意外与解-反预期的差别是明显的。首先,反意外可以无须设定存在一件意外之事,因为说话者可以依据自身经验以及常理规约,认定此事不是意外之事;其次,反意外无须齐备二元对立的配置,解-反预期的实现需要借助二元的深浅对立,完成一个"深者已实现,浅者必然实现"的推理过程,反意外则不需要这样的语用推理;再次,由于是解惑者从某些因素让一件可能意外的事变为意料之中,而反意外在一些情况下在说话人看来是根本不可能意外的。因此我们认为解-反预期与反意外有相关性,但并不是同一性质的语气范畴。归根结底,解-反预期是从预期/预设的理论框架出发,而反意外是从意外及其相关语用现象出发,出发点有所不同。

以反意外的视角观察句末"不就 X 了"构式,许多句法语义上的困扰纠结可以迎刃而解。第一,句末"不就 X 了"构式中 X 的取值都蕴含终结义,这是因为其反意外功能要求语义的无疑性。既然是无疑的事情,在说话人看来就是不用再继续讨论的,暗示其提供的建议已是最简方案,再探讨也是徒劳。第二,句末"不就 X 了"构式前接小句中无法补出情态成分,这是因为情态成分本质上是对可能世界的量化,比如英语中情态动词 must 是对可能世界的全称量化,can是对可能世界的存在量化(Kratzer 1991:640 - 646;王莹莹,潘海华2019)。而反意外的肯定性意味着说话人的对于命题的信念是必然发生,并且理所应当的,所以其诉诸的不是可能世界的表达,因而排斥情态词与之共现,反意外是说话人必然世界的反映。第三,句末"不就 X 了"构式与句末"就 X 了"构式相比淡化困难的程度更高。这是因为反意外的轻说性是在感叹的反面,句末"不就 X 了"构式的言外之意是:如果命题所述状况出现意外,或者命题的真值与合理性令人惊诧,反而显得莫名其妙、匪夷所思,这也就是为何会浮现责备的用法,从逆向突出说话人对困难程度的轻描淡写与不以为意,反观句末"就 X 了"构式是正向说明这样做就够了,语力上略逊一筹。

5.4.3　反意外与反问之关联

那么,反意外标记的轻说、无疑和肯定功能的来源为何处呢? 一方面,来源终结义的标记占一部分,比如"而已"的"已"、"罢了"的"罢"、"果然"的"果"都有终结的意思,从事件的终结发展到认识的终结,再发展到"了然于胸"的自满性、"不言而喻"的自明性、"明白无误"的底线性①,都依次指向轻说、无疑和肯定功能;另一方面,诸多反意外标记有明显的反问句根源,比如"还不是、不也是、不就是"以及本章涉及的"不就 X 了"。根据我们调查的语料,典型反问用法(991例)比缓和反问用法(779 例)多 27%;虽然一些有典型反问用法(句末用问号)的更接近于缓和反问,甚至陈述语气,另外一些缓和反问用法(句末用句号)也有强反问意味,但是可以明确的是在共时条件下两者具有一定程度上的构式竞争关系。所谓构式竞争(constructioncompetition)是同一历时阶段共存的一组构式,由于分享某种形式或

---

① 张秀松(2015)就"毕竟"这一类含终结义的语义演化有精彩的论述。

功能,在使用度、变异度、能产度上呈现为此消彼长的关系与过程(赵琪 2013;Bybee 2015:172;陈禹 2018b;Goldberg 2019:76 - 77)①。蔡旺、杨遗旗(2014)证明"不就"的肯定含义是由反问语气浮现而来,如果该论断可以接受,那么含"不"的一系列反意外标记都可以类推至反问句这个来源。那么反问与反意外共通的机制是什么呢?反问句如何能发展为反意外标记呢?

　　胡德明(2010:292 - 293)从反问句的产生模式角度,论证反问句的核心功能是否定。他认为反问句是对言论或者行为的前提进行提问,提问的目的是否定该前提,进而否定言论与行为。他认为该核心功能在语境中能够产生 25 种衍生功能:辩驳、责怪、斥责、埋怨、怨恨、批评、提醒、确认、困惑、惊异、出乎意料、劝阻、劝说、催促、鄙夷、嘲讽、感叹、无奈、强调、应答、释因、威胁、叮嘱、愤怒、骄傲。尽管衍生功能纷繁复杂、似无头绪,然而都是从否定功能发展而来的,一条路径是否定言论或行为的可能性,另一条是否定言论或行为的合理性。

　　但根据张文贤、乐耀(2018)对于反问句会话功能的分析,其实还存在一类否定,即否定言论或行为的价值性。根据拉波夫和范谢尔(Labov & Fanshel 1977:100)的 A、B-events 理论,除了说话人独有、听话人独有以及双方共有的事件知识(分别记作 A-events、B-events 和 AB-events),还存在一类 O-events(Known to everyone present),即信息为人人皆知的常识。如果说话人对于 O-events 提问,就是责怪对方连这件事都不知道或者没注意到。由于 O-events 是共有知识乃至交际基础,这种责怪实际上是否定所述言论或行为的认知水平及其持有者的面子。说话人凭借认知优越感对于该言论或行为采

---

　　① 虽然都是探讨构式的竞争,但四者的方法与侧重点各有不同,赵琪(2013)的侧重点在典型构式向非典型构式的过渡;拜比(Bybee 2015)关注的是同一功能构式的历时演化方向;陈禹(2018b)强调的是同一形式不同功能构式的共时较量;戈德伯格(Goldberg 2019)的目标是解释为何有些构式容易变异,另一些趋于保守。其实以上四点也是构式竞争的不同侧面,研究旨趣殊途同归。

取较为不礼貌的挑战,是对其交际价值的蔑视。

"还不是、不也是、不就是、不就 X 了"构式都含有否定构件"不",构式化之前标记的是一个否定事件,由于反问句的核心功能是否定可能性、合理性和价值性,所以当这些结构进入反问句中,会发生一些有趣的变化。首先,否定之否定等于肯定,否定事件的反问也一定是肯定的。其次,否定一个否定事件的可能性,等价于肯定事件的必然性。因为不做某事是不可能的,则可推导出做某事是必然的,而否定一个否定事件的合理性,等价于肯定事件的正当性,因为不做某事是不合理的,则可推导出做某事是正当的。那么,肯定的事件既是必然的,又是正当的,这件事的实现就是无疑的,因为其真值与道义上的挑战都已被消除。最后也是最重要的,反问句否定价值性是语用推理的结果,其实 O-events 是通过否定对方知晓常识,即认知价值的最小量,从而否定对方整个认知价值的全量(张汶静,陈振宇 2016)。但是否定的作用实际上是使最小量级的否定变成最小量级的肯定,即对方连最简单的事情都不知道,变成了最简单的事情对方知道,原有的语用量级推理不复存在,而变成了一件理所应当与不值一提的事,这也就导致轻说功能的浮现,以表现说话人的轻描淡写。反问句促使否定结构发展为反意外构式的机制如图 5.2 所示。

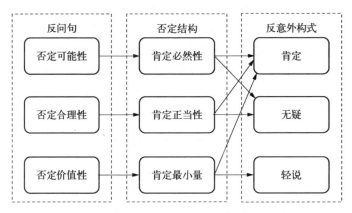

图 5.2　否定结构从反问句到反意外构式的发生机制

可以看出,一部分否定结构将反问句的语用功能借用并附加到自身。由于在构式化的过程中往往伴随结构的组合性程度降低,也就是构件的句法/语义透明度降低(Traugott & Trousdale 2013:121 - 122),反问句和否定协同所造成的反意外语义特征成为长期固化所形成的构式义。这样就能解释为何包含"还不是、不也是、不就是、不就 X 了"构式的反问句都可能表达反意外语气,但是偏陈述的缓和反问句表达的反意外更为明确。原因就在于,如果以上分析成立的话,那么反问句的情况正是构式化发展的过渡阶段,而缓和反问句的情况正是构式化定型的阶段,反意外的主要语义-语用属性跟语气缓和的反问更加贴合,因而反意外的功能体现得更加显豁。

不过这又引出一个新的问题:为何只是极有限的否定结构演化出反意外构式,而绝大多数否定结构并没有出现这种演化?这跟反问与反意外的矛盾息息相关。从胡德明(2010:293)列举的反问句25 种衍生功能看,辩驳、斥责、埋怨、怨恨、惊异、出乎意料、感叹、强调、威胁、愤怒这几类都有明显的强化语气的要求,也就是吕叔湘(1999:252)所言"把事情往大里、重里、高里说"的语气。但是我们知道反意外是需要"把事情往小里、轻里、低里说",那么与之配合的语气构件既需要有强化语气的功能,又需要有舒缓语气的功能。目前发现含否定构件的反意外构式中,"还不是、不也是、不就是、不就 X 了"中的语气构件"还、也、就"既有语气强调、强化的义项,又有语气舒缓、委婉的义项(吕叔湘 1999:252 - 253,315 - 318,595 - 597)。正是这些语气构件的一体两面保证了该结构能大量被反问句所采用,又能跟反意外浮现的语用立场相容,遂促成构式化的实现。

5.5　本　章　小　结

本章讨论了句末"不就 X 了"构式的句法表现以及语义-语用特征,发现其凝固化程度较高,且浮现出无法从构件推导出的建议义、责备义以及淡化困难的含义。通过与类似构式句末"就 X 了"的比较,我们发现句末"不就 X 了"构式本质上表达的是对意外的逆反冲突,也就是反意外的语气功能。作为意外语气的对立端,反意外具有唯肯定性、无疑性、轻说性三个关联维度。反意外跟解-反预期有同有异,只是反意外更强调说话人对事情本身的态度立场,而解-反预期更关注由深入浅的语用推理。反意外标记中的许多成员,包括句末"不就 X 了"构式,跟反问句有千丝万缕的联系。我们认为反问句的否定功能配合否定结构所造成的翻转性变化是造成反意外构式构式化形成的必要条件,而像"就"这样兼有强化语气与舒缓语气的功能构件是完成构式化的关键要素。限于篇幅,本章尚未涉及自近代汉语以来,句末"不就 X 了"构式的分阶段演化步骤的历时探讨;同时其与英语反事实构式有一定对应性,其中的语言共性值得思考,这些都有待方家时彦的进一步研究。

第六章　转折复句中的反意外

　　以"只不过"为代表的轻转标记一直是转折研究非常关注的方面,但已有语义-语用分析都存在难以回避的困难。本章从转折的语用本质出发,厘清轻转与重转实际上分别属于语气扬抑的不同偏向。通过对比分析可知,两种语气偏向不是互补对立,而是极化对立,从而从重转的意外性质推导出轻转的反意外性质。比较近代汉语与当代汉语的语料,"只不过"的演化脉络可描述为:限制副词—轻转连词—话语标记。反意外兼具的主观性与交互主观性,为"只不过"的语用化提供关键动力。

6.1　"只不过"与轻转标记

　　现代汉语转折复句中,"只不过"是一种常见的转折标记,多用在表示转折的小句之首,比如:

　　(6.1)厨房倒塌了一半,里面的灶台还依稀可见,<u>只不过</u>,灶台上落满了长年累积的泥尘。(梁鸿《中国在梁庄》)

　　(6.2)沧海桑田,人世间的变化本就很大,<u>只不过</u>这地方的变化也未免太快了些。(古龙《天涯·明月·刀》)

　　例(6.1)(6.2)中的"只不过"可以换成"但是、可是",表示前后小句的转折关系,然而这种转折关系的转折程度略显轻微,邢福义(2001:296)称作"轻转"。邢先生把轻转分为两种情况:一是程度上的轻微转折,转折小句句末可加上"而已、罢了",如例(6.1),称作有限转折;二是口气上的轻微转折,转折小句句末不可以加"而已、罢了",如例(6.2),称作弱化转折(邢福义 2001:296-298)。

　　在"轻转"标记中,存在"只是""不过""就是"三个主要成员。

"只不过"的功能与"只是""不过"比较接近,离"就是"比较远。邢先生认为"就是"标记的转折小句显示的是关键之处(邢福义 2001:300)。反推之,这是否意味着"只不过""只是""不过"所转折的信息仅仅是枝节的、次要的呢?

无独有偶,王起澜等(1989:195)主张**"轻重对比说"**:跟"但是"相比,"只不过"把重点放在之前的小句上,之后的小句只是补充修正。但前后小句是否是重点,并没有充分的形式依据。拿例(6.2)来说,作者是更强调前一小句"人世间变化很大",还是后一小句"这地方变化太快",没有任何可操作手段加以判断,只能借助语感。可是语感是见仁见智的,笔者就感觉似乎后一小句是表达的重点。因此,关于轻转,前后小句的"轻重对比说"有待商榷。

另一研究角度是从"只是""不过"入手,因为"只不过"被认为是"只是"与"不过"相结合的产物,并且使用"只不过"的转折小句,可以将其换成"只是"或"不过"(邢福义 2001:299)。而对于"只是""不过",王维贤等(1991:193)提出**"估价说"**,即前一小句虽然蕴涵后一小句事件/状态发生的可能性,但即使后一小句的事件/状态没有发生,说话人也认为无关紧要。换句话说,"只是""不过"的信息价值不高:一件可有可无的事情还是发生了,发生与不发生的概率不相上下,提出来显得鸡肋。"只不过"继承了"只是""不过"的这层意思。但是王岩(2007)发现"不过"可以引出新的话题,并且"只不过"也有此功能,比如:

(6.3) 200 块钱不算多,不过／只不过对于一个贫困山区的孩子来说,却是他一年的学费。(转引自王岩 2007)

在句中引出新的话题,绝不会是无关紧要的信息。只有值得注意的事,说话人才额外打开话题来说,所以"估价说"也存在可讨论空间。史金生、孙慧妍(2010)主张**"限制补充说"**,即"只是"是对前一个小句追加说明,追加的说明可以是对前一小句的限制,亦可以是对前一小句的补充。"不过"也具有这种功能。在此框架下,"只不过"同样可以限制补充前一小句,从而跟正反对立的转折与因果违逆的转折相区分开来。因为"只"与"不过"在汉语史中都曾做限制副词,由限制副词发展成限制连词,符合汉语史的一般规律,因此"限制补充说"很有见地。但问题是,为何限制补充会出现转折的意味?此外,作者提到"不过"除此功能之外,也有语气转折的功能,那么,"只不过"到底是表现限制补充功能,还是语气转折功能?若是前者,转折之义就有疑问;若是后者,语气转折是怎样的一类转折又成了新的问题。

前贤的研究提供了深刻的洞见,但就转折标记"只不过"的轻转性质与特征尚存可探索空间。如果重转与轻转作为转折关系的基本类别,那么首先,弄清所谓"轻"跟"重"究竟发生在哪个层面上,这是非常重要的出发点。其次,这种"轻转"为什么会出现,其背后的功能机理如何运作,也亟待合理解释。最后,"轻转"现象反映了语言系统中的哪些运作规律,这是本研究寄希望的落脚点。

6.2　何　为　轻　转

要弄清轻转的性质,有必要先弄清其上位概念——转折的性质:究竟转折在哪个层面上发生?尹洪波(2014)指出否定与转折之间关系密切,因为转折一般认为是语义上的对立,而语义上的对立可以看作一种广义的否定。吕叔湘(1982:340)对于转折的论断使尹文相信广义的否定其实是一种预期的偏离:

所说不谐或背戾,多半是因为甲事在我们心中引起一种预期,而乙事却轶出这个预期。因此由甲事到乙事不是一贯的,其间有一转折。(《中国文法要略》)

由此可知,某一事件或状态(记作背景情状)通常带来或伴随另一事件或状态(记作预期情状),但实际出现了与之不同的事件或状态(记作现实情状),现实情状跟预期情状相偏离,从而造成现实情状与背景情状之间的转折关系。这是最直接的转折,但还存在更复杂的情况。尹文还给出一个相当典型的例子:

(6.4) a. 这套沙发质量好,<u>但是</u>价格不高。

　　　b. 这套沙发质量好,<u>但是</u>价格高。(尹洪波 2014)

两句话都可以说,背景情状一模一样,而现实情状截然相反。这意味着两例的预期情状定然不同:例(6.4a)的预期情状是"质量好的沙发价格也高",预期的根据是"一分钱一分货"的社会常识,现实情状是价格不高,与预期情状相违背,故发生转折;例(6.4b)的预期情状是"质量好的沙发让人想买",预期的根据是"人人都想买质量好的商品"的趋利心理,现实情状是价格高,并不与预期情状直接冲突,但是沙发价格高可推理出让人不想购买,该推理的根据是"买价格高的商品容易吃亏"的避害心理,现实情状的相关推理与预期情状相违背,故发生转折。所以说,转折跟预期情状有关,预期情状是说话人的主观信念;同时,转折跟现实情状有关,现实情状与预期情状所抵牾的情状分成两种:一是现实情状本身,二是现实情状的推理。现实情状的推理依然跟说话人的主观信念有关。由此,对于转折的发生,一个合理的假设是:

转折发生在语用层面,其发生条件依赖于说话人的主观信念。

就本质而言,转折与其说是一种语义范畴,毋宁说是一种语用范畴。除例(6.4)这种对立格式之外,转折的语用属性还有来自互动语言学的旁证:转折标记发展出强互动性的用法,跟所言内容本身语义的关联不大,而主要反映说话人的交际状态。姚双云(2017:297-299)分析在日常口语中,"但是"已经发展出几种互动用法,比如:

(6.5) 我在家里试穿一下发现非常好看。<u>但是</u>(说话人沉默5秒)

(6.6) 其实我认识的人真的还有的还蛮有钱的,<u>但是</u>还比较有钱肯定不是那种富豪型的,<u>但是</u>富二代或者是,<u>但是</u>我觉得喜欢很重要。

以上两例是姚双云(2017)转写自电视访谈节目《康熙来了》。可以明显看到,作为典型转折标记的"但是"在例(6.5)中成为说话人顿时语塞,作为让渡话轮的话语标记;在例(6.6)中是说话人为了维持话轮,作为追补信息的话语标记。两例的共同特点是在语义上几乎找不出语义上的直接对立,更多的是前后小句在各自预期上的相互对立,即间接转折(尹洪波 2020)。间接转折是说话人故意营造出自己当前陈述的预期跟其设想的听话人预期相冲突的口气。这意味着,至少在日常口语中,但凡说话人认为所持信息与对方预期冲突,就可以采用转折手段。转折关系高度笼统泛化,虽然以上口语会话可能是转折关系较为边缘的用例,但至少说明转折关系已存在显著的语用性。

边缘用例固然跟语用关系密切,但典型的转折也深受语用影响,尤其是语用预期。尹洪波(2020)将典型转折的预期细化为结果、蕴含、规约、隐含四种预期情状,四者都有赖说话人的认识状态。转折是**说话人**对常规认识状态的偏离,所以应当看作一种语用手段。不过,关键在于如何认识预期偏离中的"偏离"? 如果转折是语用的,那么偏离跟说话人息息相关,偏离是否依然是认识状态层面上的? 偏离有没有方向性?

根据一般理解,预期跟预设(presupposition)相关,因而直接跟人的认识状态发生关系,但尹洪波(2020)指出:"预期偏离折断了惯常的事件关系链条,使得本来相关的两种事件或状态不再相关,在人们**心理上**造成逆转。"可见,预期偏离不仅造成说话人认识状态变化,说话人心理状态也发生了变化。而转折多是对已有预期的违背,预期的违背所造成的事与愿违的最直接的心理变化是情绪变化。如果预期偏离包含情绪的变化,那么这种偏离至少有两种基本方向:一种是情绪的上扬,另一种是情绪的平抑,比如:

(6.7) 他实在佩服这个伙计,<u>但是</u>**居然**还有两个更叫他佩服的人出现了。(古龙《圆月弯刀》)

(6.8) **难道**他刚才说的话伤了她的心吗? <u>可是</u>他都愿意送她回去了……(于晴《红苹果之恋》)

例(6.7)(6.8)中,如果单纯从认识状态上分析,都属于跟现实情状的推理情状相抵牾的复杂转折,或者说间接转折。但如果从情绪态度上分析,偏离的方向非常明显,例(6.7)是从转折前小句到转折小句,说话人情绪上扬,转折小句出现了表示意料之外的副词"居然",根据陈振宇、杜克华(2015)的意外三角模型,意外是一种感情强烈的情绪。而例(6.8)的转折前小句是一个反问句,虽然反问可能并非强情绪,但是有标记"难道"加强语气,使得该句情绪态度较为强烈,而转折小句只是一个普通陈述句,说话人情绪得到平抑。一个合理的推论是,情绪的明显变化同认识状态变化一样,也可以直接使用转折手段进行标记。该猜测如果可以成立,所谓重转与轻转的不同就可以归于情绪变化的两个方向。"只不过"在情绪变化的两个方向表现出对立,比如:

(6.9)这**不就**是说曹家因四次接驾落下巨大亏空而致彻底败落吗?只不过(只是/不过/*但是/*可是)下半句没有说出而已。(刘梦溪《红楼梦十五讲》)

(6.10)他**居然**还能跳起来,只不过(只是/不过/*但是/*可是)两条腿还有点软软的,力气还没有完全恢复。(古龙《陆小凤传奇》)

(6.11)它们伴你多年,你习惯了而且得心应手,但是(可是/*只是/不过/*只不过)**难道**就世代相袭永不革新了吗?(《读书》第57卷)

(6.12)中国队虽然扣球得了36分,但是(可是/*只是/不过/*只不过)**竟然**还不如日本队的44分。(新华社报道2004-08-25)

例(6.9)到例(6.12)中使用黑体的成分是反问与意外标记,均表示强烈情绪,出现在转折前小句说明转折后情绪上扬,出现在转折小句说明转折后情绪平抑。我们发现,"只不过"只能出现在情绪平抑的转折句中,"只是""不过"与之类似,而"但是""可是"的接受度明显不足;"只不过"不能出现在情绪上扬的转折句中,"只是"与之类似,而"不过"往往可以接受。结合上文所提到的,"只不过"和"只是"都被归为典型的轻说转折标记,而又只能出现在情绪平抑的转折句中;"但是"和"可是"一定程度上排斥情绪平抑的转折句,而倾向出现在情绪上扬的转折句中,这种情况多被认定为重转。所以,无论是程度的降低,还是口气的减弱,**轻转发生的语用条件是说话**

人情绪的平抑。此处还存在两处旁证：一是"而已""罢了"的共现，说明跟语气冲淡的功能标记更为适应；二是"只不过""只是"都有限制副词的用法，连词用法也留存限制事态的词汇语义，情绪的平抑也需要限制语力，所以在这层意义上也是相容的。

　　值得一提的是，虽然轻转的主要成员有"只不过""只是""不过"三类，但在例(6.9)—(6.12)的测试中"不过"既可以做轻转标记，也可以做重转标记。而"只不过"和"只是"的区别比较微妙，绝大多数情况下，两者是可以替换的，但"只是"的"是"是一个高频词，又不能像"但是"与"可是"缩略成"但"与"可"一样缩略成"只"，因为"只"没有连词的用法。因而作为连词的"只不过"的适用语境比"只是"多出一种后接"是"的情况，比如：

　　(6.13) 这些东西无所谓好坏，只不过(／*只是)是一些和人类生活不能分离的天赋的性质而已。(林语堂《世相物语》)

　　因此，"只不过"作为最典型的轻转标记是恰如其分的，"只是"也较为典型，而"不过"处于轻转与重转的边缘地带。

6.3　为什么要轻转

　　轻转的情绪平抑功能未必一目了然，转折前小句与转折小句的口气可能都很平稳。情绪的平抑是轻转现象发生的可能性，而不是必要性。所谓必要性，是有之不必然，无之必不然的情况。我们发现"只不过"对于例(6.4)两句的替换出现必要性意义上的对立，如下所示：

　　(6.14) a. 这套沙发质量好，只不过价格不高。×

　　　　　　b. 这套沙发质量好，只不过价格高。

　　以上两句，转折前后两小句看不出明显的情绪变化。当然可以在例(6.14b)后添加"而已""罢了"，但这只能证明例(6.14b)有情绪平抑，却无法解释例(6.14a)为什么没有情绪平抑。也就是说，在具体语用中，如果轻转是一种情绪平抑的手段，为什么说话人要使用这种手段？什么时候需要使用这种手段？

　　我们发现,如果把"只不过"换成"偏偏",句子的接受情况截然相反[①]:

　　(6.15) a. 这套沙发质量好,偏偏价格不高。

　　　　　 b. 这套沙发质量好,偏偏价格高。×

　　杨霁楚(2007)指出"偏偏"的主要功能之一是转折。上一节我们论证到"只不过"代表的轻转,所排斥的情况正是重转,也就是情绪上扬的转折复句。而例(6.15)显示"偏偏"恰好能适合重转的语境,而不适应轻转的语境。这意味着"只不过"和"偏偏"表转折的语用环境是对立关系。那么,我们可以通过提取"偏偏"的语用环境,反推"只不过"的语用环境,即排斥与逆反"偏偏"的语境。

　　石定栩(2017)明确指出"偏偏"的核心语义是一种言者的主观判断,表达一种事与意违、事与料违的惊讶、诧异的反应。惊讶与诧异跟上一节提到的意外本质上是相同的,不仅表示违背了言者的预期,而且还伴随着强烈的情绪。陈振宇(2020：285-287)指出转折复句包含大预期和小预期两种推理模式,其中小预期的推理模式正是"偏偏"所在的语境:在言者看来,满足前提的条件下,发生某件事的概率很低,从而令人感到意外。

　　例(6.15)之中从常规预期而言,"沙发质量好"的大概率推理是"价格高",因此可以形成"沙发质量好,所以价格高"这样的因果复句;而"沙发质量好"的小概率推理是"价格不高",因此可以形成"沙发质量好,偏偏价格不高"这样的强转复句。这样一来,如果"只不过"与"偏偏"相为逆反,是否说明"只不过"仅适用于大概率推理的情况呢？答案是否定的,很多使用"只不过"的转折复句不能转化成因果复句,没有明确形式手段证明轻转跟大概率推理有关,如下所示:

---

　　① 例(6.14)(6.15)定要在中立语境下测试其是否成立,因为增加条件,或许也能成立,但可能是引入了其他语用参数所导致的。

（6.16）当我们背过身，或者闭着眼的时候，电子一定在某个地方，只不过（∕×所以）我们不知道而已。（曹天元《上帝掷骰子吗——量子物理史话》）

在事实层面上，概率小的事件引起意外，概率大的事件造成非意外，这应该是理所应当的一组对立。然而"偏偏"和"只不过"的对立却不发生在此层面。这是因为对立其实分为三种情况——互补、极化、逆反。其中"有"和"无"就是互补对立，因为不是有就是无；"黑"和"白"是极化对立，还存在其他颜色，只是在吸收光线方面占据了两个极端；"买"和"卖"是逆反对立，其实两者是从相反的视角看同一事件或关系（Ding 2018：1-2）。

我们认为，轻转和重转的对立不是互补对立，而是一种**极化对立**。因为"偏偏"与"只不过"不是意外与非意外的互补对立：意外与非意外是以小概率推理与大概率推理为依据，大小概率推理之间是互补关系，却又无法合理解释"偏偏"与"只不过"的对立。轻转和重转的对立又显然不是同一事件的不同视角，故排除逆反对立。排除了一切的不可能之后，剩下的就是真相：轻转和重转的对立是一种极化对立，"偏偏"与"只不过"是意外和意外的极端反面的对立。问题是，意外的极端反面是什么呢？我们认为是反意外。

反意外指所言信息不仅在说话人意料之中，并且在说话人看来，该信息是众所周知的或者是早有铺垫的，从而表现出一种轻描淡写、不在话下的语气（陈禹 2018，2020a）。反意外是跟意外的冲突，是说话人认为该信息并非不意外或者与意外无关，而是不应该意外；同时认为听话人表现或者期待的意外，也是不应该发生的。反意外的这种冲突性，也就走到了意外的极端反面。

艾肯瓦尔德（Aikhenvald 2012）刻画出语言中意外范畴的五项特征：1）恍然大悟（sudden discovery, sudden revelation or realization），2）惊诧（surprise），3）准备不足（unprepared mind），4）反预期（counter expectation），5）新信息（new information）。"只不过"都可以找到与之截然相对的反意外用法。

首先,针对恍然大悟,"只不过"可以表示**显而易见**,比如:

(6.17)他在笑,只不过**无论谁都应该看得出**,他的笑是多么勉强。(古龙《陆小凤传奇》)

(6.18)这种心情也不是不能理解,只不过**别忘了**现在的公立学校的环境跟二三十年前可是大不相同了。(贾黎黎《男人四十》)

上例中,"无论"引导的条件小句和话语标记"别忘了"都标识着其后的事件或状态非常明显或者众所周知,"只不过"都可以替换成"毕竟",提醒对方不应忽视另一方面,辩证看待问题,并且这方面是不言而喻、不言自明的(储泽祥 2019;陈禹 2020b)。

其次,针对惊诧,"只不过"可以表示**舒缓**,比如:

(6.19)那好,我也不麻烦了,我相信少爷有办法解决,只不过**呢**,上楼后自己还是得小心点。(连清《结婚指令》)

(6.20)从香奈儿的精华液到10块钱3双的袜子,他是无所不包无所不做。只不过**啊**,人家一天只卖一样儿,5折那是低的,基本上都是3折起。(天津人民广播电台《新闻夜谈》)

上例中,语气词"呢""啊"直接放在"只不过"之后,停顿较长,主要起到舒缓语气的作用(杨德峰 2018),说明"只不过"可以反映说话人不急促、不激烈、较为平和的态度,而唯意外标记"偏偏"排斥后接语气词。

再次,针对准备不足,"只不过"可以表达**准备充分**,比如:

(6.21)文眉究竟是怎样一回事呢?"文"即文身之意,只不过文的部位是眉**而已**。(佚名《养生与健美方法 100 例》)

(6.22)差不多我们每个人都有过类似的体验,只不过程度不同**罢了**。(白冰《现代人为什么喊累》)

"而已"和"罢了"一般被认为是主观小量标记(方绪军 2006),但结合上例的语境,说话人认为的信息量小是因为在上下文有交代,或是依常识可得,传达一种胸有成竹、不在话下的意味。说话人充分准备的口气致使该小句有一种可以不必言说之义。

另外,针对反预期,"只不过"可以表示**解-反预期**,比如:

（6.23）我说**其实**这都是案子，<u>只不过</u>领导查不过来。（王小波《黄金时代》）

（6.24）**其实**我坏着呢，<u>只不过</u>看着老实。（王朔《动物凶猛》）

上例之中，"其实"是反预期标记，"只不过"所偏离的是"其实"所标记的反预期信息，也就是表示解-反预期信息。解-反预期是说存在反预期的基础之上，对其进行解构，以表明对方预期也有道理，整个事情不足为奇（袁毓林 2012：198－199）。

最后，针对新信息，"只不过"可以配置**已知信息**，比如：

（6.25）千姿道，"我**并没有**爱上他，<u>只不过</u>觉得他很特别。"（张欣《岁月无敌》）

（6.26）自己**并不是**一点不会总结，<u>只不过</u>那总结没有什么花草，也说不上什么理论。（张世旭《将军镇》）

上例之中，"只"＋否定成分表示某看法的反驳（吕叔湘 1999：86）。"只不过"在此可以替换成"虽然"，即表示纵有坚决反对，却必须在一些基本事实上进行让步。让步的事实是对方早已了解的已知信息，本质上削弱了反驳的语力，希望达成共识。

综上所述，轻转对于说话人而言，实际上是传达一种反意外信息。反意外不是意外的补集，而是意外的极性对立，"偏偏"与"只不过"正好是意外与反意外的代表性标记，但两者都可以表示转折，只是出现的语用条件截然相反，这也正是重转与轻转的区别所在，如下图所示：

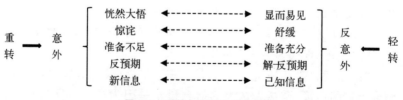

图 6.1　重转与轻转的极性对立

由此可见，转折的分化跟意外极性有关：意外的一极实现为重转，反意外的一极实现为轻转。意外造成转折好理解，为何反意外也可以促成转折？轻转标记的形成与发展又反映了现代汉语语用系统的什么规律？

6.4　轻转所反映之规律

由本章第二节可知,转折是由说话人主观信念所造成。重转与轻转是从情绪偏移方向上进行的分类,由主观信念产生的情绪上扬,一般看作重转;而主观信念产生的情绪平抑,一般看作轻转。通过第三节的讨论,我们发现重转为意外所致,轻转为反意外所致。现在问题的关键在于:反意外何以能够实现为转折？我们认为,反意外对"只不过"的演化起到承上启下作用。

众所周知,"只不过"的转折连词用法一般认为是从限制副词用法发展而来,早在宋明时期就已见不少用例,比如:

(6.27) 如大人心千重万折,赤子之心无恁劳攘,<u>只不过</u>饥便啼、寒便哭而已。(朱熹等《朱子语类》)

(6.28) 粲妻樊氏幼习阴书,学得驾空腾虚之法,<u>只不过</u>一妖术耳。(罗贯中《隋唐野史》)

(6.29) 蟒衣是像龙的服饰,和皇上所穿的御袍相像,<u>只不过</u>少一爪子罢了。(沈德符《万历野获编》)

上例中,"只不过"充当限制副词,可解释为"仅仅是",限制后面整个小句的事件,表达事件的类别少、价值低、程度轻。但由于"只不过"这种用法出现位置较为特殊,正好是两小句之间,所以原单句"主语＋谓语$_1$,只不过＋谓语$_2$"非常容易发生重新分析,变成"小句$_1$,只不过＋小句$_2$"。在清代的某些语料中,前小句出现了让步连词"虽然"或"虽",更加剧了"只不过"的转折解读,比如:

(6.30) 徐鸿儒道:"**虽然**将那些守军招来,展动落魂幡,拿小军作敌军,<u>只不过</u>稍迷其性,断不致有性命之忧的。"(唐芸洲《七剑十三侠》)

(6.31) 老实和你讲罢,我和他**虽然**彼此有些意思,<u>只不过</u>大家

讲几句笑话罢了,实在没有别的事情。(张春帆《九尾龟》)

(6.32)若说天霸**虽**是英勇,**只不过**道听途说,我又不曾见过,品貌武艺究竟如何?(佚名《施公案》)

上例中,"只不过"还出现新的变化,作限制副词时由于是对后文事件的限制,所以在会话语境中多呈现先平铺直叙,继而对情绪态度加以抑制。连词的用法中,将这种情绪平抑的语境意义逐渐变为"只不过"的固有意义,以致出现轻转的意味。邢福义(2001:296-298)的有限转折与弱化转折的区分体现的正是从语境意义凝固为词语固有意义的过程,有限转折依然是跟随语境所述事件某种程度的降低而增添的转折标记,轻转的重心依然是语境意义;而弱化转折是语境中已无显性的程度降低,是用轻转连词反映说话人的轻转口气,轻转的重心已经落到连词意义之上。由此可见,轻转之轻是**语境吸收**的结果。

审视"只不过"重新分析与语境吸收的脉络,可发现反意外是促成演化的深层机制。其一,"只不过"之所以出现于后续小句,并悬置句前,很重要的一点是,对类别、价值、程度的限制是说话人的主观态度,因而"只不过"相当于句子命题的高层谓语,作为饰句副词位于小句之首;另外对类别、价值、程度的限制相当于轻说,是反意外的重要属性(陈禹 2020a)。这说明,在限制副词解读中,已出现反意外功能。而反意外信息的出现,往往需要铺垫一个可以逆反的意外情景,这就意味着表达反意外的小句多承接上文。因此,反意外由限制副词语义牵引而出,又因自身主观性与承前性定位"只不过"于后续小句之首。其二,"只不过"之前小句会出现"虽然""虽"等转折标记,亦与反意外的性质有关。"无疑"是反意外范畴的重要性质之一(陈禹 2020a),因为普通的疑问往往伴随说话人的意外,而对意外的逆反一定是说话人坚信不疑的。但在话语中,说话人呈现无疑的信息,一定是针对语境中可能造成疑窦的"靶子"加以解释,而"虽然""虽"引导的让步小句恰好可以建构这样一个"靶子",使表现出无疑语气的"只不过"小句不至生硬突兀,显得更为顺理成章。

　　反意外用法为"只不过"转折义的演化提供了句法位置,也提供了语义铺垫。不止于此,反意外还在继续对"只不过"进行**语境扩展**,将之推向话语标记的转变。在当代汉语的语料中,我们找到不少前句已煞尾,"只不过"却另起一句的用例,比如:

　　(6.33)他这么解脱了**也好**。<u>只不过</u>解脱的方式,太戏剧化了。(梁晓声《冉之父》)

　　(6.34)肖济东说我想法子帮你再租给别人**吧**。<u>只不过</u>现在还有点麻烦。(方方《定数》)

　　(6.35)我才懒得管这些事儿**呢**。<u>只不过</u>,照片为什么摆在这儿?(陈建功《皇城根》)

　　以上三句,"也好""吧""呢"都有煞尾结句的作用,并且句末也使用了句号。"只不过"引导的是一个新的句子。虽然"只不过"依然保留有转折的意味,但前后文的关系已不再是复句,而是句群。在这个意义上,"只不过"也不再是复句中的连词,而是句群中的篇章衔接成分,而篇章衔接成分往往被看作是话语标记。尽管李晋霞(2020)证明了转折标记相对其他复句单位更容易发展为松散的句群单位,然而,究其理据,还是因为反意外语气是说话人提醒听话人不要忽视显而易见的另一方面,因而伴随有转换话题的功能,但受到限制,只能是往小处、低处、轻处的话题转换。话语标记用法的"只不过"突破了对话题范围的限制,将功能扩展为可转换任何话题的一般性话题转换标记,比如例(6.35)为疑问,已经是有意外的语气在里面了,而句前依然可以使用"只不过",说明"只不过"所在话语的语境发生扩展:句群中更为松散的语义条件和韵律条件,使之适用于所有说话人需要话锋一转的语境。

　　限制副词用法制造出"只不过"的反意外语气,发展出轻转用法,反意外语气又在大量使用中磨损,轻转连词"只不过"泛化为话语标记用法。反意外的承上启下作用可见一斑,但更为重要的是,"只不过"的演化较为完整勾勒了实义成分**语用化**的发生机制。张秀松、张爱玲(2017),张秀松(2019,2020)系统论述了语用化的理论框架,并运用于"好说""可又来"等话语标记的演化的探索之中。所谓语用化(pragmaticalization)指的是词项或者句段在具体语境中获得管理交际或标示人际互动作用的过程(Erman & Kotsinas 1993)。语用化中可观测结果包括:辖域扩大、位置自由化、使用强制性变小、输出项异质性增强(Claridge & Arnovick 2010)。简言之,语用化本质上是一个句法成分逐渐成为一个话语成分,逐渐脱离句法结构功能,确立话语组织功能的过程。从可观测结果上看,"只不过"从限制副词到轻转连词①,再到话语标记的演化路径正是语用化的典型表现:① 辖域上,从谓语扩大到整个小句,再扩大到整个句子;② 位置上,从紧凑到逐步松散,可后接语气词或短暂停顿;③ 使用强制性上,从强承前性(必须和前小句保持话题一致)到弱承前性(两小句话题只需有关),再到启下性(引出全新话题),强制性渐次弱化;④ 输出项上,从类别少、价值低、程度轻的事件,到带有往小处、低处、轻处说的语气的事件,再到无限制事件,异质性愈发增强。语用化路径如下图所示:

图 6.2　"只不过"的语用化路径

　　反意外产生促成"只不过"的轻转用法,反意外磨损正在将之推向话语标记的解读。如果说反意外产生是主观性逐渐增强,那么反意外磨损则显得主观性减少了,然而,主观性的减少并不是意味着客观性的增加,而是**交互主观性**的凸显。根据丁健(2019)的综述,关于交互主观性大致可以分为三家定义与三种类型。

---

　　① 有一种意见认为,从限制副词到轻转连词应该属于语法化(grammaticalization)。但我们认为由于副词和连词在汉语中都可充当复句的连接成分,且复句是句法与话语篇章的过渡环节,所以说其从非语法项演化为语法项、弱语法项演化为强语法项与事实并不符合。

定义一：话语意义向听话人的认识与地位聚焦（Traugott 2003：124）。

定义二：说话人与听话人进行认知协作的方法（Verhagen 2005：4）。

定义三：说话人与其他人的共享知识（Nuyts 2012：60）。

其实三家的定义在交互主观性中说话人的介入程度与方式均有差异，但都体现的是对听话人的关注，因此，不局限于说话人固有信念，而是充分考虑听话人是诸家交互主观性定义的共识。由此也引出交互主观性的分类：一为态度型，考虑的是听话人的态度；二为回应型，考虑的是听话人的回应；三为篇章型，考虑的是听话人的理解。我们认为，作为话语标记的"只不过"所增强的交互主观性的次类恰好是第三类篇章型。"只不过"做轻转连词时，反意外语气指出所标记事件是显而易见、毫无疑问的，对说话人自己不会造成任何意外，这是其主观性的一面；反意外的不言自明与轻描淡写的特征，同时也是说话人对听话人的提醒甚至责怪，即对方不应该忽略另一明摆着的事实，这是交互主观性的一面。限制副词所激发的正是主观性的一面，主观性的一面引申出交互主观性的一面。"只不过"向话语标记的演化，则是交互主观性的一面原来临时的语用意义开始凝结固定，反倒压制主观性的一面。为什么交互主观性会压制主观性，使主观性的部分显得有所磨损？这是因为话语受到视角（perspective）影响，视角是说话人进行话语言说所基于的观察角度（Langacker 2008：73－75）。主观性持有的是说话人视角，交互主观性持有的是听话人视角，这两个视角有互补性的同时也包含有明确的互斥性。当其中一方视角得到强化时，另一方必然要随之淡化。这个道理就如同当说话人坚持要"我口说我心"时，"察言观色"肯定难以实现；当说话人表现出"将心比心"时，"直抒胸臆"肯定格格不入。因此，说话人视角与听话人视角的互斥正是主观性与交互主观性此消彼长的根源。

不过，更为重要的是，反意外的双视角兼容性是"只不过"语用化的最大推动力。根据反意外的内涵：说话人毫不意外，听话人无须意外，可知反意外既有说话人视角的方面，也有听话人视角的方面,这意味着反意外其实是主观性到交互主观性的过渡地带。而"只不过"的语用化路径是一个极好的证明:做限制副词时,"只不过"单纯是说话人的主观态度,不涉及听话人的考虑;做话语标记时,则几乎是为照顾听话人联系上下文而加入的,看不到任何主观性的痕迹;而轻转连词的"只不过"一边有说话人的不以为意,体现说话人视角,一边又有打消听话人惊诧,体现听话人视角。这就给轻转连词"只不过"自身主观性的塑造与交互主观性的进一步演化提供了动力。所以,反意外这种内在包含两类视角的成分极有可能产生类似的语用化的过程。

　　值得一提的是,反意外的双视角兼容性可以有效回应已有轻转学说的解释力来源。"轻重对比说"阐释的是轻转连词的说话人视角,轻转连词的主观性来源于限制副词,"轻重对比"而来的"轻"由限制副词的"往轻处说"得来,因此"轻重对比说"对轻转主观性的刻画非常有力。"估价说"解释兼具说话人视角与听话人视角,因为所谓估价的"信息价值不高"可以是指说话人的立场,也可以是对听话人的劝告,双视角都可解,因此也颇有道理。"限制补充说"虽似乎完全跟转折无关,但由于其很好反映了轻转的听话人立场,因而颇有可信之处:限制与补充都是对前文篇章的某种交代,起到的作用正好是交际管理与话语组织。此外,双视角兼容性也可以较好回答已有学说的棘手问题:为什么轻转跟一般的转折高度相似又明显不同。本章第二节我们提到转折跟说话人的主观信念高度相关,这正是反意外说话人视角与一般转折的契合之处;但反意外还存在交互的一面,提醒听话人一则不应忽视的信息,反意外的听话人视角正是与一般转折的细微差别之处。

6.5　本　章　小　结

　　本章从表轻转的"只不过"切入,探讨了轻转现象的语用条件、语用动因与语用演化。我们发现,轻转的本质是说话人情绪的平抑,说话人借用轻转标记在话语中表现反意外信息,更为重要的是,反意外对于"只不过"轻转功能的建立,以及其继续向话语标记演化都起到关键作用。类似反意外标记这种兼具主观性与交互主观性的功能成分,非常容易造成语用化现象,而重新分析、语境吸收与语境扩展等演化路径也在"只不过"语用化的过程中体现得尤为典型。

第七章　因果复句中的反意外

"既然""因为"是学界非常关注的两类原因标记,两者的区别存在主观-客观说、顺应-磋商说、共知-未知说三种观点。通过对比两者不可互换与可以替换的语境,我们发现"既然""因为"分别跟三段论和反事实这两种推理模型关系密切。"既然"是前摄原因,更强调结论的可靠性;"因为"是回溯原因,侧重于原因的关键性。两类原因小句的对立与统一可以解释为意外性在说话人与听话人两个维度的不同组合形式。

7.1　"既然"与"因为"的互换

"既然"是现代汉语常见的原因标记。在一般情况下,可以跟"因为"互换,比如:

(7.1) 丈夫**既然(/因为)**已做了科长,她不能不给他留点面子。(老舍《四世同堂》)

但邢福义(2001:73)发现,有时候"既然"不能换成"因为",比如①:

(7.2) **既然(/*因为)**他反对,你们为什么还要干?

"既然"后面可以添加疑问或者反问,邢先生将之解释为推断的理据,而"因为"一般没有这层意思。虽然邢先生非常敏锐地把握到两者的差异,但是我们还可以继续追问,推断的理据和一般的原因究竟有什么差别。前贤对这一问题也做了诸多有益探索,具体来说是把"既然"与"因为"的语义对立归结为主观-客观说、顺应-磋商

---

① 　如例句句末未注明出处,则该例句转引自前一段紧靠的引用文献之中。

说、共知-未知说三种观点。

　　所谓主观-客观说，即主张"既然"偏向于主观性的原因，而"因为"偏向于客观性的原因。李晋霞、刘云(2004)认为原因小句的用法牵涉行域、知域和言域三域①。行域是客观认知域，而知域和言域是主观认知域。但文章没有比较"既然"和"因为"，而是比较"既然"和"由于"，最后结论是"既然"在主观认知域上的分布明显多于"由于"，而在客观认知域上的分布明显少于"由于"。郭继懋(2008)直接把"既然/那么"复句释义为"某人因为想到 P，所以认为 Q"，明确提出在因果关系上，"既然/那么"的识解是主观的，"因为/所以"的识解是客观的。张静(2015：151)从汉语"古方普"整体视角把握"既然"的形义分布，尤其是根据其搭配的结果小句关联词，分出不同的推断类别，如"既然/因此"是弱势推断句，"既然/所以"是客观推断句，"既然/不如"是据实择优推断句，"既然/但是"是违逆推断句，"既然/只有"是精准条件强推句，"既然/可见/否则"是多重推断句，"既然/难道"是反问推断句，"既然/请"是唯一结果推断句。综合所有这些细分类别，主观视点对语义起到决定性作用，无论是什么推理，都是主观视点这个源头的流变。虽然以上观点侧重强调"既然"的主观性一面，但由于"因为"是更一般的原因关联词，不那么主观，自然也就偏向客观性。主观-客观的二分基本符合语感直觉，但是主观性之中的解释空间极大，而且根据陈禹(2019)的论证，语言中的客观性归根结底也是一种主观性的建构，因此两者的主观性具体落实在哪个层面有待解决。

　　所谓顺应-磋商说，即主张"既然"是顺应相关听话方认识、立场、态度的原因，而"因为"则是说话人预测到双方认识、立场、态度的差异，从而作出某种磋商。张滟(2012)提出认知张力这一概念，大致内涵是听说双方的认知差异的大小。因果复句在认知张力的连续

---

　　① 原文称作现实世界域、逻辑推理域以及言语行为域，但对于斯威彻尔(Sweetser 1990：77)三域的划分的通行翻译是行域、知域、言域三域。

统上,"因为/所以"作为认知张力较大的一侧,而"既然""可见"是认知张力较小的一侧。认知张力较大则需要说话人通过修辞性介入,比如使用否定、情态、比较、强化成分消除听话人可能的疑惑,从而显示出某种互动磋商性。认知张力较小时,说话人只需顺应对方接受的观点,将之作为原因,从而推导出某种结论,以至于推导的结论有可能否定原因的真值条件,也有可能否定顺承结果的真值条件。顺应-磋商说是对"既然""因为"主观性差异颇为深入的分析,而且对两者的对立分布具有一定解释力,但存在的巨大挑战是两者也有统一的分布,比如例(7.1)。如果是截然对立的交互立场,这种统一的可替换性是怎么实现的? 所以解释方案还得协调对立和统一两种情况的现实性。

所谓共知-未知说,即主张"既然"预设原因小句是双方共知的命题,而"因为"没有这个预设,原因可以是听话人未知的命题。钟小勇、张霖(2013)指出"既然"和"因为"的核心差异在于前者体现交互主观性,也就是反映说话人和听话人的互动,而后者未必反映这种互动。"既然"跟 since 相类似,也不能被焦点化、疑问化、否定化,因此偏重交互主观性的解读,这种主观性体现为"既然"小句被预设为听说双方共知的命题。而"因为"则不受此限制,既可以是共知命题也可以是对方未知命题,跟 because 更为相似。虽然共知-未知说很有道理,与英语相似成分的比较也很有启发,但这只能说明"既然"是一种特殊的"因为",因为"既然"必须呈现共知,而"因为"可呈现可不呈现。但如例(7.2)所示,有些"既然"是没有办法被"因为"所代替的,所以还需要更为全面的解释。

在充分继承已有学者的丰硕成果的基础上,本章试图解答以下问题: 1)"既然"和"因为"在哪些条件下可以互换,又在哪些条件下不能互换? 2)以上区别性分布揭示出"既然"与"因为"原因性的本质是什么? 3)原因性的对立又能在哪个维度得到机制的澄清与统一的解释?

7.2　"既然"与"因为"的分布

好的解释方案既要解释为什么一些情况下可以说,也要解释为什么另一些情况下不能说。对于"既然"与"因为"这样的二元对立,要同时观照两者的统一性分布与区别性分布。不过重点在于两者的区别性分布,因为只要描写清楚两者不可互换的条件,其余情况自然就是可以互换的了①。

7.2.1　"既然"不可换成"因为"的情况

7.2.1.1　结果小句是疑问或者反问

这是邢福义先生的发现,而在李晋霞、刘云(2004)中又有新的发展,这种疑问或反问实际上是提供句子的原因或者预期结果的可否定性,比如:

(7.3) **既然(/ *因为)**爸爸是坏蛋,什么样的人才是好人?

(7.4) **既然(/ *因为)**他有能力,那么你为什么却不重用他呢?

这里的分布差异表现出"既然"提供的原因,或者顺承的结果是出乎意料的。只不过例(7.3)的意外原因是说话人的,而这个原因对听话人是毫不意外的;例(7.4)的意外结果也是说话人的,但原因对说话人与听话人都是毫不意外的。

7.2.1.2　结果小句是择优小句

受到张静(2015:27-35)的启发,我们发现当结果小句是选择复句中的择优小句时,包括"不如""倒不如""还不如""就不如"等,也不可以把"既然"换成"因为",比如:

(7.5) **既然(/ *因为)**无法悟透真经奥秘,不如索性送回去。

(7.6) **既然(/ *因为)**舍不得全抛掉,倒不如全留下来。

"既然"提供的原因是后接择优小句的行动基础,行动基础对于

---

①　注意,出于比较的平行性,我们只考虑连词用法,不过"因为"的介词用法,"既然"是没有的。

行动而言是直截了当的触发要素。所以这些原因对于说话人而言是确定无疑、不在话下的,是毫不意外的,那么对于听话人而言,"既然"提供的原因不直接关涉到听话人的意料和预期,所以既未出乎意料,也非意料之中。

7.2.1.3　结果小句是"请"类祈使句

张静(2015:66 - 71)提示我们"既然"的结果小句可以用祈使句进行推断,一般格式为"请……(吧)"。经语感测试发现,这种情况下的"既然"也无法换成"因为",比如:

(7.7) 你**既然**(/ ***因为**)有很多意见,请你都说出来吧。

(7.8) **既然**(/ ***因为**)你已经知道了,请你跟我们走一趟。

祈使句结果小句一般都是给听话人的某种行动指令,那么其推断基础,在说话人看来,一定是听话人心知肚明的,所以用"既然"标示的原因是听话人早就有所准备的。但这个原因本身跟说话人的预料没有太大关系,对于说话人而言,这个原因可以早已明了,也可以事出突然。

7.2.2　"因为"不可换成"既然"的情况

7.2.2.1　原因小句整个作为焦点

"因为"小句之前可以用"不""是"等词进行焦点化操作,此处的"因为"不可以换成"既然"(郭继懋 2008)。这意味着"既然"小句仅可作背景信息,比如:

(7.9) 灵珊认真地看着灵武,并**不因为**(/ ***既然**)他是个粗枝大叶的小男孩,就疏忽他的意见。(琼瑶《月朦胧鸟朦胧》)

(7.10) 正是**因为**(/ ***既然**)有死亡,我才愿意忠贞。(张小娴《面包树上的女人》)

除此之外,还有一个重要的依据证明"既然"小句不能做焦点。一般如果没有特殊的语用动机,汉语的焦点信息是居后的,而"既然"小句极少在复句后面。根据郭继懋(2008)的统计结果,只有3%的"既然"后置,而且这几例都集中在早期现代白话。"因为"可以自由后置。

7.2.2.2　原因小句是不确定信息

郭继懋(2008)指出如果"因为"小句有表达不太确信、不太肯定的标记,比如左缘位置的"可能""大概",右缘位置的"吧","因为"也不能替换成"既然",比如:

(7.11) 那些核桃可能**因为(／*既然)**是新的,比城里买到的要新鲜很多。(艾米《山楂树之恋》)

(7.12) 大概**因为(／*既然)**我跟林雁冬比较熟,我觉得她很多方面都挺像您的。(谌容《梦中的河》)

我们认为"因为"不能替换成"既然",很重要的一个原因是"既然"需要说话人或者听话人至少一方对原因是完全确信的,而完全确信排斥对肯定程度的降低。这意味着,"因为"可以表现说话人拿不准的原因,且这个原因依然能够为听话人贡献其并不知晓的新信息。

7.2.2.3　原因小句的疑问或反问

我们发现,针对原因小句的疑问或者反问,"因为"不可换成"既然"。虽然在这些句子中,疑问语气加在整个复句之后,但是说话人询问或反诘的是原因小句,比如:

(7.13) 你是**因为(／*既然)**什么流落到这烟花巷里?(李文澄《努尔哈赤》)

(7.14) 难道**因为(／*既然)**他没出息,就不要他了吗?(老舍《四世同堂》)

"既然"不可被提问或反问,意味着说话人对于所在小句的信息,一般不能疑惑,而如果"既然"小句反映说话人的疑惑,则要求原因信息是听话人充分承认的,并且说话人完全知晓,如例(7.3)。除此条件外,对原因的疑惑得换成"因为"才行。

由以上比较可知,只要是不违反说话人和听话人认识状态和立场态度上的要求,"因为"和"既然"就可以自由替换。但棘手的是,除了对原因疑问之外,"因为"多是说话人给出听话人意料之外的原因;而除择优小句做结果之外,"既然"多是说话人给出完全在听话人意料之中的原因。考虑两种例外情况,因为前者是在说话人的意料之外,后者是完全在说话人意料之中,所以,"因为""既然"自由替换的真正条件就是给出的原因既无关说话人的意料,也无关听话人的意料,至少在语境中不预设任何交际双方的预期信息,比如:

(7.15)我不能承认。**既然(/因为)**有了要减工钱的事,工人们迟早会知道。(茅盾《子夜》)

(7.16)**因为(/既然)**我们是为人民服务的,所以,我们如果有缺点,就不怕别人批评指出。(毛泽东《为人民服务》)

以上两例就是在交际双方的认识状态和立场态度上不预设预期信息,所指的是既成事实或者既有认识,得出的结论是根据常理自然推导,这种情况可以称作中立因果。那么,"既然"与"因为"的分布比较可由坐标表示。横坐标正负轴是"既然"可用与不可用语境,纵坐标是"因为"可用与不可用语境,那么第一、二、三、四象限分别就是两者可替换语境、"因为"无法替换成"既然"的语境、两者都不可用语境、"既然"无法替换成"因为"的语境,如图7.1:

图7.1　"既然"与"因为"分布比较简图

7.3　推断理据的本质

上一节通过比较"既然""因为"的分布,发现其跟原因信息的意外与否关系密切。邢福义(2003:73)指出"既然"跟"因为"的区别的实质之一,就在于"既然"是推断的理据。邢先生的判断符合我们的语感和直觉。那么,我们还可以追问:推断的理据跟以"因为"为代表的原因的说明,两者的本质区别是什么? 跟分布特征所体现的预期与意外的分殊有何联系?

在逻辑学上,推理是从已知命题得出新命题的思维过程(陈波2003:7)。如果我们承认在日常语言中,推断行为是不十分严谨的逻辑推理,推理中的已知命题可以看作推断理据的重要性质之一。三段论是最常见的推理形式,三段论中的大前提和小前提,都可以算作结论的理据,我们在"既然"的语料中都可以找到大前提理据和小前提理据,比如:

(7.17)既然被杀了的很多,没有被杀的是不是也很多?

(7.18)既然被杀了的很多,小常是不是也会被杀了呢? (赵树理《李家庄的变迁》)

上两例很有意思,推断的理据一模一样,但分别是作为小前提和大前提。需要注意的是,因为这是日常语言的使用,其中的逻辑推理并不遵循充足理由律。并且,伴随有前后文的照应省略,比如例句中"被杀了的"是小说中特指的一群人,可以补充为"这些人"。所以,例(7.17)还原成三段论形式应该是:

大前提:这些人被杀的越多,这些人没有被杀的有可能越多。

小前提:这些人被杀的很多。

结 论:这些人没有被杀的有可能也很多。

例(7.18)还原成三段论则应该是:

大前提:这些人被杀的人很多。

小前提:小常也属于这些人。

结 论:小常也有可能被杀了。

例(7.17)(7.18)进行的推断,分别隐去的是作为说话人信念的大前提,以及作为不言而喻事实的小前提。隐去的前提和最后的结论都有可疑之处,但"既然"所提供的理据却是实在与澄明的,对说话人而言是最为基础的、可靠的、既成的信息。这则信息嫁接的是所隐前提与结论之间的必然性,旨在得出新的结论,以更新说话人的认识状态。

"既然"小句几乎都可以还原为三段论的前提,而部分"因为"小句却不太容易完成这样的还原。这部分"因为"所表示的原因,不是为得出一个新的结论,而是对已经出现的结论或结果作出解释。其因果关系的建构依赖于反事实推理,即"因为 p,所以 q"的成立建基在"假如 ¬p,那么 ¬q"。以反事实推理为基础的因果关系是为了凸显原因的关键性,这种原因的凸显既可以作用于现实世界,也可以作用于可能世界,比如:

(7.19)我是**因为**走投无路才那么毫无礼貌,出言不逊。(张承志《黑骏马》)

(7.20)她没法解释这种习惯,也许因为她的确曾经是个无家可归的人,心底里的流浪意识一直伴随着她。(张小娴《交换星夜的女孩》)

例(7.19)是解释"那么毫无礼貌,出言不逊"的原因,因为是陈述自己的故事,所以"因为"小句实际上是依赖现实世界的反事实推理:如果我**没有**走投无路,那么我是**不会**那么毫无礼貌,出言不逊的。目的是强调"走投无路"对于现实事件的关键作用。例(7.20)中,"心底里的流浪意识一直伴随着她"是既成事实,说话人对自己的解释不是特别有把握,但在说话人设置的可能世界中,这个原因也起到关键作用,这里也涉及反事实推理:也许如果她曾经**不是**个无家可归的人,那么心底里的流浪意识**不会**一直伴随着她。目的是陈述说话人揣测的一个导致目前状况的关键缘由。而(7.19)(7.20)两例中的"因为"是无法替换成"既然"的,从中可见,区别性的"既然"小句所呈现的理据属于结论导向型,区别性的"因为"小句所呈现的缘由属于解释导向型。

结论导向型原因是一种认知上的前摄行为(proactive behavior),区别性的"既然"小句所给出的理据是先行一步,为之后的结论做好铺垫,其语用动力是围绕结论的可靠性。解释导向型原因则是回溯行为(retrospect behavior),区别性的"因为"小句提供的原因是在既有现象的基础之上,后撤回某个先在的逻辑节点,在复杂的因果网络中找出直接影响该结果产出的关键一环,其语用动力是针对原因的关键性。这便解释了为什么"既然"多可还原为三段论前提,因为三段论作为一种演绎推理,就是一种前摄认知模式,而"因为"依靠反事实推理,反事实推理体现的是一种回溯认知模式。

关于反事实推理的回溯性,袁毓林(2020)利用力动态图式(force dynamics)作出过一番透彻的解释。反事实推理的心智基础在于,本来事物的内在运动变化趋向可以看作主动力,而一系列外在因素会改变这种运动变化趋向,叫作拮动力。拮动力对主动力的改变,便形成各式各样的因果关系,而反事实推理就是设定当没有拮动力影响的时候,主动力会发生什么,它的内在趋势应该会是怎样。可见,反事实推理是在既成事实确定的条件下,对于先前因果关系的动态联想。反事实推理要发生作用,记忆力、想象力、时间感知、具身经验等一般认知能力都不可或缺,但能够关联这一切并作为思维中枢的正是语言活动本身。难以想象,没有语言,反事实推理甚至因果推理如何进行建构。

虽然不同于"因为"所依赖的回溯建构,但"既然"的前摄行为也是一种语言的建构。尽管"既然"小句是指向结论的,但我们依然可以将其看作力动态图式的另一种类型,即说话人希望改变主动力的最终运动态势,于是就主动力的内在运动趋向,需要选取什么样的拮动力对其加以干涉。对其成功干涉的拮动力,便是对主动力最终运动状态的可靠保证。换句话说,加入一个合适的原因作为拮动力,以此结构出"既然"小句的原因样态,从而保证结论这个主动力满足说话人语用目的,这是"既然"小句不同于"因为"小句的底层逻辑。

小结一下,"既然"的本质是围绕结论的一种前摄性原因标记,"因为"与之相区别,是围绕原因本身的回溯性原因标记。基于此,我们可以解释区别性的"既然"跟三段论推理息息相关,区别性的"因为"跟反事实推理联系紧密。三段论的前提必须作为既成事实来把握,所以更趋向意料之中;而反事实推理反映的是因果节点的必然性,所以依靠其发生效用的原因更偏重强调,也就赋予更多意外的语力在其中。"既然"是保证结果的可靠,而"因为"是突出原因的关键。

7.4　原因小句的意外性分化

上一节考察了"既然""因为"的区别性特征,通过逻辑还原与认知图式,我们可以理解两者的对立本质上是前摄结果和回溯原因的对立。但如果我们承认这两种因果关系都是说话人和听话人认知状态和立场态度的协商,那么如何将两者进行协调统一? 也就是说两种原因性是在哪个层面上出现的分化? 共通之处又能否在该层面得以覆盖? 我们认为,双方意料与意外层面的对立统一可作为很好的切入点,即意外性(mirativeness)。

意外研究是近30年来国际类型学研究的热点话题(DeLancey 1997,2001,2012;Aikenvald 2012;Hengeveld & Olbertz 2012),主要观点包括意外在很多语言中获得独立的语法编码,体现说话人的出乎意料与情绪惊诧。现代汉语普通话中也存在句式、虚词、构式等不同层级的意外范畴(陈振宇,杜克华 2015;强星娜 2017;胡承佼 2018)。语言中的意外性不仅有意外范畴,同样也有意外的反面——反意外范畴,标示毫无意外的必要或可能的语气。亦有不在意外性的两极,处于中立状态的无意外范畴,三者都是语言中的意外性类型(陈禹 2018),就现代汉语的考察而言,反意外跟反问句与限制副词的关联密切,都体现出强确信、低信息赋值以及高交互主观性(陈禹 2021a,2021b)。意外性考察的是交际双方的认识状态与立场态度的协商,跟"既然""因为"的分布及其本质有着千丝万缕的关系。

有区别性的"既然"小句的本质是前摄原因,保证结果的可靠性。这意味着,"既然"小句高度绑定已知信息,它具备交际双方认识空间的共识性。具备共识性的信息也就是完全落在意料之中的反意外信息，这是因为反意外信息的突出特点就是显而易见和早有准备(陈禹 2021b)。"既然"小句本身的原因信息，无论是作为大前提还是小前提，在说话人的角度，是认定听话人一定能够接受的。说话人的语用目的是抛出结果，由结果承载主要的新信息。结果是可能招致听话人反驳的，这是因为除"既然"小句之外的那个隐去的大前提／小前提或许是可疑的。但是让听话人接受这个结果是"既然"小句的本质要求，因此显现在表层的"既然"理据就必须坚实可靠，所以该理据一般就是说话人已然知晓的交际双方的共有知识。听话人对于这种共有知识自然是很容易承认和有充分准备的。

　　有区别性的"因为"小句的本质是回溯原因，突出原因的关键性。关键的原因势必是说话人强调的，之前未成为交际双方的共识，所以这个原因可以是听话人所忽略的，也可以是其反对的，也可以是其低估的，总之，在说话人的立场上，说出这个原因的时间点，一定是说话人自认为的知识状态高于听话人。"因为"小句在这个意义上充分显示其意外性，艾肯瓦尔德(Aikhenvald 2012)认定的意外范畴五维特征几乎都可以在"因为"的释因小句中找到，并且非常明显。这五维特征分别是：1）恍然大悟，2）惊诧，3）准备不足，4）反预期，5）新信息。不过需要注意的是，这种意外是说话人试图让听话人产生的意外，在此释因过程中说话人容易制造出一种知识优越的姿态。

　　以上是在理论层面，但在语言事实层面存在一定的复杂性，尤其体现在意外性并不都是单纯的反意外，而是出现说话人与听话人双轨的意外性格局。回顾本章第二节的"既然"的区别性分布，当结果小句是疑问或者反问时，如果疑问和反问是针对"既然"小句原因信息的不确定或者否定，那么，"既然"小句的内容对说话人而言是一则意外信息，但对听话人是反意外的；当疑问或者反问针对的是结果，那么，"既然"小句所给信息是说话人、听话人双方共同的反意外信息。当结果小句是择优小句时，推理的指向是一个行动，相当于以言取效,因此"既然"小句所言的前提是说话人作出决策的坚实可靠的根据,是说话人的反意外,而跟听话人的意外性无关,即无意外。当结果小句是"请"类祈使句时,推理结果相当于一个指令的言语行为,言语行为的前提,即"既然"小句是指向听话人的,是基于听话人承认的前提,即反意外信息,而且是说话人的无意外。以上事实说明,"既然"小句有三种情况是听话人的反意外,但有一种情况是听话人的无意外;对于说话人,意外、无意外和反意外都有可能。

"既然"小句的意外性存在说话人与听话人的分化;"因为"小句同样如此。当整个"因为"小句焦点化时,说话人是强调这个原因,强调本身具有非常明显的听话人指向性。陈振宇、姜毅宁(2018)指出强调是最典型的他反预期,即针对听话人的反预期。因为预期性框架中预期有时不容易确定,而在意外性框架中,说话人就是试图通过焦点化制造听话人的意外,那么就焦点化的"因为"小句来说,这种原因是言之凿凿的,焦点化就是要放大这种释因的效果,因此对于说话人是反意外的,传递一种真相了然于心的语气。最终形成的是听话者意外与说话人反意外的意外性组合。当"因为"小句整个传递不确定原因时,说话人谈不上意外,也谈不上反意外,只是提出一种可能性,所以只是无意外。但按理来说,可能的原因是无限的,为什么单独挑出这个可能性原因,其用意还是在强调这种可能性原因的关键作用,希望听话人重视,还是针对听话人的意外,因而,意外性格局变成听话人意外。不过如果是针对"因为"小句的疑问,情况出现变化,这是由于如果疑问是中立疑问,那么说话人出于某种疑惑,就某件事的原因向听话人提问,这则原因信息在听话人那里无所谓意外与否,所以对说话人是意外,对听话人是无意外;但当疑问变成有倾向性的疑问,尤其是反问,那么就是说话人针对造成某件事实的因果关系提出反诘或者抗议,说话人选用疑问,就是要突出难以置信的语气,这是意外的,同时反问聚焦原因的荒谬性,呈现给听话人的也是一种意外的因果性,所以这时意外性组配是听话人和说话人都意外。

综合以上理论和事实两方面的讨论,我们可以把"既然""因为"的意外性在交际双方的分化表示为表7.1。唯有双方意外性都是无意外时,"既然"与"因为"方可互换,其他情况只能选择其中一个原因标记,如下所示:

表 7.1　"既然""因为"的意外性分化

	说话人意外	说话人无意外	说话人反意外
听话人意外	反问原因"因为"	不确定原因"因为"	焦点原因"因为"
听话人无意外	疑问原因"因为"	中立因果	择优结果"既然"
听话人反意外	疑问结果"既然"	"请"类祈使"既然"	反问结果"既然"

综上可知,"既然"原因小句具有一定的听话人反意外倾向,"因为"原因小句具有一定的听话人意外倾向,但都不绝对。在说受双方的意外性都为无意外的情况下,"既然""因为"的意义难以分别,而在有一方的意外性不是无意外的情况下,"因为"更适用意外,"既然"更适用反意外。因果小句在意外性上的说话人-听话人分化中,既彰显两者的区别性,又体现两者的统一性,更重要的是我们以此可以看清在典型用法上两者的倾向性,以及边缘地带两者的渐变性。

7.5　本　章　小　结

本章从"既然""因为"的区别性分布出发,对比描写了两者不可替换语境以及可替换语境。通过逻辑学的三段论模型和反事实模型发现"既然"与"因为"的本质区别是,"既然"标识前摄结果的原因,"因为"标识回溯建构的原因。前者保证可靠性,后者强调关键性。这两种原因性最终可以被意外性统摄,只是交际双方的意外性组配的差异,投射成两种不同的原因小句。意外性的分化具有较强的现实意义:在实际使用中,"既然"大多数情况是呈现一个说话人认定听话人早有准备或完全承认的反意外原因,而"因为"则多半显示一个说话人预判听话人没有准备或恍然大悟的意外原因。

我们倡导的意外性分化说一定程度上是对已有文献中主观-客观说、顺应-磋商说、共知-未知说不足的回应,即细化了原因小句具体的区分层面,又兼顾了两者的共性与个性。更重要的是,意外性分化这一解决方案可以告诉我们已有三种对比框架的解释力来源。为何"既然"偏向主观而"因为"偏向客观?这是因为"既然"的听话人反意外倾向是迎合对方,而"因为"的听话人意外倾向是给出额外知识,相比较而言,前者说话人策略性痕迹明显,主观性或交互主观性强,后者时常淡去人的态度情绪,以突出信息传递,建构出某种客观性姿态。为何"既然"偏向顺应而"因为"偏向磋商?这是因为反意外的根基是确定性,可作为创建共识的稳固基础;意外的根基是不确定性,造成的认知张力更大,多需要增加标记缓解对方的负面反应。为何"既然"偏向共知而"因为"偏向未知?这也分别跟反意外和意外有紧密联系,如同一枚硬币的两面,出于反意外和意外的动机进行的释因行为,最佳选项就是共同知识和独享知识;若是原因小句传达共知或未知的信息,浮现的语用状态自然导向反意外和意外。

当然,本研究还有可以继续深入探讨的内容,比如还有一个重要的原因标记"由于",出于控制变量的考虑,尚未纳入本章的考察。另外,无意外的中间状态究竟是由意外性的两极所派生,还是由它派生出两极,这也值得继续钻研。再就是,原因小句的意外性分化是如何在演化中定型的,需要借助历时语言学和语言类型学的理论工具加以深入探讨。

第八章 事实性中的反意外

"X 早就 Y"构式表现出三种事实性,三者语用功能各有差异。通过共现分析法、蕴涵分析法与转换分析法确定语用功能分别为反预期、反事实、反意外。构式部件"早就"的主观小量对于语用功能的转移起到重要作用,反预期功能是分别衍生出反事实与反意外语用功能的,而非单线性路径。语用功能的分化与事实性的分层存在配合关系,事实性出现不同层次的根源在于说话人与听话人的话语博弈,而相应的语用功能则是实现说话人话语策略的有效手段。

8.1 三 种 事 实 性

现代汉语中"X 早就 Y"构式①表现出三种截然不同的事实性,比如:

(8.1) 其实那病**早就**找到我了。(余华《活着》)

(8.2) 没有老雷,红岸基地**早就**完了。(刘慈欣《三体 I》)

(8.3) 我**早就**知道你不会离婚的。(六六《蜗居》)

例(8.1)的"早就"不能删除,XY 是说话人认定的客观事实;例(8.2)的"早就"也不能删除,XY 是违实判断,跟说话人认定的客观事实恰好相反;例(8.3)的"早就"可以删除,Y 是意向动词及其意向内容②,其作用是引出说话人 X 所感、所思或者所言的事实。尽管以上三例的"早就"可以替换成"早",但"早"的用法还有已然、未然与

① 符号"X"代表主语部分,"Y"代表谓语部分。

② 意向谓词,又称作引语谓词,其宾语是主语感受中、思维中或者言语中发生的事,不必然存在于说话人生活的世界中。意向谓词的作用在于打开一个新的话语世界(陈振宇 2017:10-11)。

惯常的分野①。因此,如果聚焦于事实性的考察,"X 早就 Y"构式仅仅表现已然事件的事实性,所需要控制的变量更少,影响因素更为纯粹。

　　学界一般把"早就"看作副词的连用,释义为:事情的发生在很久以前,或者离现在已有一段时间(北京大学中文系 1955、1957 级语言班 1996:534;吕叔湘 1999:650)。然而释义之中的"事情"对照上述三例,语义取值大相径庭:例(8.1)是客观发生的事情;例(8.2)是说话人认为可能发生的事情,实际却并未发生;例(8.3)是说话人把自己的某种感受、认识或者言语作为发生的事情。例(8.3)相比前两者的重要特点在于,这件事情真假难断,因为由意向动词开启的这种感受、认识或言语只有说话人能够确认。如果把以上三类"X 早就 Y"根据语用环境记作"X 早就₁Y、X 早就₂Y、X 早就₃Y"的话,"X 早就₁Y"标记的是**客观事实**,"X 早就₂Y"标记的是**主观事实**,"X 早就₃Y"标记的是**亲涉事实**②。亲涉事实既有客观事实的特点,又有主观事实的特点,亲涉事实的感知主体和感知对象都是意向动词的主语。

　　不同的语用环境造就不同的语用功能。"X 早就₁Y"因为对应的是客观事实,表明该事实不仅已经发生,而且并非刚刚发生,说话人故意违背听话人对于该事头原有预期,语用上属丁反预期功能。"X 早就₂Y"因为对应的是主观事实,在客观世界中是反事实,是说话人通过反事实推理,建立反事实条件与结论的因果关系(袁毓林 2020)。"X 早就₂Y"旨在提升这种因果关系的强度,强调反事实条件所展示的原因不可或缺或者至关重要,因此在语用上是反事实强化功能。"X 早就₃Y"因为对应的是亲涉事实,亲涉事实仅由亲涉主体承诺其有效性与可靠性,所以这只是在阐述亲涉主体的这个意向由

----

　　① "早"未然的用法比如"他可能是觉得你晚上上班不安全,让我劝你**早**回家",惯常的用法如"他**早**到岗,迟下班,节假日经常不休息"。

　　② 亲涉性(egophoricity)是指言谈主体强调个人知识与亲身经历的语言编码(参见吴越 2020)。

来已久,进而提示听话人这个感受、认识、言语是不足为奇的,完全在意料之中,在语用上是对意外的逆反,属于反意外功能(陈禹 2018)。

那么,如何确定"X 早就 Y"构式具有以上三类不同的语用功能? 三类构式的语用功能之间存在怎样的衍生关系? 什么机制造成三类构式的语用功能与不同事实性的配合? 这是本章希望解答的问题。

8.2　语用功能的确定

语用功能的确定需要严格清晰的验证手段。下面依次验证"X 早就₁Y"的反预期功能、"X 早就₂Y"的反事实功能、"X 早就₃Y"的反意外功能。

8.2.1　反预期的验证

根据陈振宇、姜毅宁(2019)的梳理,反预期可二分为**自反预期**与**他反预期**两个子范畴。自反预期是说话人认为发生的事实不符合自己之前的预期,自反预期还包括特殊的一个小类**常理反预期**,即事实不符合众所周知的看法。他反预期是说话人认为发生的事实不符合听话人之前的预期,一般而言等同于**强调**。虽然文献没有展开论证为什么他反预期等同于强调,一个可能的辩护是:强调是说话人有意识凸显某一命题为真,同时这种凸显是针对说话人的,那么在说话人看来,之前听话人不可能肯定这一命题为真,否则这种凸显没有意义;之前听话人只有可能否认或者怀疑这一命题,因此凸显的事实违背之前听话人的认识状态,即违反了听话人的预期。

"X 早就₁Y"跟自反预期没有直接关系,但跟他反预期高度照应。因为纯粹标记一个发生在有一定时间间隔的已然事实,无法直接判断说话人之前的预期与之相一致还是不一致。自反预期跟意外范畴关系紧密,就定义而言,自反预期正是出乎说话人的意料之外。陈禹(2018)提出意外范畴可以通过追补小句进行测试,可以追补"这太意外了"而不可追补"这毫不意外"的句子,可以表达意外;

不可追补"这太意外了"而可以追补"这毫不意外"的句子,可以表达反意外;而两者都可以追补的句子,跟意外无关,即非意外。"X 早就₁Y"是第三种情况,比如:

(8.4) 雷庆**早就**出车回来了,和家富在堂屋里下棋(√,这毫不意外)。

雷庆**早就**出车回来了,和家富在堂屋里下棋(√,这太意外了)。(贾平凹《秦腔》)

既然"X 早就₁Y"是非意外,那么说话人的预期是无关因素。无关说话人的预期,自然也就不是自反预期。那么,究竟"X 早就₁Y"是否为他反预期呢? 我们需要验证句子是否彰显强调。鲁莹(2020)综述迄今为止对于强调概念的界定依然处于内涵模糊、外延松散的面貌,目前还缺少一个具有规则性与操作性的定义。不过如果接受上文所述:强调的功能是说话人有意识凸显某一命题为真。那么,我们可以从反面设计一套方案验证强调功能是否实现:① 说话人不允许同时拥有该命题可能为假的意向,否则自相矛盾;② 说话人无法改造为非凸显形式的成分,因为互不相容。先拿典型的强调副词"确实"所在小句来进行测试。

"确实"一般认为意在强调真实性(吕叔湘 1999:460),所以不能追补小句"但我怀疑此事",而句子如果去掉"确实",或者换成表不必然发生的"可能",都可以增加追补小句。这说明"确实"与不确定真值的命题都无法共存,只能是命题必然为真,如下所示:

(8.5) 国庆放长假**确实**拉动了消费(×,但我怀疑此事)。(《人民日报》1999)

国庆放长假拉动了消费(√,但我怀疑此事)。

国庆放长假**可能**拉动了消费(√,但我怀疑此事)。

完权(2019:74-75)指出,定中关系是一种参照体-目标的关系,定语是参照体,中心语是目标,以定语作为参照体提供激活目标的条件,然后成为背景信息让作为目标的中心语更为显著,易于理解。"的"的功能正是制造并呈现定中关系的这种参照体-目标格局。因为我们可以进行转化分析,把含有"确实"的句子用自指名词①"事实"概括,组成一个含"的"的自指性关系小句,转化后的句子无法成立,而删去"确实"或者换成频率副词"往往"就可以成立。这说明"确实"所标记的小句必须为凸显的目标,不可降为背景,如下所示:

(8.6)　×国庆放长假**确实**拉动了消费的事实

　　　√国庆放长假拉动了消费的事实

　　　√国庆放长假**往往**拉动了消费的事实

因此,通过**不确定性测试**与**去凸显性测试**,我们发现类似"确实"这样较为典型的强调成分两者都不能通过,这是因为强调的两个方面确信与凸显与所测试的语义相抵触。强调的语用功能是他反预期,如果"X 早就₁Y"构式也无法通过不确定性测试与去凸显性测试,并且删除"早就"或换成"很早就"后又通过测试,就可证明"X早就₁Y"也具有他反预期功能,具体如下:

(8.7)　不确定性测试:*他的一家**早就**等在那里*(×,但我怀疑此事)。(严歌苓《寄居者》)

　　　　　　他的一家等在那里(√,但我怀疑此事)。

　　　　　　*他的一家**很早就**等在那里*(√,但我怀疑此事)。

　　去凸显性测试:×*他的一家**早就**等在那里的事实*

　　　　　　　√*他的一家等在那里的事实*

　　　　　　　√*他的一家**很早就**等在那里的事实*

由上述测试可知,成分"早就"具有强调的意味,语用功能即为他反预期,与之类似的成分"很早就"只是单纯的一个先期时间状语,跟"可能、往往"等副词成分类似,不具有强调的属性。可证"X早就₁Y"构式所表现的反预期功能是他反预期功能,除了本身词汇义遗留的先期时间义之外,还跟"确实"类似能够凸显句子的命题真值。

① 　自指名词是一类抽象名词,核心特征是擅长充当关系小句的中心语,语义通常解读为关系小句的事件内容,相当于中心语是定语的自指,常见的自指名词有"现象、过程、情况"等,详情参见陈禹(2019b)。

　　8.2.2　反事实的验证

　　"X早就₂Y"只能出现在反事实语境之中,目前学界公认的反事实语境主要有条件句、逆转句、合理句(邢福义 2001:330-331;袁毓林 2015;陈振宇,姜毅宁 2019),考察语用功能须从这三类的共性中加以整体观照,比如:

　　(8.8)如果许立宇一直干到今天,那他**早就**是个百万富翁了。(王朔《许爷》)

　　　　　它们当年**要是**不喂你们,你们现在**早就**成了灰了。(迟子建《额尔古纳河右岸》)

　　　　　若换了别人,**早就**搞得要啥有啥了。(高晓生《陈奂生包产》)

　　(8.9)幸亏是晚上。**否则**他**早就**被发现。(梁晓声《表弟》)

　　　　　可惜你舅妈太不贤德。**不然**,我**早就**上他家去了。(刘醒龙《凤凰琴》)

　　　　　就靠着咱有这点手艺,**要不****早就**蹬了狗牙了!(梁斌《红旗谱》)

　　(8.10)她的草棚**早就****应该**修理了,老是没有闲工夫。(周而复《上海的早晨》)

　　　　　本来**早就****要**送来的,可是县里的轿车没有汽油了。(白帆《女大学生综合症》)

　　　　　怪我心慈手软,我**早就****该**把那条狗干掉了。(苏童《罂粟之家》)

　　其中例(8.8)是**违实条件句**,即用"如果"等条件句标记一个虚拟的条件,在此条件下推导出一个反事实的结果①;例(8.9)是**原因逆转句**,即用"否则"等逆转标记将前文所述的情况否定,推导出否定之后

----

　　①　张莹、陈振宇(2020)提出条件句存在一种非事实的情况,比如"要是他来了的话,早就去食堂了",说话人其实不确定"他去食堂了"是否为事实,这的确是一种重要的反例。但我们依然可以处理为事实性的一种边缘情况,等同于"他可能早就去食堂了",两句话是分别使用条件小句与情态动词在客观事实的基础上进行认识情态加工,本质上依然属于客观事实。

肯定发生的反事实情况;例(8.10)是**道义合理句**,即用"应该"等道义情态词表示理应发生却并未发生之事,这固然也是反事实的,不过与前两类不同的是,违实条件句与原因逆转句都需要有相照应的语境,独立出来无法直接表示反事实,而合理句可直接用单句表达反事实。

反事实的确认,当前一般的做法要么直接断言(李晋霞 2012;章敏 2016),要么借助语义真值蕴涵(袁毓林 2015;陈振宇,姜毅宁 2019),然而以上二者存在不完备的地方:直接断言形式证据无法支撑意义解说;真值蕴涵部分语境下不能测试出目标结果,像在未然推断句中,也蕴涵结论命题不为真,比如:

(8.11) <u>说不定</u>到了那一天,他**早就**把我忘记了。(艾米《山楂树之恋》)

所以除了违实蕴涵验证以外,还需配合事实蕴涵验证:

违实蕴涵验证:<u>说不定</u>到了那一天,他**早就**把我忘记了→×他没有把我忘记了

事实蕴涵验证:<u>说不定</u>到了那一天,他**早就**把我忘记了→×他把我忘记了

双重验证之后,可以发现"说不定"引导的揣测类语境,事实与否是不确定的,而这种不确定性正好是"说不定"类可能性标记的词汇语义,所以"早就"在此依然是一种事实性用法,但处于事实性的边缘地带。揣测类的理论意义后文将会详述。这里需要指出的是,证明句子的反事实性,需要既无法通过事实蕴涵验证,却又能通过违实蕴涵验证。这就可以确定句子唯有反事实解读,且该解读是固有的,不可取消。比如:

(8.12) 条件句:<u>如果</u>许立宇一直干到今天,那他**早就**是个百万富翁了。

　　　　→×他是个百万富翁

　　　　→√他不是个百万富翁

　逆转句:<u>幸亏</u>是晚上。**否则**他**早就**被发现。

　　　　→×他被发现

　　　　→√他没有被发现

　　合理句：她的草棚**早就**应该修理了，老是没有闲工夫。

　　　　→×她的草棚修理了

　　　　→√她的草棚没有修理

　　虽然易证得"X早就₂Y"是反事实构式，但条件标记、逆转标记、道义情态标记起到的作用很大，以至于反事实的性质多由这些标记影响，那构件"早就"起到的是什么作用呢？是否依然是表示先期时间？可反事实命题的先期时间又是什么功效呢？是否依然表达他反预期？我们认为此处跟他反预期已无直接关联（亦无法通过不确定性与去凸显性测试），而是反映真实条件、原因、理由的重要性。

　　反事实表达主要用来展现一个道理，这个道理往往处于因果链条中。条件句通过一个虚拟的条件，得到一个虚拟的结果。逆转句是通过对真实条件的否定，得到一个虚拟的结果。合理句是通过陈述一个符合常理的结果，暗示这个常理结果是虚拟的。这些虚拟结果按照常理是应该发生的，出于种种原因没有发生。"早就"更进一步：不仅虚拟结果是应该发生的，而且一旦虚拟条件、真实条件的反面得以实现，或者一切按照常规进行，虚拟结果轻而易举地就会发生。这意味着真实条件对虚拟结果造成的阻碍（即对真实结果的制造）是强有力的。

　　比如例(8.12)条件句的虚拟结果是"他早就是个百万富翁"，真实结果是"他不是个百万富翁"，本来很容易的事情（虚拟）最后却没有发生（真实），这个落差是由"许立宇一直干到今天"没有发生这一真实条件造成，这样比单纯地说"因为许立宇没有一直干到今天，所以他不是个百万富翁"表达的效果更强烈，所以反事实表达多显示出一种**修辞性**。例(8.12)逆转句也如出一辙，本来很容易发生的"他被发现"没有发生（虚拟），正是真实条件"幸亏是晚上"起到了大作用。例(8.12)合理句抬出虚拟结果的合理性："她的草棚修理了"是应该的，并且很久之前就是应该的，衬托真实条件"老是没有闲工夫"是主要的阻碍力量。

　　根据例(8.12)的蕴涵结果，即真实结果，可以用格式转化进行验证,即"X早就 Y"与其相关小句 S 能否转化为"之所以 ¬XY,就是因为 S'","就"在这里表示加强肯定(吕叔湘 1999:316),不过加强肯定的不是命题,而是命题间的因果联系。关于 S'的取值,跟所属小类有关:条件句中 S'=¬S;逆转句与合理句中 S'=S,只是合理句中可能隐含,而且有时作为转折小句出现,具体如下所示:

(8.13) 条件句:如果许立宇一直干到今天,那他**早就**是个百万富翁了。

→之所以他不是个百万富翁,就是因为许立宇没有一直干到今天。

逆转句:幸亏是晚上。否则他**早就**被发现。

→之所以他没被发现,就是因为幸亏是晚上。

合理句:她的草棚**早就**应该修理了,老是没有闲工夫。

→之所以她的草棚没有修理,就是因为老是没有闲工夫。

据此可知,反事实"X 早就₂ Y"的"早就"不是真实的早先发生,而是说话人设想的虚拟条件下,根据常理经验与因果逻辑,轻而易举就发生的意思。反事实表达有修辞因素作用其中,是试图强化对真实条件重要性的表达:本来顺理成章的结果,因为真实条件的介入,导致结果陡生变故。

8.2.3　反意外的验证

如前文所述,"X 早就₃ Y"标记的是亲涉事实,Y 的构成是一个意向动词加上其意向内容。意向动词可以是感受动词,比如"觉得、感到"等;可以是认识动词,比如"想、知道"等;也可以是言语动词,比如"说、建议"等。意向内容的形式可以是小句,也可以是动词短语或者名词短语。反意外是说话人认为无需意外的语气,多有不在话下,不必大惊小怪之义(陈禹 2018)。因此可以用追补小句"这太意外了"与"这毫不意外"进行测试,与意外恰好相反,反意外标记所在句子无法追补前者,而可以追补后者。我们可以将以上三种意向依次进行验证:

(8.14) 感受意向：是呀，**早就**<u>感到</u>他要变心了。(叶楠《祝你运气好》)

是呀，**早就**<u>感到</u>他要变心了(×,这太意外了)。

是呀，**早就**<u>感到</u>他要变心了(√,这毫不意外)。

认识意向：我**早就**<u>知道</u>你看不惯我的讲究。(铁凝《大浴女》)

我**早就**<u>知道</u>你看不惯我的讲究(×,这太意外了)。

我**早就**<u>知道</u>你看不惯我的讲究(√,这毫不意外)。

言语意向：我**早就**<u>说过</u>，白兰地是个不祥之物。(欧阳山《苦斗》)①

我**早就**<u>说过</u>，白兰地是个不祥之物(×,这太意外了)。

我**早就**<u>说过</u>，白兰地是个不祥之物(√,这毫不意外)。

但是，用追补正反测试并不能保证反意外语气测试的完备性，因为无须意外是反意外的最重要的特点之一，而不是唯一特点，况且这个特点跟单纯的不意外是无法截然分开的，因此需要根据反意外的第　性质，即对意外的逆反入手，测试意外范畴最直接语用功能的镜像对立。结合陈振宇、杜克华(2015)与陈禹(2021)的分析，意外和反意外的语用对立表现为：否定-肯定、疑问-无疑、感叹-轻说。前项都是意外范畴的最直接语用转移，而后项则是反意外范畴的直接语用转移。那么，寻求"X 早就₃Y"构式反意外功能更完备的

---

① 陈振宇(2020)认为亲涉事实必须是第一人称作为认识主体，不过存在两类反例，一是小说语篇中叙述者直述小说人物的心理活动，比如"阿菊早就知道杨军要到前方去"；二是说明语篇中诉诸权威的说法，比如"亚里士多德早就说过，人是理性的动物"，以上两者都是说话人传达自己认为的不言自明的事实，属于亲涉事实。不过，也可以认为归根结底是第一人称及其同盟者在语篇上的某种预期安排。

验证,必须进一步测试其肯定、无疑与轻说这三大属性。

"X早就₃Y"构式的肯定性可以借助转换分析,进行**否定化测试**,即测试其是否能够把 Y 转换为否定意义。如果不行,则说明构式排斥否定性,故唯有肯定表达才能与之相和谐。由于动词短语的否定表达既可以用"不",又可以用"没",所以两者都加以测试,并且同时测试"X早就₁Y"与"X早就₂Y"构式的否定化是否可行,具体如下所示:

(8.15) 感受意向:(我)**早就**×不 /×没感到他要变心了。

认识意向:我**早就**×不 /×没知道你看不惯我的讲究。

言语意向:我**早就**×不 /×没说过,白兰地是个不祥之物。

可见,"X早就₃Y"构式无法进行否定化,同样也不能把意向动词换成"不觉""不知""不说",是根本上排除意向的否定意义。反观"X早就₁Y"与"X早就₂Y"构式,可以成功转换为事实或反事实的否定意义,比如:

(8.16) 其实那病**早就**不找我了。

(8.17) 如果徐立宇一直干到今天,那他**早就**不是穷人了。

幸亏是晚上。否则他**早就**没地方躲避了。

她的草棚**早就**不应该修理了。

对于无疑性的验证,我们有必要理解何为无疑。因为反意外是意外的镜像概念,无疑这个属性也是跟意外的直接语用转移中的疑问相互对立的。因而确立"X早就₃Y"构式的无疑性,即证明该构式无法对其整体进行提问。也就是说,看构式能否通过**疑问化测试**,如果无法通过,则说明所表达语义毋庸置疑,如下所示:

(8.18) 感受意向:×(我)是不是**早就**感到他要变心了?

认识意向:×我是不是**早就**知道你看不惯我的讲究?

言语意向:×我是不是**早就**说过,白兰地是个不祥之物?①

---

①　此处有两解,当陈述事实时,该疑问化可以成立,表示是否发生过"我说过"这件事;但当陈述意向时,即对意向动作进行提问,询问其真值,则疑问化无法成立。究其原因是意向动作的事实性只能由亲涉主体 X 确认。

　　而"X早就₁Y"与"X早就₂Y"构式是完全可以进行疑问化转换的,这说明事实性与反事实语义并不排斥疑问的可能,比如:

　　(8.19) 其实那病<u>是不是</u>**早就**找到我了?

　　(8.20) 如果徐立宇一直干到今天,那他<u>是不是</u>**早就**是百万富翁了?

　　　　　幸亏是晚上。否则他<u>是不是</u>**早就**被发现了?

　　　　　她的草棚<u>是不是</u>**早就**应该修理了?

　　相对而言,轻说性的测试较为棘手。轻说的内涵是往小处说、低处说、浅处说,但这些都是特征的描述,而无法给出直接对应的触发条件。我们的方法是反其道而行之:既然是轻说,那就不能与表重说(往大处说、高处说、深处说)的部件合用,而重说最常见的表现形式就是夸张。吕叔湘(1999:296)指出,"简直"含夸张的语气,正好可以用来测试句意是否和夸张相协调,即进行**夸张化测试**。若协调,则非轻说;若不协调,则为轻说。如下所示:

　　(8.21) 感受意向:×(我)<u>简直</u>**早就**感到他要变心了。

　　　　　认识意向:×我<u>简直</u>**早就**知道你看不惯我的讲究。

　　　　　言语意向:×我<u>简直</u>**早就**说过,白兰地是个不祥之物。

　　可见,三类意向都无法与"简直"合用,因为"X早就₃Y"的预设是本来就完全如此,不需要"简直"进行夸张性的陈述。相对而言,"X早就₁Y"与"X早就₂Y"跟"简直"合用的可接受度就高出许多,只需要所述事件情绪足够强烈,比如:

　　(8.22) 其实那病<u>简直</u>**早就**找到我了。

　　(8.23) 如果徐立宇一直干到今天,那他<u>简直</u>**早就**是百万富翁了。

　　　　　幸亏是晚上。否则他<u>简直</u>**早就**被打死了。

　　　　　她的草棚<u>简直</u>**早就**应该拆了。

　　通过否定化、疑问化与夸张化的验证,我们有理由相信由意向动词和意向内容为关键构件的"X早就₃Y"构式有极其显著的反意外语用功能。不过由于言语意向跟事实性命题有相似性,即"X说过"既可以陈述事实,也可以表达意向,因而感受意向与认识意向是更为典型的反意外构式,言语意向的反意外性与事实性存在一定程度的交叉。

小结一下本节内容,我们采用追补法、蕴涵法与转换法,初步确定三类"X 早就 Y"构式的语用功能,分别是反预期、反事实与反意外。我们抽样调查了 CCL 语料库中典范的当代白话文作品语料例句 2 032 句,三类"X 早就 Y"构式的分布状况如下:

表 8.1 "X 早就 Y"构式的三类语用功能分布

X 早就$_1$Y	X 早就$_2$Y			X 早就$_3$Y		
	条件句	逆转句	合理句	感受意向	认识意向	言语意向
1 335	159	6	83	52	244	22
70.20%	8.40%	0.30%	4.40%	2.70%	12.80%	1.20%

从上表可以了解到,彰显事实性的"X 早就$_1$Y"构式占据主导,另两类构式差距明显。如果后两者的语用功能都是沿着客观向主观的路径发展而来,那么,究竟是由"X 早就$_1$Y"到"X 早就$_2$Y",再到"X 早就$_3$Y"这样的单线路径,还是从"X 早就$_1$Y"分化出"X 早就$_2$Y"与"X 早就$_3$Y",呈现分叉路径?三类构式的语用转移是怎样实现的?

8.3 语用转移的缘由

如果说构式功能的浮现或多或少会受到构式构件的影响,那么"X 早就 Y"的核心构件"早"与"就"的连用最基础的意义可以作为寻找其语用转移的直接抓手。陈小荷(1994)对于"就"与含量成分的解释非常值得注意:无论"就"的语义指向之前的量还是之后的量,都是说话人对该量成分的评价偏小、偏少、偏低,也就是所谓"主观小量",比如:

　　(8.24) 六岁<u>就</u>上学了。

　　　　　<u>就</u>写了五页。(转引自陈小荷 1994)

　　上例之中,"就"指向之前的六岁,是说话人认为上学六岁偏小;"就"指向之后,是说话人认为写了五页偏少。而"早"作为时间量本身是没有大小之分的,但"早""就"连用可以看作"就"是指向含量成分"早",所以"早就"中的时间量据此应该也是说话人偏小。不过有趣的是,"早"是个相对时间量,是过去到现在的时间段,因而量小有两种解读:一是这个时间段很短,一是过去的起始点很靠前。这两种解读是矛盾的,但实际上只能取后一种解读方式,我们可以选相似结构比较,比如:

　　(8.25) 七点钟就到了。

　　　　　<u>早</u>就到了。

　　以上两例在表意上是高度相似的,但第一句是说七点这个时间点很靠前,七点后过一会的时间也应该是合适的。那么,第二句的"早"在这个意义上,也应表示起始点很靠前。换言之,说话人的主观评价是事件从过去到现在的时间段是偏长的。可分析为两层特征:① **先时性**,② **长时性**。凝固化的"X 早就 Y"逐渐继承主观小量的语境意义。

　　8.3.1　先时性与反事实

　　从主观小量的视角观察"X 早就 Y"反预期用法,说话人所强调的,也就是他反预期的重点就是事件的发生时间已经很久,而听话人的预期(按说话人的信念)是事件尚未发生或者刚刚发生,这倒不难解释。但如何发展为反事实用法还是要紧紧扣住"早"的先时性特征。

　　郭光、陈振宇(2019)提出,来源于生活经验的**后悔情绪**是"早知道"假设意味的缘由。因为"早知道"在后接条件句的时候,可以替换为"如果知道",所以"早"浮现出类似"如果"的假设义。这种替换源自生活经验:提早是有益的。给出一个有益的条件,但条件的时间是过去的,过去是已经发生不能改变的,因而,该有益条件只可能是假设的,反映的其实是说话人的后悔。不过"早知道"与"早就"存在的一个重要区别是，前者只能出现在条件复句的条件小句，而后者一般出现在条件复句的结果小句。

蒋严（2020）认为反事实条件句中的"早"所在的时间轴并不在真实世界的时间轴上，而是在可能世界的时间轴上，在结果小句中的"早"自动获得情态意义，类似于英语中的 would。反事实"早"在可能世界中这一点完全赞同，可问题的关键在于：1）为什么"早"可以在可能世界之中？2）would 所代表的情态意义究竟是什么？"早就"与之是否一致？

"早"类构式出现在可能世界的能力跟过去意义高度关联。众所周知，英语违实条件句的重要形式特征即为所处时标记向过去移动：将来时变成过去将来时，现在时变成过去时，过去时变成过去完成时（过去的过去）。这说明，用过去功能兼任反事实功能，或者说开启可能世界不是汉语独有的语言手段。不过两者可以兼任背后的机制是什么值得关注。从郭光、陈振宇（2019）的论述中，令人注意的一个提示是：**现实世界的过去是不能改变的**。那么，试图替换一个条件，改变一个过去的结果，这是现实世界无法实现的，只有可能世界才能实现。这是类似"早知道""早就"二者都可处于可能世界的共通之处。

"早就"和 would 虽都是认识情态，但差异较大。"早就"与 would 都在违实条件复句的结果小句中。因为是可能世界的结果，所以都是说话人的推测，情态意义上属于认识情态。全永百（1993）综合多本经典英语语法著作，认为表推测义的 would 的肯定程度比 will 要小，而 will 是英语一般条件句的默认认识情态。相对应的，"就"是汉语一般条件句的默认认识情态，而根据上文的讨论，"早就"伴随的结果是一旦条件允许，过去就可以发生的事，推测发生的时间在现在之前。**同样条件下的推测结果，过去就能发生的相对简单，现在或将来才能发生的相对困难**。这意味着"早就"伴随的结果在此条件下更为容易实现，推测的肯定程度是大于默认认识情态的。"早就"的推测是确信度高，而 would 的推测确信度不高。

可见,先时性特征塑造了"X 早就 Y"反事实的核心语用特征:一方面开启可能世界,另一方面表现高度的主观确信。在这里,客观事实到主观事实的路径是清晰的,过去意义跟一般认知能力互动而造成的后果触发了语用转移。

8.3.2　长时性与反意外

"X 早就 Y"反意外用法是否从反事实的用法发展而来是一个较难回答的问题。反事实与反意外相通之处在于两者都是依赖主体观念而生,跟客观事实可以毫无关联,可以试图解释成主观化与继续主观化。可是这里受到的挑战是"X 早就 Y"反意外用法可以是客观真相,事实上亲涉的事实是可真可假的,只是完全由亲涉主体说了算,因而比反事实更客观。在主观性上其实是降低了的。那么继续主观性这一条演化路径未必妥当。

反意外的浮现路径有必要借助其镜像概念意外的特征加以观照。根据德兰西(DeLancey 1997,2001,2012)、艾肯瓦尔德(Aikhenvald 2012)、亨格维尔德和奥尔贝茨(Hengeveld & Olbertz 2012)一系列关于意外范畴的研究,意外的特征包括恍悟、诧异、无备三个主要维度。其中恍悟代表认识上的突发性,诧异代表情绪上的应激性,无备代表态度上的临时性。比如当我们说"他居然结婚了!"的时候,"居然"标记句子的意外性。句子反映的事实是说话人短时间内了解的,表现的是恍悟;意外常常与强烈的情感相伴随,这种强烈的情感是认识状态的改变所触发的,表现的是诧异;说话人表达意外时的态度并不是一以贯之的,而是瞬间转变而成的,表现的是无备。

反意外如若要与意外形成镜像对立,势必在其主要维度上针锋相对。反意外是意外的逆反,表现为不在话下、不足为奇的语气。那么在认识上,反意外与突发性相对立,反映一种寻常的状态,表征为**惯常性**;而在情绪上,对立的则是应激性,说话人处于镇定平稳的状态,表征为**舒缓性**;而在态度上,与临时性相对立,呈现的状态是成竹在胸、不出所料的立场,表征为**有备性**。反意外对应的突出特征包含惯常性、舒缓性与有备性三个方面。

反意外的三个特征恰好契合"X 早就 Y"构式的长时性。我们知道由部件"早就"引发的长时性是一种说话人的主观评价,提示听话人 XY 事件开始的时间比其设想的要更久。"早就感到……""早就知道……""早就说过……"等事件开始的时间之久直接影响说话人在认识、情绪与态度上的表现。由于认识的时间较长,说话人对于所述事实是熟悉的,所以表现的状态是惯常的认识;由于情绪的开端很久,说话人不可能保持剧烈的情绪波动,而是经过时间酝酿之后较为舒缓的情绪;由于态度的持续是超过合适时长的,因而对所述事实所持立场是准备充分、坚定而稳固的。由此可推知,"X 早就 Y"构式的长时性很自然的语用后果就是彰显说话人反意外的语气。

综上所述,反事实与反意外"X 早就 Y"的语用功能都是继承表主观小量的构件"早就",该意义在配合客观事实的时候,语用表现是反预期,反预期是"早就"主观小量的直接反映。"早就"主观小量内部的细节特征先时性和长时性分别衍生出反事实和反意外的用法。在语用转移的路径上实际上是分叉衍生的,如下图所示:

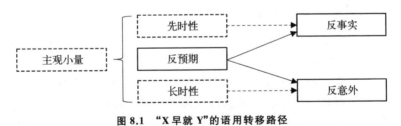

图 8.1 "X 早就 Y"的语用转移路径

8.4 事实性层次与语用功能的配合

虽然可以初步判断语用转移的路径,但是更进一步,我们需要追问为什么这些语用功能对应不同的事实性,语用功能的静态表现与动态演进是否可以管窥句子与其事实性解读的配合关系,借此洞察事实性语义建构背后的普遍机制。

8.4.1　认知语法的事实性层次学说

兰亚克(Langacker 2019)发现英语存在三组小句层次的连续统，牵涉相应的三组事实性层次。小句一方面陈述状况(occurrence)，另一方面给定说话人对该状况的认识状态(epistemic status)。根据后一方面的差异，事实性可以划分为基线事实层(baseline reality)、基础事实层(basic reality)、命题事实层(propositional reality)。基线事实层反映为小句的不同时态，旨在陈述状况发生的历史；基础事实层是对基线事实层的加工，新增的小句特征是视角介入，譬如时体、语态、情态、否定等，主观性开始显现，较基线事实层更为复杂；命题事实层则进一步加工，在基础事实之上展现交互性特征，小句中的疑问化、焦点化、补足语化①，直接与听话人商讨或者指示听话人事实的有效与否。总的来说，兰亚克相信事实是分层的，层与层之间是累进的关系，累进的方式相当于在基线事实上构建基础事实，在基础事实上构建命题事实。

反观前文所述"X 早就 Y"构式的三类事实：客观事实、主观事实与亲涉事实，虽然呈现出结构上与功能上的累进性，但跟事实层次理论中的表征方式不尽相同。第一处不同在于，兰亚克认为焦点化，即使用强调手段，属于亲涉事实，但我们认为强调没有改变所述事实的主要性质。其实任何句子要做到完全客观是不太现实的，多多少少会存在一些主观的调整与交际的妥协(陈禹 2019a)，因此事实的分层要考虑其主要性质：① 说话人是否确信该事实的发生；② 听话人是否能够质疑该事实的发生。说话人相信，听话人也可以挑战的是客观事实；说话人不相信，听话人却可以挑战的是主观事实；说话人相信，听话人不可挑战的是亲涉事实。听话人的挑战可以依次用反驳回答语"并非如此"依次测试。

---

① 补足语化(complementation)是将小句作为高层小句(matrix clause)的宾语补足语，等同于前文提及的利用意向动词将其转化为意向内容。

（8.26）——其实那病**早就**找到我了。/——并非如此。√

（8.27）——没有老雷，红岸基地**早就**完了。/——并非如此。√

（8.28）——我**早就**知道你不会离婚的。/——并非如此。×

　　第二处不同在于兰亚克主张疑问化的小句属于命题事实层，因为其有效性诉诸交际双方的协商，但该论断至少在汉语小句中存在困难。首先，疑问句的说话人可能有预设立场，譬如反问句"难道我不是人？"，或者事实偏向性明显的疑问"你没事吧？"，以上事实的确认不必与听话人协商。其次，即使是对事实的协商也可以分成对客观事实的疑问与对主观事实的疑问，譬如对违实条件也可以提问"没有老雷，红岸基地是不是就完了？"这意味着命题事实层还要细分基于客观事实的协商与基于主观事实的协商，略显烦琐。另外，就最典型的客观事实的疑问句而言，疑问的功能就是在于寻求事实性，说话人不知真假，所以才有疑而问，本质上是不确定的事实性，不应该强行纳入某一种独立的事实性的层次。综上，妥善的处理方案是把疑问小句还原为陈述小句后，再试图确定其事实性层次。

　　第三处不同，也是最为关键的不同是，命题事实层（亲涉事实）不能直接从基线事实层（客观事实）构建，而要以基础事实（主观事实）层作为中介。事实性层次理论建构在兰亚克（Langacker 2016）提出的基线/加工模型（baseline/ elaboration）之上，这是一个非常宏大的理论，其要义包括：语言成分的组织都是建立在已有成分（基线）的加工之上，加工后组合为更大的基线以继续加工。所以，只有相邻的基线成分与加工成分存在构建关系。那么，命题事实层与基础事实层相邻，两者存在构建关系；命题事实层与基线事实层不相邻，两者不存在构建关系。抛去诸多反例先不论，这里最严重的问题是：为什么命题事实层与基础事实层是相邻关系呢？恐怕是基线/加工模型的机械套用使然。实际上，从奥卡姆剃刀原则出发，进行亲涉事实层的构建完全既可以直接选取主观事实层进行加工，也可以直接选取客观事实层进行加工，比如：

（8.29）**我觉得其实那病早就找到我了。**

（8.30）**我觉得没有老雷,红岸基地早就完了。**

通过补足语化,客观事实(例 8.29)与主观事实(例 8.30)都可以加工为亲涉事实。结合以上讨论,我们有必要扬弃认知语法的事实层次性学说,取得以下认识:

一是,事实具有层次性,可分为客观事实、主观事实、亲涉事实;

二是,事实的层次必须不重不漏,划分标准是说话人的确信与听话人的挑战;

三是,只有陈述句才存在事实性层次,其他句式不直接关涉事实性问题;

四是,主观事实由客观事实加工而来,客观事实与主观事实都可加工成为亲涉事实。

8.4.2　说话人与听话人博弈的事实性

由于反事实推理打开可能世界,意向动词开启话语世界,加上客观世界,语言中的事实性类似于行域、知域、言域这样的概念域层次(Sweetser 1990 ;沈家煊 2003)。但三域更侧重语用功能所反映的说话人的心理空间,而事实性层次是为了达成既定的语用功能,形成说话人与听话人博弈的语义框架。

这种交互双方的博弈体现在,说话人展现任何一个层级的事实,都是希望得到听话人的赞同,但事实有真有假,听话人可以根据自己的经验展开反驳。说话人对所言内容的贯彻意志越强烈,就越不希望听话人能够轻易反驳,因此说话人预判听话人的消极回应,选择更难挑战的话语策略。

对于一个已发生事实的论断,如果存在 1％可能没有发生,那么就可以推翻。比如例(8.1)"那病早就找到我了",只要指出"那不是病""没那么早""没找到你"任何一种可能,例(8.1)的事实就无法确立。100％的必然性是脆弱的,是难以维持的。因而在客观事实的基础上,说话人借助反向思维,提出一个并没有发生的事件在某种条件下是可能发生的,**把反事实当作事实**,即打开可能世界。听话人如果要反驳,则必须证明在该条件下100％不可能,这是非常困难的,比如例(8.2)"没有老雷,红岸基地早就完了",听话人得在这个假设的条件下,表明条件与结论两者的因果关系没有丝毫关系,比反驳"老雷保护了红岸基地"这样的论断复杂得多;从结构上说,主观事实的语义框架主要是引入条件成分①,把事实的必然性转化为反事实的可能性问题。从功能上说,主观事实其实是强调因果关系的客观实在性,在继承客观事实他反预期的基础上,将命题真实加工成关系真实。

　　当然主观事实依然是可以推翻的,而亲涉事实取消可推翻性这个选项。因为主观事实毕竟还是强调因果关系的客观实在性,听话人可以证伪或者不承认这套因果关系,这也就是例(8.27)可被反驳的缘由。然而亲涉事实诉诸说话人自己的感受、认识、言语,相当于**将观念当作事实**。观念不等于事实,但在语言中可以加工成事实进行陈述。论断"我早就觉得……""我早就知道……""我早就说过……"不可证实,也不可证伪,因为说话人是论断的唯一证人,所有的辩护都出自说话人的个人体验。因此,这是一种非常强势的话语策略。亲涉事实是不容分说、不接受辩驳的,取消了听话人对事实有效性的协商角色,因此它不再是客观事实的信息告知,亦不是主观事实的逻辑思辨,而更多是一种立场的表达。反意外正是彰显认知优越的立场:对自我认识立场的高评价,对听话人认识立场的低评价(陈禹 2018)。可以发现,亲涉事实语义框架的构建不一定经过主观事实,在结构上的核心加工是增加高层小句,从而把事实表达嵌套在观念表达之中;在功能上的核心加工是排除听话人的协商角色,事实陈述让位于立场表达,亲涉事实的强势话语策略带来肯定、无疑以及轻说这些反意外的核心特征,目的是制造交际双方认知立场的差距。

　　由此可知,主观事实与亲涉事实层次的出现都是说话人与听话

---

　　①　合理句本质上也是引入条件成分,比如例(8.10)相当于"如果她的草棚修理了,那么这是早就应该做的"。

人博弈的结果,说话人希望获取听话人的肯定,对事实性语义框架进行了一系列加工,因而需要借助相应的语用功能手段。主观事实借助反事实功能增加辩驳逻辑链的复杂度,旨在以理服人;亲涉事实借助反意外功能取消交际一方的辩驳资格,本质是以势压人。

8.5　本　章　小　结

　　本章探讨了"X 早就 Y"构式的三类事实性表现及其语用功能,系统验证了反预期、反事实与反意外的功能特征,进而发现其语用功能之间是分化衍生的关系:反事实功能与反意外功能分别是从反预期功能中浮现的,构件"早就"的主观小量意义起到关键作用。语用功能分化的背后是事实性的不同层次,而事实性的层次是交际双方话语调节的博弈。主观事实与亲涉事实都是说话人取得优势的话语策略,相应语用功能能够较好配合策略的达成。另外,我们发现诸如含有"本来、早已、早都"这些先时成分的构式都跟"X 早就 Y"构式一样存在事实性的分化,限于篇幅暂不能展开更为全面的研究,其中的语言社区内部乃至跨语言共性也有待更深入的探索。

第九章　否定中的反意外

　　"才怪"是现代汉语中一种隐性否定构式,来源于反事实条件句,其语用功能莫衷一是。本章采用预期与意外学说的理论框架,通过对"才怪"构式的紧邻成分进行合取操作,得出反意外是其构式义的必要组成部分。借鉴反制约理论,我们可以描述反意外浮现的语用化路径,语用包装的机制发挥重要作用。同样是隐性否定,反问句可以让渡信息权威,但表达虚拟受限;"才怪"构式为代表的反事实构式完全准允虚拟表达,但难以让渡信息权威,其中的关键在于语用滞留的分殊。

9.1　隐性否定构式"才怪"

　　现代汉语中,位于句末的"才怪"通常表示否定意义,比如:

　　(9.1)跟修车的女儿在一起,长大不修车<u>才怪</u>。(刘震云《一地鸡毛》)

　　　　→跟修车的女儿在一起,长大**不可能**不修车。

　　例(9.1)中命题"长大不修车"添补"才怪"之后,蕴涵"长大不修车"的否定命题,我们有理由相信这否定是由"才怪"带来的。张谊生(1996)认为这是一种**感叹句式,表示推断必然**。关于推断必然,文章没有展开论述,但提示"才怪"几乎都要求前成分出现"不"或类似否定表达。不过,也有少数反例疑似之前并无否定,比如:

　　(9.2)明天的房钱还没指望,要能谈学问<u>才怪</u>!(老舍《婆婆话》)

　　"才怪"多配合否定,这是为什么? 少数情况也能配合肯定,条件又是什么? 此外,"才怪"后还可以添加"呢"等语气词,比如:

　　(9.3)丁尚武这人,要是在从前不闹点脾气<u>才怪呢</u>!(刘流《烈

火金刚》)

　　吕叔湘(1999：108)据此把"才怪"描述为**强调确定语气**。可是，一方面，究竟"强调"是指向"才怪"的否定意义，还是"才怪"之前的命题，可能需要进一步说明；另一方面，"确定语气"似乎跟"才怪"的语境有冲突，"才怪"只出现在未然句中。确定语气多表达已然事件，未然事件的确定语气是否存在？若存在，未然事件与已然事件的确定语气是否相同？这也需要进一步说明。

　　李宗江、王慧兰(2011：475)将"才怪"的释义修改为确信，并分出两个义项：一是前接假设，表示**确信假设不会发生**；二是构成"不……才怪"格式，表示**确信某事会发生**。虽然这种处理可以回应前接成分肯否定的差异，但是，以上两种情况是可能发生交叉的。那么如果既前接假设，又能构成"不……才怪"格式，是否应解读为：确信一个否定的假设会发生？语感上似乎难以把握这样解释的实质。

　　除此之外，"才怪"本身带有否定意义，而我们知道另一种常见的带有否定意义的手段是反问，两者有一定的相似性。马宁(2013)**认为"才怪"比反问的否定强度更强**。虽然马文没有给出否定强弱的判断标准，但是引出一个非常有意义的问题：作为隐性否定的手段，"才怪"与反问是否有区别？如果有，区别又是什么？

　　本章就以上有关"才怪"的问题，将在第二节重点讨论"才怪"作为一种句末构式与前后成分的互动关系，从而提取出其完整的构式意义。第三节将具体考察"才怪"构式所表达的语用功能是如何形成与实现的。第四节通过与反问构式的比较，寻找不同隐性否定手段导致的语用分化，以此探究隐性否定之于显性否定的系统性差异。

9.2　"才怪"的前后成分及其构式义

　　根据 CCL 语料库的调查，在除去不相关语料之后，所得到的383 条句末"才怪"构式的例句中，333 条的前接成分包含否定表达(占比约 86.9%)，出现的后接成分包括 138 个"呢"、39 个"哩"(两者共占比约 46.2％)。那么,前后成分的这些倾向究竟说明了什么问题呢?

9.2.1 前接成分的否定倾向及其效应

首先,最常见的前接成分还是包含否定副词"不"的组合,共有 320 条,比如:

(9.4) 夏琳那么骄傲一人儿,现在混成这样儿,嘴上不说,心里**不委屈才怪**呢!(石康《奋斗》)

其次,前接成分含有"没/没有",数量不多,共有 9 条,比如:

(9.5) 其实,以你的条件,**没有人追求才怪**呢!(岑凯伦《蜜糖儿》)

最后,这一类比较特殊,语例也不多,一共只有 4 例,即前接成分含"不"的可能补语,比如:

(9.6) 两个烤面包、一份开胃酒、一杯可乐、一份铁板黑椒牛扒和煎蛋通心粉,再加一个浓郁清香的玉米汤,**吃不饱才怪**呢!(林琳、何志雄《汕头人喜欢吃西餐》)

因为"才怪"本身具有否定意义,因此前接成分(记作 X)倾向使用否定,实际上是把整个"X＋才怪"塑造成一个**双重否定**的格局。吕叔湘(1985)指出双重否定不仅仅是单纯的肯定,而是对肯定的加强(如"没有一个不赞成")或者肯定的减弱(如"你不是不知道"),肯定加强则语气更为坚决,肯定减弱则语气较为缓和。那么究竟"否定……才怪"是肯定加强还是肯定减弱呢? 我们需要设计一套验证办法帮助测试,可以把含"否定……才怪"的小句放入动词"坚信"的宾语小句中,如果可以成立,则说明小句可以与坚决语气相容;再把同一小句放入动词"怀疑"的宾语小句中。按照鲁承发(2020)的论证,"怀疑"表示不很相信或者有点相信,语气都很缓和。如果可以成立,则说明小句可以与缓和语气相容,如下所示[1]:

(9.7) 我**坚信**他心里不委屈才怪。√

---

[1] 为了尽量控制变量,测试时对例(9.4)(9.5)(9.6)进行了一些修改,譬如除去句末语气词的影响。

　　　　我**怀疑**他心里不委屈才怪。×

　　(9.8) 我**坚信**没有人追求你才怪。√

　　　　我**怀疑**没有人追求你才怪。×

　　(9.9) 我**坚信**这么多食物吃不饱才怪。√

　　　　我**怀疑**这么多食物吃不饱才怪。×

　　通过以上**宾语小句测试**，可以看到"否定……才怪"这样的双重否定跟坚决的语气相容，而不能跟缓和的语气相容，所以我们有理由相信前接成分的否定倾向造成的一个比较明显的语用后果是：通过塑造一个双重否定，达到强化肯定的效果，显示语气的坚决。

　　9.2.2　后接成分的语气倾向及其效应

　　北京大学中文系 1955、1957 级语言班(1996：345)指出"哩"是"呢"的方言变体。也就是说后接成分的"呢"与"哩"可以看作同一个功能，而"呢"在陈述句中可以分出五种语气功能，分别是揣测、夸张、醒悟、不满、转折。

　　一是揣测语气。

　　(9.10) 说不定那幢新校舍躲在什么角落儿里呢。(北京大学中文系 1955、1957 级语言班 1996，下四例皆来源于此)

　　二是夸张语气。

　　(9.11) 钱老先生的劲头可大呢，什么都不服输。

　　三是醒悟语气。

　　(9.12) 差一点忘了，这还有一封信呢。

　　四是不满语气。

　　(9.13) 我才不稀罕你的同意呢。

　　五是转折语气。

　　(9.14) 不要说王三胜输给他，沙子龙也不是他的对手。不过呢，王三胜到底和老头子见了个高低，而沙子龙连句硬话也没敢说。

　　由于揣测语气是较为缓和的，而上一节提到"才怪"难以与缓和的语气相容，所以可以排除第一种情况。而第五种转折语气的分布限制性很强，必须附在转折标记后，所以也可以排除。所以需要重点离析的是第二到第四种语气功能，"才怪"之后的"呢"究竟是表夸张、醒悟还是不满，抑或兼而有之。这三种语气功能，形式标记比较少，需要进行语境分析。考察上下文，可以发现夸张语气是有迹可循的，一方面，表示极端程度的"死"经常在同一小句出现，比如：

（9.15）"我爸爸要是知道我来了这儿，不骂**死**了我才怪**呢**。"金枝说。（陈建功《皇城根》）

（9.16）范登高老婆说："你这个建议要不把有翼他爹气**死**才怪哩！人家就是怕有翼的翅膀长硬了，才半路把他从学校叫回来。"（赵树理《三里湾》）

另一方面，还存在运用夸张的修辞手法的情况，一般这样的描述超出常理，比如：

（9.17）得了吧你，我妈不**一脚把你踢出去**才怪呢。（石康《奋斗》）

（9.18）让加利福尼亚队挑战俄罗斯，不**被揍扁**才怪呢！（新华社 2004 年新闻报道）

无论把人"一脚踢出去"还是"揍扁"是违背常理的，都是夸张的修辞手法增强表达的效果，所以夸张语气的"呢"是可以与"才怪"相容的。再考察语境中负面评价的情况，比如：

（9.19）李梦**失望至极**：班长这弯子绕大了，我看他明白才怪呢。（兰晓龙《士兵突击》）

（9.20）人干得比全单位人的还要多；跑上，忙下，还有横向联系，**哼**，不病才怪呢！（李建永、戴东颖《撒娇的流派》）

"失望至极"与"哼"都明示后文的含"才怪"小句是说话人不满的表达。而不满表达基于说话人比较确信的预期，因此在这个意义上，"才怪"之后的"呢"与表现醒悟语气的"呢"或许存在抵牾。这是因为醒悟语气的来源是记忆的突然回归，是出于意料之外与情理之中的边缘地带，而表不满的"呢"跟"才怪"配合后衍生出轻蔑的语气，也就是 X 小句为真反而是奇怪的，这就暗示 X 为假是完全在说话人意料之中的。与此同时，不满语气和夸张语气的共通性也得以显现，正是因为说话人对于自己的某个预期非常确信，所以即使结果超出常规,极端夸张也毫不奇怪,依然没有出乎意料。夸张语气与不满语气的区别只是前者是表达确信的一种手段,而后者是表达确信的一种目的,所以不排除兼有的情况。从语境共现分析可知,后接成分语气词"呢/哩"倾向的语用后果是传递夸张或不满的语气,从而彰显说话人对于某个预期的确信,全然在意料之中。

9.2.3　前后成分的共通处与"才怪"的构式义

从以上讨论可以得知,"才怪"与前接成分否定倾向的共通之处在于强化肯定、语气坚决,与后接成分"呢/哩"倾向的共通之处在于彰显确信、合乎预期。在 CCL 语料库中,前后倾向性成分两者同时出现的数目是 163 例,占比 42.6%,等于说跟"才怪"构式取得某种功能上的一致性。我们知道"才怪"本身是有否定意义的,但肯定不仅仅是否定意义,那么,在否定意义之外,还有什么意义? 这个问题可以借助前后成分共通之处这个抓手进行推导。关键是如何将两者整合在同一维度进行考察,说话人的意外性可以作为沟通的桥梁。

先看前接成分。无论是强化肯定,还是坚决语气,说话人都是凸显句子所表达的事实,也就是最典型意义的强调,即徐晶凝(2000)所诠释的"重说"功能。既然是重说,那么说话人就是有意识地调节听话人的注意力,让对方格外注意所传达的信息(鲁莹 2020),那么在说话人看来,这段信息必然是反预期的,但是反的不是说话人自己的预期,而是听话人的预期,即**他反预期**(陈振宇,姜毅宁 2019)。强调是他反预期的典型代表,是因为如果这则信息符合听话人的预期,或者跟听话人预期无关,是没有必要专门增加标记来激发听话人额外的注意力;既然说话人是希望听话人"有意注意"这段内容,肯定是这段内容是听话人忽视或者反对的,也就对于听话人具有反预期性。他反预期的意外性是什么状况呢? 首先,他反预期可能是意外的,即伴随惊诧的自反预期,因为强调是一种较为强烈的情绪,而意外也是一种强烈的情绪,两者有相容之处,比如"**居然没有人不喜欢他**",而他反预期与自反预期也可以共存,所以意外是他反预期的一种可能的状况。其次,他反预期也有可能是反意外的,所谓反意外是说话人对意外的逆反,含有说话人自己丝毫不意外的态度,并暗示听话人没有意外的必要(陈禹 2018,2021a)。说话人强调一个自己认为不在话下的事实,比如"天下没有不散的筵席",因而他反预期跟反意外也是兼容的。唯独无法跟他反预期相容的是非意外,所谓非意外,就是跟意外无关,是一种中立的认识状态与情绪状态,多用于说明类的表述之中,比如"南京是六朝古都",一般不能进行双重否定。强调不可能是非意外是因为非意外的表达多是说话人故意呈现一种不偏不倚的客观性。虽然语言上的客观性本质上也是主观性的一种体现,但以强调为代表的他反预期本身几乎是客观性的反面。因为说话人使用明显的手段改造了信息传递的模式,以调控听话人的注意力,所以说话人的主体是"在场"的,无法做到客观性表述中主体的"缺席"。因而,他反预期排斥非意外的状况。综上,前接成分的意外性可以归纳为:**意外∨反意外**,意为取值是意外或者反意外。

再看后接成分。"呢/哩"的使用倾向表明说话人确信命题的判断,王珏(2020)将之称为肯定语气词,是以言者指向为主,提高命题可信度。不过,这并不表示跟听话人无关,而是不直接作用于听话人的预期之上,可以理解为说话人透露了一项自己非常有把握的信息,并提醒听话人这个信息及其把握程度。那么,如果放在意外性的维度考察确信语气,首要的一点就是该语气是跟说话人的预期相关:在说话人的信念之中,命题不仅为真,而且这种真实是早已在预期之中的,是一种**合预期**。于是,首先就排除了意外的情况,而且作为旁证,意外所常有的强烈情绪跟"呢/哩"相排斥,"呢/哩"往往展现一种较为缓和的情绪;同时,我们也可以用追补小句"这太意外了"来测试,比如:"×小张来过呢,这太意外了",结果表明确信语气与意外无法共存。再来考察反意外,陈禹(2021b)把反意外的特征归结为:① 显而易见(obviousness),② 舒缓(easiness),③ 准备充分(prepared mind),④ 解-反预期(de-counter-expectation),⑤ 已知信息

(given information)。合预期的确信语气与反意外五特征都可以匹配,出于篇幅原因,我们不一一测试。但典型的反意外,一定能后接小句"这毫不意外",比如"小张喜欢小王呢,这毫不意外"。因此合预期确信语气也包容反意外各个特征所蕴含的早有铺垫、轻描淡写或不在话下的风格。而非意外是可以与确信语气相容的,因为非意外作为一种中立的意外性,是在话语中没有透露说话人认识状态与相关情绪状态的表述,表现为无标记的信息结构安排与默认的立场态度,所以可以用强调事实报道与知识传达的说明类标记来验证,比如"**事实上,南京是六朝古都呢**"。使用"事实上"是说话人故意造成主体"缺席",从而尽量中立客观表述,依然可以后接"呢",说明"呢"完全可以包容非意外①。由此可知,后接成分的意外性是:**反意外 ∨ 非意外**,取值为非意外或者反意外。

张莹、陈振宇(2020)使用**合取操作**证明条件句在时间、情感与数量的制约下的事实性取值,即事实、非事实还是反事实。该方法论很有启发性,调查"才怪"构式除隐性否定之外的功能意义,可以对其倾向性前置成分的意外性特征与后置成分的意外性特征也进行特征集合的合取,即保留共有的元素,剔除不同的元素,合取结果也就恰好是"才怪"同样具备的特征,也就是把前后成分的倾向性作为制约因素,反推出"才怪"构式无法单纯从自身推导出的构式义。从本节讨论可知,前接成分的倾向特征是他反预期:意外 ∨ 反意外,后接成分的倾向特征是合预期:非意外 ∨ 反意外,那么,用合取操作可推知"才怪"的构式义包括:

他反预期&合预期⇒(意外 ∨ 反意外)&(反意外 ∨ 非意外)
⇒反意外

这表明,除否定之外,反意外也是"才怪"构式义的有机组成部分。

---

① 该方法用于客观性范畴的验证,而客观性跟非意外高度相关,因为本质上非意外有去主观性的一面,详见陈禹(2019)。

9.3　语用包装与"才怪"的语用化路径

　　"才怪"构式的反意外功能究竟是怎样产生的呢？我们知道"才怪"解读为隐性否定,是借助语用推理的后果:"X＋才怪"是"如果发生 X,这才是件奇怪的事",由此推导出"不奇怪的事是 X 不发生",奇怪的事是小概率的,因为发生得少,所以奇怪;而不奇怪的事是大概率的,是默认的情况、通常的情况,由此再推导出"X 大概率不发生",达成否定的功能。而反意外也是一种语用效应,涉及说话人认识、情绪以及立场,是跟命题意义无关,而跟人际功能相关的语气范畴(陈禹 2018)。因此,语用因素对于"才怪"构式意义的塑造起到极其重要的作用,考察其反意外功能的产生,就是探求各种语用因素是如何协同作用,使隐性否定衍生出反意外语气的,以勾勒出"才怪"构式的语用化路径。

　　语用化最早是由埃尔曼和科特西纳斯(Erman & Kotsinas 1993)提出,意指语言成分获得语用功能的历时过程。张秀松、张爱玲(2016,2017),张秀松、刘通(2020),张秀松(2020)通过对近代汉语话语标记和会话程式语的考察,发展了语用化理论学说,认为除了概念转喻、重新分析、语境吸收等语法化、词汇化共用机制以外,还有仪式化、语用模仿、重新解读、语境扩展等特有机制。

　　我们认为语用化还存在另外一种特有机制:**语用包装**(pragmatic packaging)。所谓语用包装是说话人借助某语言成分的相匹配语境,将该语言成分放入与之无关,甚至相反的新语境之中,从而让新语境获得相匹配语境的一些语用特点的过程。语用包装可以看作一种特殊的语境吸收,语言成分不仅把语境意义固化成自身新的意义,而且是将非匹配语境与其本身意义相协调的一种机制。这种语用化机制的理论来源是受到邢福义(1991)的启发。邢先生认为复句格式对复句语义关系有反制约作用,比如虚拟的复句格式可以来

说现实的事件关系,例(9.21)就是用"即使 p,也 q"以虚言实:

(9.21) 那几年<u>即使</u>天天挨饿,我<u>也</u>没叫过一声苦。(邢福义
1991,下三例皆引用于此)

= 那几年<u>虽然</u>天天挨饿,我<u>也</u>没叫过一声苦。

反之亦然,例(9.22)是用"既然 p,就 q"以实言虚:

(9.22) <u>既然</u>明天有可能,我们<u>就</u>再等一天吧。

= <u>要是</u>明天有可能,我们<u>就</u>再等一天吧。

同时,存在反预期的事件关系(邢先生称之为"逆转")也可以用没有反预期的复句格式(邢先生称之为"顺列"),比如例(9.23)用并列格式联系含有转折的内容,显顺隐逆:

(9.23) <u>一面</u>笑脸相迎,<u>一面</u>暗暗诅咒。

= 笑脸相迎,<u>却</u>暗暗诅咒。

当然对于并列的内容,也可以用转折格式联系,显逆隐顺,比如:

(9.24) 她比根林聪明,根林<u>却</u>比她成熟。

= 她比根林聪明,根林比她成熟。

除了**虚实**与**顺逆**之间的反制约,陈禹(2021b)增补了**轻重**反制约,意思是表示程度降低的格式可以联系事实上程度增高的内容,有时重转实际放在轻转关系之中,以轻配重,比如:

(9.25) 我才懒得管这些事儿呢。<u>只不过</u>,照片为什么摆在这儿?(陈建功《皇城根》)

= 我才懒得管这些事儿呢。<u>可是</u>,照片为什么摆在这儿?

"只不过"是最典型的轻转,而"可是"则是重转,或者以重配轻,比如用重转的"但是"表达实际是轻转"只是"的程度,比如:

(9.26) 其实我认识的人真的还有的还蛮有钱的,<u>但是</u>还比较有钱肯定不是那种富豪型的……(引自姚双云 2017:297－299)

= 其实我认识的人真的还有的还蛮有钱的,<u>只是</u>还比较有钱肯定不是那种富豪型的……

邢先生认为这种复句格式的反制约作用体现的是说话人的主观视点,跟客观事实可以不必完全一致,是一种基于语用的选择。

兰亚克(Langacker 2008：73－85)的观点更为激进,他把主观视点(perspective)作为语言组织最基本的特征之一,是人类一般认知能力在语言识解(construal)中的具体表现。而我们得到的启发是,一部分功能性语言成分不仅可以跟与之相匹配的语境进行组构,还有能力借助主观视点改造与之不相匹配的语境,淡化该语境的实际语用特点,突出功能性成分相匹配语境的语用特点,从而对当下语用功能加以包装,包装成说话人希望呈现的效果。那么,之所以我们认为"才怪"构式的反意外是通过语用包装的机制发展而来,是因为"才怪"的基本含义有时与实际语境出现矛盾,比如:

(9.27)人往往是怪相,住惯了星级酒店的主儿,若乍让他歇宿乡村鸡毛店,他不**跳起八丈高骂人**才怪。(张卫《你别无选择》)

"X＋才怪"本义是"如果发生 X,这才是件奇怪的事",换到例(9.27)中,就是"他不跳起八丈高骂人,这才是件奇怪的事",但"跳起八丈高骂人"才应该是超乎寻常、稀奇少见的,做不到反而是正常的。有时候 X 可能与奇怪与否关系非常疏远,但也用"才怪"进行否定,比如:

(9.28) 这种自命不凡的世家子弟,也会做这种不要脸的事,以后**我若再理他**才怪。(古龙《小李飞刀》)

＝这种自命不凡的世家子弟,也会做这种不要脸的事,以后我绝不会再理他。

因为"理"即理睬,是非常轻微的行动,无论是理还是不理都算不上奇怪的事。句子中的"若……才怪"其实等价于"决不会",表示说话人不容分说的口吻。但是这种不容分说跟常见或罕见并无关系,纯粹是说话人的执意选择。

由上述讨论可知,"才怪"可以放到与其基本含义并不匹配的语境之中,以实现语用上的反制约,把表达内容包装成说话人理想的效果。那么这种效果究竟是不是反意外?我们需要考察"才怪"的最典型语境,因为不匹配的语境的包装一定是故意显示最典型语境的常规语用特征,即在"X＋才怪"的使用中,X 必须稀罕离奇。从语

料中我们发现,X 还不能只是一个孤立的奇怪现象的陈述,比如:
"♯太阳从西边出来才怪"就会造成语用不适;X 的奇怪往往依赖前
文设定的某个条件,比如:

（9.29）世界排球运动在发展,中国队却在墨守成规,**这样不落
伍**才怪。(《人民日报》1994 年)

例(9.29)的隐性条件句是"才怪"的最典型语境,即在一定条件
S 下,X 不会发生,即 ¬X 确定发生。为什么不直接陈述"要是 S,X
不会发生",而是迂回借助"要是 S,X＋才怪"表达同样的意思？实际
上,上文已经谈到"X＋才怪"是一组紧缩的条件句,也就是在条件句
的结果小句中再嵌套一个条件句,我们知道这个含"才怪"的嵌套条
件句是反事实。袁毓林(2015)提出汉语的反事实条件句有明显的
情感倾向,并且指出由此生发的汉语反事实推理的隐秘特点是:重
结果对比而轻因果推理。借助勒泽(Roese 1994)对反事实作用的两
分,袁先生推论结果对比会让结论更加极端:想象反事实的正面结
果,容易造成对现实的更为不满,产生遗憾、后悔、内疚、自责等情
绪,比如"要是当时再努力一点就好了"(遗憾);想象反事实的负面
结果,让说话人对现实更加满意,产生庆幸、知足、自满等情绪,比如
"要是当时晚一分钟就糟了"(庆幸)。而"才怪"是反事实的负面结
果,因此说话人采用这种反事实条件句展现的是对现实更加满意的态
度,而反意外也是一种说话人富有优越感的认识状态(陈禹 2018),
是说话人站在更强势的认识立场的语气,带有自满的属性。

"X＋才怪"反事实推理恰好作用在认识状态之上,因为前文我
们已经看到一般使用"X＋才怪"时,之前往往会设定一个条件。根
据这个条件,说话人会作出一个判断,这个判断多是基于已有条件
与主观认识的一种推测①,也是认识状态的表现。推测部分又分为
X 与"才怪"这一组紧缩的条件与结论。"才怪"是结论,是针对反事
实的一种负面评价,而且评价不仅仅是错误,而且还是"怪",说明反

---

① 虽然少部分可能是言语行为,但最典型的还是对未然之事的推测。

事实的情况是荒谬的,即在理智上根本说不通。所以,小条件 X 不符合常理,那么,大结论的推测就是 X 的反面就是常理,常理是毋庸置疑、不言而喻的,是不必大惊小怪的,从而排斥意外的必要,反意外也就从这种无疑性、自明性中浮现出来。

小结一下本节内容,因为典型语境中的"才怪"构式处在一组嵌套的条件句之中,是大条件句的结论,多表现为推测这样的认识行为。而"X＋才怪"本身又构成一组紧缩的反事实条件句,通过反事实推理,强调 X 的荒谬,进而浮现说话人认识状态上的优越态度,反意外语气由此浮现出来。典型语境中的"才怪"构式可以移用到非典型的语境之中,从而包装出同样的语用效果,尽管 X 可能毫不奇怪甚至平常至极,但说话人可以借助格式对意义的反制约作用,通过主观视点的调控,凸显反意外语用意义。反意外是"才怪"基于自身本有的词汇意义,反向制约所在句子的语境意义,是一种在语用功能上的语境吸收,是说话人利用"才怪"构式营造出其最典型语境下由反事实推理所造成的效果。

9.4　反事实否定与反问否定的分化

"才怪"最直接的语用功能是否定,反意外是借助反事实推理的语用后果。而另一种常见的隐性否定格式莫过于反问,甚至否定可以看作反问句最核心的功能(胡德明 2010：292)。那么,"才怪"构式的隐性否定和反问的隐性否定是否有区别? 这是个非常难回答的问题,因为反问最直接的衍生功能：辩驳与责怨(胡德明 2010：308),"才怪"构式都能找到对应语料,比如：

(9.30)"啥地洞? 咱磨房**咋会有地洞**?""哼哼,没地洞,干你们这行没地洞**才怪**哩! 给我扒!"(李晓明《平原枪声》)

(9.31)"我要有主意**才怪**!"孙七很着急,很**气愤**,但是没有主意。(金庸《天龙八部》)

例(9.30)是辩驳,后一说话人对前一说话人的判断进行否定;例

(9.31)是责怨,后文的"气愤"暗示前文"才怪"的使用是对听话人的反同盟(unaligned),也是通过否定达成负面评价。我们可以看到,由于辩驳与责怨功能都是直接由否定引发,因而两者并不能显示出明显的差别,虽然可能在分布倾向上有所差异,但是倾向性区别很大程度上受制于样本规模,而且倾向性解说虽然稳妥周全,然而缺乏理论力度,无法窥探两者的本质差异。而且反问,尤其是轻微反问也完全可以承载反意外语气(陈禹 2021a)。于是,我们不妨尝试**转换分析法**,先找出"才怪"构式与反问构式的区别性语境。

张文贤、乐耀(2018)借助拉波来和范谢尔(Labov & Fanshel 1977:100)的 AB-events 理论,把反问句根据反问内容的已知情况分成了四种:(一) 说话人单方面已知内容,(二) 听话人单方面已知内容,(三) 双方都已知内容,(四)常识内容①。我们发现第(一)(四)类反问句可以转化为"才怪"构式,但(二)(三)则不行。

(一) 说话人单方面已知内容:

(9.32)<u>我哪儿做得了这主啊</u>(/√我做得了这主才怪),爷爷早上就出去办这事儿去了。(引自张文贤,乐耀 2018,下三例皆是)

(二) 听话人单方面已知内容:

(9.33)爸,您这是干什么? <u>你干吗把我洗澡大盆也拿来呀?</u>(/×你把我洗澡大盆也拿来才怪)

(三) 双方都已知内容:

(9.34)没有! 根本没有! 和平,<u>你在背后不也总说咱爸是个明白人吗?</u>(/×你在背后不也总说咱爸是个明白人才怪)

(四) 常识内容:

(9.35)你自己都不重视,<u>人家怎么会重视呢?</u>(/√人家会重视才怪)

以上四类但凡听话人有可能是信息权威,就不能转换成"才怪"

---

① 原文把这四类称作"基于 A-events 的反问""基于 B-events 的反问""基于 AB-events 的反问"与"基于 O-events 的反问",但其实质就是已知内容在听说双方的分布。

构式。说话人单方面已知内容是必然的说话人权威；听话人单方面已知内容是必然的听话人权威；而双方都已知的内容，由于反问依然是在索求信息，所以听话人依然是可能的信息权威；但常识内容是说话人选取的人人都应该知道的信息，摆出常识可以是表示听话人没有注意到，也可以表示听话人缺乏常识，所以在这种条件下，听话人不可能是信息权威。

上文已经提到，"才怪"构式中前接小句往往可以使用夸张手段，夸张是一种修辞格，是对常规表达的偏离，以加强表达效果（王希杰 2014：14）。我们发现一旦"才怪"构式是偏离常规的夸张，就不再能转换为反问句，比如：

（9.36）要是让乃亭他们知道，<u>不笑掉大牙才怪</u>。（/×怎么不笑掉大牙？）（于晴《红苹果之恋》）

（9.37）谁若娶了她这种尖嘴滑舌的女人，<u>不被她吵死才怪</u>！（/×难道不被她吵死？）（古龙《陆小凤传奇》）

反问句当听话人为信息权威时，反问句依然有疑问的作用。尽管已经有明显的否定意味，但听话人完全可以当作一般疑问来正面回答。也就是说在这两种情况下，反问句滞留了疑问这一先在功能，而说话人为信息权威时，语用化得更为彻底，几乎失去了疑问功能，更接近单纯的否定功能。

"才怪"构式来源于反事实条件句，而反事实可以是违背事实，也可以是超越事实，前者是设想跟现实截然相反之事，可记作"违实性"；后者是设想现实不可能存在之事，可记作"虚拟性"。夸张多是对事物的数量、程度、效应进行扩展，表现成一种不可能的虚拟状态，即偏离常规。所以"才怪"构式包容夸张也是反事实条件句在虚拟性上的滞留。

不能进行转换的原因正是在于虽然在隐性否定上，反问与反事实可以取得统一，但在来源上毕竟会受到原有语用功能的影响，类似于语法化成分在词汇义上的语义滞留，语用成分在原有语用功能上的保守性称之为**语用滞留**（pragmatic persistence）。所以，虽然反问句和反事实条件句①都逐渐发展出隐性否定的语用功能,但是在表现上有各自的优势之处:反问句在否定之中可兼顾信息的问询,而反事实句在否定之中可兼顾夸张的修辞。

基于此,我们可以回答为什么部分研究中认定"才怪"构式的否定强度要大于反问句。因为"才怪"构式可以兼顾夸张,夸张伴随的程度量级可以是极端大的,而反问句却抑制夸张,也就不具备极端大量的否定能力。反之,反问句由于兼顾信息问询,等于在否定功能上存在相对不确定性,削弱了否定的语力,而"才怪"构式不存在这个情况。从整体上看,"才怪"构式否定比反问句的上限更高,反问句比"才怪"构式下限更低,因此观感上,"才怪"的否定显得更强。

9.5 本 章 小 结

本章围绕隐性否定构式"才怪",着重讨论了其构式义中的反意外功能,已有释义中确定或者确信的说法都源自反意外彰显的自明性。借助形式对意义的反制约视角,我们描述"才怪"语用化的一种可能路径,并认为语用包装是反意外在各种语境下统一浮现的重要机制。比较反问句的隐性否定,构式"才怪"出于功能来源的差异,更容易在否定中兼具夸张,却不可把信息权威让渡给听话人;反问句则恰好相反。显然,无论是反事实条件句的语用迁移还是隐性否定的多重表现,本章只是领略冰山一角,但是完全可以预见,其中包含众多有意思且有意义的语言事实和理论探索,有待时贤方家继续发现。

---

① 除"才怪"构式外,位于句末的反事实否定构式还有武汉话中的"才巧"、光山话中的"才蹊跷"、宜春话中的"还不得了哦"、武义话中的"别奇怪吧"、温州话中的"有鬼"。兰州话、富阳话、台州话、宁波话、绍兴话没有发现类似构式,或者是使用整合度比较低的小句形式。

第十章 力动态框架下的反意外

"反正"的归类、释义与用法都表现出一定的复杂性。本章借助经典认知语义学的力动态模型，指出"反正"的使用关键是制造一组静止趋向的主力体克服运动趋向的抗力体，以保持静止的语力格局。力动态解释的优势之一是可以有效回应不合法用例带来的挑战；优势之二是帮助明确"反正"的实质是制造反意外与意外的对立，以便增强说话人言语的取效行为。基于这种对立，"反正"既可以反映认识状态，也可以用作价值判断。

10.1 "反正"的困难

"反正"是现代汉语中一个相当常见的词语，但它在归类、释义与用法三个方面都表现出一定的复杂性。

归类的复杂性体现在"反正"的定位模糊。宗守云、高晓霞(1999)认为它是起到篇章衔接作用的联系副词。张谊生(2000：21)将之置于评注性副词大类。徐晶凝(2000)、罗耀华(2011)以及黄晓红(2015)将之纳入语气副词。董正存(2008)将之归入情态副词，同时把话语标记作为一个小类。称谓上各家都存在细微差异暂且不论，但在特定语境中，究竟是联系副词、评注性／语气／情态副词还是话语标记，其实并不容易分辨，比如：

(10.1) 左右看，没人，他的心跳起来，试试看吧，<u>反正</u>也无家可归，被人逮住就逮住吧。(老舍《骆驼祥子》)

释义的复杂性体现为"反正"的内涵抽象。解释起来只能采取笼统的描述，甚至是相似成分的类比。王自强(1998：69-70)认为"反正"可分成类似"横竖、总归"与"既然"的两个意思。吕叔湘(1999：

199)将此描述为两个义项：强调在任何情况下都不改变结论或结果；指明情况或原因，语气较强。王还(1999：127-128)在吕说的基础上，进一步细化出两个义项：强调某一情况的真实性，或表示坚定决心；引出很有把握的判断，然后加以阐述。董正存(2008)指出类似"总之"。上述义项之间存在似有似无、若隐若现的联系，其中一以贯之的脉络有待归纳理清。根据已有成果，我们分解为如下表述：

(10.2) **结论不变义**：无论什么好听的口号，<u>反正</u>不过是那么一回事。(茅盾《蚀》)

情况真实义：<u>反正</u>蹬三轮的不偷不抢，比你强得多！(老舍《龙须沟》)

坚定决心义：你愿意养你就养着，<u>反正</u>我不要！(赵树理《小二黑结婚》)

指明原因义：我名气<u>反正</u>坏透了，今天索性欺负你一下……(钱锺书《围城》)

用法的复杂性体现在"反正"的功能虚灵。有经常搭配的组合，但可以不受其约束；具体用途又要通过语境进行解读。侯学超(1998：195-197)的描述很有代表性，分为复句与单句各两种用法。在复句中，用法之一是在后一个分句，上文常有并立两项甚至多项的联合短语，标志词有"管他、不管、无论"等；用法之二是在前一个分句，对分句内容进行肯定，再推出结论。在单句中，用法之一是"反正"对既成事实的再次肯定；用法之二是对坚决态度的语气加强。这四种功能跟四类义项有对应关系，但是柏阳、吴颖(2012)发现"反正"还有填补话语空白的程序用法，说话人因为思维中断或者心理紧张，会多次重复"反正"调整组织语言，比如：

(10.3) 有时候上岁数人和上岁数人在一块待着，有时候说话什么的挺那什么的，<u>反正</u>这也<u>反正</u>说话<u>反正</u>，一个人<u>反正</u>我觉得<u>反正</u>从大体可能好像意思是一个人和一个人说话好像都不怎么太一样……(1982年北京话调查资料)

那么，"反正"在复句中、在单句中以及作为话语标记等用法是否具备相通之处？共同的语用基础又在哪里？这些疑问亟待新的范式进行理论整合。

前贤关于"反正"的研究描写细致，语感贴切，都具有很高的理论意义和应用价值。只是"反正"形义自身有不少纠结，造成定位模糊、内涵抽象、功能虚灵这三方面困难。因而本章尝试采用统一解释的思路，从人类普遍认知能力的角度，解答"反正"所属范畴、语义识解以及语用动因。为此，有必要引进认知语义学的经典模型：力动态模型。

10.2　理论基础：力动态模型

认知语义学框架下的力动态模型由泰尔米(Talmy 2000：§7)系统提出。最初是在致使结构的研究中，涉及对语义实体之间关系的概括。泰尔米将力动态拓展到因果与转折关系的研究中，并深化了力动态的理论内涵，提出了二元对立的力动态图式，细化了语言中力之间相互作用的具体表现。力动态模型的要旨包括：语言中普遍存在两项对抗的施力实体，即主力体(agonist)与抗力体(antagonist)。主力体是注意焦点所在的施力实体，图示为一个圆圈；抗力体则是阻碍主力体顺利实现的施力实体，图示为有一个凹边的四边形。虽然主力体是注意焦点之所在，但是主力体既有可能克服抗力体，也有可能被抗力体改变状态，强势的一方会标识一个"＋"。"＞"指主力体趋向运动，"●"指主力体趋向静止。而最终主力体的结果状态，需要在上面两符号中间画一条贯穿的横线，分别表示结果运动或静止。如图10所示。

图10.1a的含义是主力体趋向静止，但抗力体更强，致使主力体被迫运动，比如：

(10.4) 我半夜醒来，因为外面有人吵闹。

图10.1b是指主力体趋向静止，并且强于抗力体，于是可以不受影响保持静止，比如：

(10.5) 我睡得安稳，尽管窗外雨声潺潺。

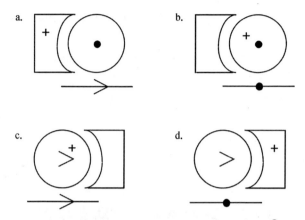

图 10.1　基础常态力动态模型(Talmy 2000：415)①

　　图 10.1c 则是主力体趋向运动,同时比抗力体强,这样就克服阻碍,顺利运动,比如:

　　(10.6) 他不停奔跑,尽管鞋底已被磨破。

　　图 10.1d 的主力体也是趋向运动,但不及抗力体的强度,遭到阻碍而静止,比如:

　　(10.7) 他不能再跑,因为前方是片悬崖。

　　力动态模型是非常有洞察力的,不仅揭示了因果与转折这两种语义关系的共通之处,刻画其背后所反映的普遍认知能力,而且也深刻诠释了诸如反事实推理等普遍认知能力本身的概念象征性。袁毓林(2020)指出,反事实推理的心智基石就是,如果抗力体不再存在,那么主力体的结果状态会出现什么变化。比如例(10.4)改为反事实推理,可以说成"要不是外面有人吵闹,我就不会半夜醒来",可见说话人把"外面有人吵闹"这个抗力体设想为缺失状态,也就可以讨论主力体可能的相应变化。

　　针对汉语语义的力动态模型解释,近年来涌现出不少个案研

———————————

　　①　原著还讨论了变化状态和次要常态的力动态模型,限于篇幅,本章暂不全部介绍。

究。邱贤、刘正光(2009)认为受事主语句的有生主语需要力动态中和的识解。李帅(2015)基于力动态模型讨论了"堕、陷"类动词消极语义韵的成因。胡雪婵、吴长安(2016)探讨了成语的语义韵演变的力动态机制。王佳敏、罗思明(2018)关注力动态的方向性,以分析英汉矢量动词的共性与个性。王文斌、吴可(2019)指出汉语动结式一类典型构式借助力动态关系引入致使意义。

但更值得注意的是语用研究的力动态思路。刘森林(2010)从宏观上描述了语用力动力构建的语用力动力场。莫启扬、段芸(2012)运用力动态模型赋予言语行为理论中"言则行"、取效行为(perlocutionary act)以及语力更为完整的定义。程璐璐、尚晓明(2017)更是用取效行为的语力的力动态模型观察儿童的语用发展。李成陈、江桂英(2017)进一步发展此框架,阐释社交软件表情"笑哭"的论证与缓和功能。江桂英、孙少文(2018)则根据信念与行为的不同取值,将取效行为分为四类力动态。

综合学界已有基于力动态的研究可以发现三个趋势。一是逐渐从物理力向非物理力拓展,多站在心理力、社会力的力动态视角观察。二是强化取效行为、语用效果在力动态框架中的各种表现,细分成各种次范畴,把作为人类行为的语言的考察逐渐推向深入。三是利用力动态模型将语篇、语境等诸多要素整合在交际双方的博弈之中,对于复杂虚灵的语言互动敏感成分展现出良好的解释力。因此,我们认为力动态模型正好可有效回应"反正"呈现的困难。

10.3 "反正"的力动态解释

一个完备的解释方案不仅要解释正确的句子为什么可以说,还要解释错误的句子为什么不能说。黄晓红(2015)提供了国际汉语教育教学实践过程中的第一手材料,发现外国学生会造出以下这些不合语法的句子:

(10.8)反正金汉成病了,为什么不回家休息呢? ×

(10.9) <u>反正</u>下雨了,我们别去散步了。×

(10.10) 明天又是星期二了,今天晚上我<u>反正</u>都要把作文写完。×

虽然对于这些错误,作者给出了一定的解释,诸如教材释义的误导、母语负迁移等,但是我们仍然无从得知,这些句子为什么在本族人的语感中是错误的? 到底是违反了"反正"对哪些方面的要求? 而且根据对已有释义的总结,例句(10.8)(10.9)(10.10)正好分别对应指明原因义、情况真实义与坚定决心义,把"反正"分别替换为"既然""真的""一定"这些典型表原因、真实和决心的副词,句子又能够成立了。甚至我们从语料中还可以找到典型结论不变义的不合语法句子,比如:

(10.11) 无论什么时候找我都可以。(《汉语近义词词典》)

无论什么时候<u>反正</u>找我都可以。×

而根据力动态模型,我们可以判断,以上句子中的"反正"之所以不能成立,原因就在于:句子呈现的主力体与抗力体的力量对比和结果状态不符合"反正"的要求。李宏(1999)、黄晓红(2015)的"常量/变量"用法梳理已经隐约触及"反正"所要求的力量对比和结果状态。常量就是"反正"小句所展示的情状,而变量就是直接诱发说话人言说常量情状的其他情状。其用法见表 10.1。

表 10.1 "反正"用法的常量/变量分析①

		使用动机	典型提示词	例　　句
变量不确定	客观上不可控制	明确态度	不管、无论	不管你去不去,<u>反正</u>我去。
	主观上无法说清	转移视点	不知道、不清楚	丢了多少不清楚,<u>反正</u>丢了。

① 本表是根据李宏(1999)、黄晓红(2015)的论述所作的概括,其中有我们自己的理解:分类没有完全按照原文,使用动机有些有删减,典型提示词没有全部罗列,例句有改动。如要引用,请参考原文。

续　表

		使用动机	典型提示词	例　　句
变量确定	客观上无关紧要	满不在乎	没关系、无所谓	贵点无所谓,反正不花自己的钱。
	主观上不受影响	劝慰提醒	别……、不如……	别着急,反正不是什么要紧事。

　　值得肯定的是,上表对于汉语教学的帮助非常直观。但是作为理论探讨,我们发现有这样几个问题:一是"反正"用法的类别可以是变量确定,也可以是变量不确定,那么变量确不确定其实跟"反正"小句本身没有关系,也就是变量的确定性是常量的无关因素。二是"不可控制""无法说清""无关紧要""不受影响"这些对于变量的表述,都含有否定性,那么变量的某种否定跟常量的关联尚未被明确揭示出来。三是使用动机中,明确态度和满不在乎之间,转移视点和劝慰提醒之间是完全可以存在交叉重合的,或许有更高层的共性需要进行提炼。

　　因此,在充分继承前贤成果的基础之上,我们认为变量的实质是充当一种抗力体,而常量的实质是主力体。首先,抗力体的确定性与主力体不发生关系,是阻碍性与主力体发生关系,这种阻碍可以是客观上的阻碍,也可以是主观上的阻碍。其次,主力体对于抗力体一定是克服的,也就是说主力体的强度一定大于抗力体,所以抗力体才会表现出一系列否定性,也就是抗力体的趋向状态被否定,而主力体的趋向状态得以肯定。最后,因为抗力体对主力体的阻碍是分为客观与主观两个层面的,因此主力体对抗力体的克服也分别在客观与主观两个层面,而在客观层面与主观层面内部,"反正"的语用功能具有一定的一致性。

　　那么,力动态模型怎么解释例(10.8)至例(10.11)的不合法呢?最关键的原因在于,"反正"要求其主力体趋于静止,其抗力体趋于运动,而主力体克服了抗力体的阻碍,最终的结果状态是一种静止状态。注意,这里的运动与静止状态不是物理意义上的运动与静止,而是心理/社会意义上的,可以抽象成一种情状的变化与不变。因此,我们可以进一步把"反正"的力动态理解为:主力体是"反正"所标识小句的取效行为,抗力体则是语境中可分析出的对该取效行为的阻碍,主力体一定是某种情状的不变,而抗力体一定是这种情状的变化,在说话者看来,不变一定是压倒变化的。

例(10.8)的问题是主力体较弱。"反正"小句的取效行为是"**金汉成病了应该回家休息**",但说话人的推论却采用疑问的形式"**为什么不回家休息呢**",疑问是不确定信息,不确定信息的力度相对较弱的,所以主力体无法保证克服抗力体"不回家休息"带来的阻碍,也就不符合"反正"力动态的基本要求。改成"反正金汉成病了,不如回家休息"就成立了,因为推论的提议斩钉截铁,提高了主力体的力度。

例(10.9)不合法的症结是主力体是变化的。句子发生的情景是原本计划去散步,但是因为下雨,说话人建议取消计划。那么这样一来,"反正"小句所标识的"**下雨了**"不是不变的情状,而是临时出现的变化,这就与"反正"主力体所要求的静止趋势,也就是情状不变相违背,而把句子改成"反正下雨,我们就不散步了"就可以成立了,原因就是这就不再是一种新的变化,而是说话人坚持不变的信念。

例(10.10)缺少一个可还原的抗力体。"反正"所在小句"**今天晚上我都要把作文写完**"是说话人的承诺,足够强力,但从语境中我们无法找到该取效行为所对应的阻碍,力动态也就失去了一环,而"反正"是一定需要一组二元力量对比的。因此如果句子要成立,需要添加一个抗力体,比如"**无论什么时候交,今天晚上我反正都要把作文写完**",因为时间太长可能没必要尽快完成,这就构成了一个可还原的抗力体。

例(10.11)如果添加"反正",则抗力体太强,主力体未必能够克服。"反正"标识小句是一个邀请行为,希望听话人"找我",而不用顾及时间,但是抗力体不仅仅是时间,更直接的抗力体是听话人的意愿,如果听话人没有意愿,或者是一些条件改变了他的意愿,最终都无法达到主力体所表示的取效行为,因此主力体是否能够克服是悬而未决的。说话人无法把主力体与抗力体的力量对比寄托在听话人身上,因为此时的信息状态一定是听话人大于说话人的。改成"**无论什么时候反正我都可以等你来**"就可以了,因为说话人是完全可以保证自己对自己意愿的权威性,保证主力体克服抗力体的必然性。

综上可以了解到,"反正"的用法实际要满足其力动态的基本要求,该要求从正反两个层面解释"反正"的语用功能。但是主力体、抗力体具有一定的抽象性,它们的实质是否对应某些功能范畴? 而所谓主力体要求的情状不变,抗力体要求的情状变化究竟是交际双方在哪一种具体的普遍认知机制上进行互动? 这种功能范畴的确定与认知机制的互动能否找到历史演化的证据?

10.4　主力体与抗力体的实质

在调查语料中,我们发现一处特别有趣的现象。语料的范围是CCL 语料库中典范的现代白话文文学著作全部出现"反正"的句子,共 487 例。"反正"所在小句使用疑问句的仅有 1 例,如下所示:

(10.12)往下说呀,王五! 都说了吧,**反正我还能拉老婆舌头**? (老舍《黑白李》)

其实上例中的疑问也不是真性疑问,即有疑而问,而是反问,强调"反正"后面的命题完全不可能。但是"反正"紧邻的前一小句使用疑问的有 25 例,而且包括真性疑问。比如:

(10.13)行头怎么办呢? 我**反正不能随便从箱里提溜出一件就披在身上**! (老舍《四世同堂》)

(10.14)为什么要去? **反正人家也不欢迎我**。(林徽因《九十九度中》)

如果说语料的调查只是经验的证明,那么从内涵方面,已有语义的梳理,无论是结论不变义、情况真实义、坚定决心义还是指明原因义,都表明"反正"标识小句排斥不确定信息,因为以上义项中的不变、真实、坚定与指明都反映这则信息是说话人确定无疑的,而真性疑问是包含不确定信息的,因此,"反正"小句非常排斥疑问也就有理可循。然而,其紧邻小句又不排斥真性疑问,而"反正"小句极有可能是针对该小句作出的回应。所以,"反正"力动态的对立可以是信息的确定性与信息的不确定的对立,正好对应表10.1前两栏的解释,而后两栏可以类推为在主观或者客观上信息有价值和无价值的对立。要是把"反正"小句所显示的信息确定性与无价值为一组,而把相关小句所显示的信息不确定性与有价值为另一组,两组表现出的对立的上位概念是什么? 我们认为是反意外与意外的对立。

意外范畴作为语言类型学的常见范畴已有材料翔实、理论深入的讨论。德兰西(DeLancey 1997,2001,2012)详细探讨了意外范畴与示证范畴的差别,将意外范畴作为一个独立的语法成分标记话语中的新信息与非预知信息,并且区分了语义上的意外性与语法上的意外范畴。亨格维尔德和奥尔贝茨(Hengeveld & Olbertz 2012)则强调意外范畴最重要的特征是认知新颖性(newness)与新闻价值性(newsworthiness),而且不仅仅针对说话人,有的还针对听话人,标记对新信息的未知与渴求。艾肯瓦尔德(Aikhenvald 2012)细化了意外范畴的内涵,不过是从语义角度谈的,认为典型的意外标记应该涵盖以下五点语义内容:1) 恍然大悟,2) 惊诧,3) 准备不足,4) 反预期,5) 新信息。

反意外范畴一方面借助意外范畴的已有认识进行理论镜像的补充,另一方面也是试图对合预期、主观小量、反问、轻转等密切相关但又分类模糊的语气类型的归总。陈禹(2018)主要分析反意外与合预期、主观小量的异同,从而把反意外定义为"说话人意料之中,或者打消听话人意料之外的话语范畴"。但陈禹(2021a,2021b)通过对反意外有关反问和轻转的演化机制考察,发现除了认识状态上对意外的逆反,反意外还包括价值判断上对意外的违背。也就是说,反意外不仅是旧知识,而且是没什么价值的信息,这种价值判断是说话人所预设的双方的交际前提。所以在一般意义上，反意外意义可表述为：说话人自己毫不意外，听话人不应意外，按照常识也不可能意外。反意外标记就是承担这种意义的成分或构式。

"反正"力动态的主力体正是表达反意外，也就是说"反正"本身标记的信息是反意外信息，传达的也是反意外语气。同时，抗力体表达的是意外，即跟"反正"小句相关，作为其谈论基础的小句传达的是意外信息或者意外语气。首先，反意外与意外的对立回答了为什么"反正"所在小句不宜为真性疑问，而邻近小句却可以，因为真性疑问句是对非预知或未知信息的诉求，是典型的亨格维尔德和奥尔贝茨（Hengeveld & Olbertz 2012）所提及的针对听话人的意外性①。真性疑问句恰好跟"反正"小句的反意外性相斥，而跟邻近相关小句的意外性相融。其次，反意外与意外的对立明确了"反正"力动态模型中主力体与抗力体的力量对比，即"反正"是针对某种意外的可能性，说话人提出反意外的实情，从而形成阻碍-克服的格局，而意外意味着不确定，反映情状的变化不居，而反意外意味着确定，反映的则是情状的恒常不变。而"反正"小句的信息是说话人意欲贯彻的取效行为，所以不变的语力大于变化。最后，"反正"用法之中客观、主观的分化也可以很好对应意外-反意外的双重性。上文提到表客观与主观的义项之间往往存在共通性，但是主客意义的区别还是非常明显的，而意外-反意外根据艾肯瓦尔德（Aikhenvald 2012）的观点，具有认识和情绪的双重性，意外不仅是说话人表明新信息带来的认识状态改变，并且往往伴随新信息突如其来造成的情绪转变。反意外也存在类似双重性：转移视点和劝慰提醒是认识上的调整，而明确态度和满不在乎则是情绪上的坚持。

---

①　陈振宇、杜克华（2015）的观点不同，他们认为中立疑问不是意外，只有偏向疑问才是意外，因为中立疑问信疑各半，而且不强迫对方立刻回答。但这两个依据似乎跟意外的经典定义有出入，意外的一个核心特征是新信息，这是类型学中的意外理论三家的共识，那么信疑比例和疑问语力都不应该是意外范畴判断的核心特征，而应该是新信息的传达或者获得。

我们可以采用置换对比法与替换对比法测试"反正"所要求的这种意外-反意外对立。在认识状态的层面上,意外倾向表达特殊,而反意外倾向表达一般,所以如果"反正"关联的两小句是特殊-一般格局,在不添加特殊语境的条件下,往往不能置换位置,比如:

（10.15）苏格拉底死了,反正人都是会死的。√

人都是会死的,反正苏格拉底死了。×

同样是认识状态,意外有时对应陌生,而反意外对应熟悉。因为熟悉性跟新颖性与新闻价值性呈反相关,越是熟悉的,就越是不在话下、准备充分的反意外信息,所以如果"反正"关联的两小句是陌生-熟悉格局,在不添加特殊语境的条件下,也不能置换位置,比如:

（10.16）这是车厘子,反正就是种樱桃。√

这是种樱桃,反正就是车厘子。×

另外在认识状态中,涉己的信息说话人具有最高的认识权威,而涉他的信息说话人的认识权威是不能企及涉己信息的。因此涉他信息比涉己信息更容易展现意外,如果"反正"形成涉己-涉他的对立时,则在不添加特殊语境的条件下,也不能替换人称,比如:

（10.17）不管他懂不懂,反正我懂了。√

不管我懂不懂,反正他懂了。×

除此之外,还有价值判断,"反正"小句提供的信息倾向重要性弱,有时具体体现为不那么要紧,或者不那么急切。因为反意外的主要语气效应就是把事情往小处、低处与轻处说(陈禹 2021a),所以在不添加特殊语境的条件下,一般不能替换成急切要紧的信息,比如:

（10.18）慢点儿,反正时间足够了。√

快点儿,反正时间不够了。×

综上,"反正"直接标识的小句往往是一般的、熟悉的、涉己的、轻说的,作为说话人语力的主力体,而"反正"小句的针对小句是特殊的、陌生的、涉他的、重说的,作为抗力体。主力体与抗力体的关系是反意外与意外的关系,前者一定得形成对后者的克服①。反意外带来说话人的压力减小,一定程度上缓解了在线话语生成的思维中断与心理紧张,使"反正"浮现填补话语空白的话语标记的用法。

但是存在一个疑问,就是"反正"这种反意外与意外的对立是否有历史演化的依据。董正存(2008)的调查结论是"反正"这种语气用法是突然出现的,"长短""左右""横竖""死活""高低"这些表示极性对立的词组在近代汉语成批的转化,表示一种情状的周遍性与普适性,之前缺少过渡阶段的用例。董文认为这不是语法化的产物,而是利用现有极性对立语素进行的造词现象②。如果把"反正"看作一种造词现象,那么之所以其用法如此虚灵,而且语气用法的使用频度远超其他相似的极性对立副词,就在于其词语构件是最抽象、最显著的极性对立,是因为所有这种对立都可以概括为一反一正,可以作为其他所有相似副词的上位概念。通过极性对立涵盖整个情状,整个情状的周遍性与普适性也就暗示该情状在认识上不会出乎意料(因为司空见惯),在价值上也不应出乎意料(因为俯拾皆是),同时凸显反意外中的逆反属性。

10.5 本 章 小 结

本章从"反正"在归类、释义与用法上表现的困难出发,尝试采用力动态模型进行统一解释,认为"反正"的核心语用机制是针对各种情状的变化。并让这些变化作为抗力体,说话人传达某种情状不变,并使这种保持作为主力体,从而增强说话人言语的取效行为力度,凸显主力体的静止趋向,以克服变化带来的不确定性。而"反

---

① 注意不可以是非意外,非意外是跟意外无关的话语,一般是说明性信息或者铺垫性信息,跟预期没有关系。而意外和反意外都是反预期信息,非意外一定不是反预期信息。

② 原文的表述是构词现象,我们认为应该是造词现象,因为是利用已有语言材料创造新词的过程。

正"力动态主力体与抗力体的实质是反意外和意外的对立。这样，我们就可以明确"反正"的归类、释义与用法：归类方面，"反正"在功能语法的框架下属于反意外的标记；释义方面，在认识状态上，表达已知情状，或在价值判断上，表现弱重要性；用法方面，"反正"的使用需要在所标记小句呈现一般的、熟悉的、涉己的、轻说的等反意外信息，这些信息必须是显性的，而与"反正"小句的相关小句要相应提供特殊的、陌生的、涉他的、重说的等意外信息，这些信息可以显性，也可以隐藏在交际情景与上下文语境之中，但必须可以还原为意外性两极对立的格局。

第十一章　无定预期的反意外

追补性推理构式(consequential additional reasoning construction, 以下简称 CAR 构式)在国内外学界受到广泛重视。鉴于 CAR 构式的特殊推理结构,相关研究多从语用量级模型或解-反预期模型展开,但两者都存在可继续深化细化的余地。通过调查极性分布上的差异性,我们发现 CAR 构式存在典型与不典型成员之分,而在语义结构与语用机制的分析中,自明性的彰显与信据力的提升是重要的内在驱动,而两者的实现诉诸无定预期的反意外表达,该手段亦是 CAR 构式的使用的充要条件。

11.1　追补性推理构式

现代汉语中有一类构式,往往出现在后置小句,追补一个推理意义,比如:

(11.1) **有的人连电影都不看,更别说读书了。**(严歌苓《寄居者》)

例(11.1)中"更别说"不能简单还原成构件意义的加合,应认定为一个**构式**。"有的人连电影都不看"足以构成一个完整的句子,"更别说"引导的成分是后附于这个句子,是对"有的人"进行追补说明,这反映出该构式具有**追补性**,追补构式在语法和语义上都不具有强制性。此外,构式后接成分"读书"本身的表意并不完整,需要通过前接小句进行推理,将之解读为"那些人不读书"。可见,该构式具有**推理性**。

与"更别说"类似的还有"更别提、更不用说、更不用提、何况、遑论"等,其追补性与否定性如出一辙,我们可以把它们归入同一类型,称作**追补性推理构式**。无独有偶,现代英语中也有类似功能的 CAR 构式,比如 not to mention、much less、still more 等,尤其是 let alone,作为习语构式的经典案例"XAY, let alone B"被众多国外语言学家所关注(Fillmore 1988；Traugott 1995；Israel 2001；Verhagen 2005；Toosarvandani 2009；Cappelle et al. 2015；Neels 2020)。他们聚焦于构式规约意义的来源,方法论上多采用**语用量级模型**(scalar model)。该模型具有一定的解释力,但是操作较为繁琐,认知加工量大,无法很好对应实际使用中的便捷直观。

国内学者亦将语用量级模型引入到"更别说、更别提、更不用说、更不用提"的研究当中(张滟 2010a, 2010b；肖任飞,张芳 2014),发现前置小句往往包含"**连……都/也**"结构,这是汉语 CAR 构式的一大特点。"何况"的研究也涉及量级模型(陆方喆,李晓琪 2013),但也有语法化路径的思考(李宗江 2014)以及语用衍推的解释(周莉 2017),理论进展主要体现在将构式主观性细化为**解-反预期**这一更为清晰的定位。关于"遑论"的专门研究较少,现有研究主要是从量级与演化两个层面进行探讨(赵彧 2016),明确指出其具有**否定倾向性**。

国内外有关 CAR 构式的已有研究大大加深了我们对于这类语言现象乃至构式理论的理解。不过仍然存在有待探索的空间,比方说:1) CAR 构式是否都具有否定倾向性?肯定或者否定倾向主要受到什么因素的影响?2) CAR 构式的语义结构如何清楚离析?其语用功能是否有办法准确获得?3) CAR 构式的语义-语用特征究竟跟语用量级和解-反预期是什么关系?说话人运用该构式的充分必要条件是什么?

11.2　否定倾向性

从语料库调查的结果表明,CAR 构式具有否定倾向的说法貌似存疑,因为以上所有 CAR 构式的成员都有肯定的用例,比如:

(11.2)她们的对手实在是太多了。**更别说**年轻漂亮的新对手每天都在成批地涌现!(麦敏《美丽的战争》)

（11.3）本不想要你生孩子，生孩子多苦呀，疼在你身上，他们就知道高兴。<u>更别提</u>以后带的艰难了。（六六《双面胶》）

（11.4）现在连长的知识要求比过去多得多，<u>更不用说</u>连以上的干部了。（邓小平《军队整顿的任务》）

（11.5）继承《现代评论》的《新月》派人员也是如此，方令孺、林徽因等，所作所为，大家也是知道的，<u>更不用提</u>闻一多了。（卞之琳《星水微茫忆〈水星〉》）

（11.6）智者千虑尚且难免一失，<u>何况</u>当年我只是个小孩子。（王小波《沉默的大多数》）

（11.7）我说是暂时，因为这方面的那股"话的力量"说不定还在大大地积蓄着，等待着爆炸呢——<u>遑论</u>其他！（王蒙《从"话的力量"到"不争论"》）

以上句之中，CAR 构式后接小句都表示的是肯定的意义。例（11.2）CAR 构式后的意思是"年轻漂亮的新对手每天都在成批地涌现，还会越来越多"；例（11.3）后小句是说"以后带孩子的艰难，也是苦"；例（11.4）后小句补全之后是"连以上的干部的知识要求比过去也多得多"；例（11.5）则是"闻一多的所作所为大家也是知道的"；例（11.6）为"当年我只是个小孩子，更难免有失"；例（11.7）后句得解读为"其他方面也在大大积蓄着"。以上例句的 CAR 构式的肯定意义都是继承被追补的前小句的部分内容，但是可以看到被追补的内容非常复杂多变，这说明 CAR 构式前后小句具有很强的**语用推理性**。

不过，反例只能说明 CAR 构式不绝对是否定性的，要确定是否具有否定倾向，还要再在语料库中进行考察。我们在 CCL 语料库中逐个调查"更别说""更别提""更不用说""更不用提""遑论""何况"后小句的肯否极性①。如图 11.1 所示（左边柱为否定用例，右边柱为肯定用例）：

----

① 除去不合要求的用例，样本量分别是 249 例、177 例、391 例、41 例、196 例、500 例，我们进行了穷尽式调查，唯独"何况"因为语料库总量太大，随机抽样了 500 例。语料中存在少数疑问句，不算在肯否定之列。

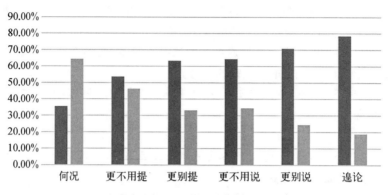

图 11.1　CAR 构式的极性占比

　　"何况"的否定用例仅占 35.6％，"遑论"的否定用例高达 78.6％。相比之下，"更不用提""更别提""更不用说""更别说"的否定用例分别是 53.7％、63.3％、64.5％、70.7％，形成近似在"何况"与"遑论"之间的极性连续统。总体上，**"遑论"是 CAR 构式中可以认为具有明显的否定倾向性，而"何况"不应该看作具有否定倾向性**。那么，同样是表示追补性推理，"遑论"与"何况"何以展现出如此鲜明的差异？

　　我们注意到，两者使用度的明显差异。"遑论"与"何况"在 CCL 语料库中的用例比例约为 1∶36，而在 BCC 语料库的文学、报刊、对话三个子库中的比例各约为 1∶155、1∶18 与 1∶241。"遑论"的使用度可以认为是远远低于"何况"的，并且在口语中的差距比书面语要更为明显。语言演化中使用度越高的成分，其功能的变异度也会随之提高（Traugott & Graeme 2013：17－19）。**"何况"的使用度更高，更可能发生变异**，从而突破一般使用度 CAR 构式的否定倾向。相反，"遑论"因为文言色彩浓重，多出现于正式书面语篇之中，少见于日常交际口语，影响其使用度，因固化而保守（conservatism via entrenchment, Goldberg 2019：76－77），从而维持典型的否定倾向性。只是这又引发新的问题：为什么对于 CAR 构式，偏典型的"遑论"会产生否定倾向性？追补性推理跟否定的相通性究竟在哪里？

有必要先理清"遑论"与"何况"在追补性推理中的区别。需要承认,在很多用例中,两者可以互换。要作出区别,需要聚焦两者无法互换的用例之中,比如以下两例:

(11.8)有结果的事还来不及做,何况(/*遑论)没结果的事。(严歌苓《寄居者》)

(11.9)杀父之仇,不共戴天,遑论(/*何况)共处于同一张屋檐底下!(琼瑶《鬼丈夫》)

例(11.8)中"何况"不能换成"遑论",因为句子的意思是"有结果的事",在说话人看来,"来得及做"的可能性大,"没结果的事""来得及做"的可能性小。可能性大的事都做不到,可能性小的事更做不到,所以用"何况"是从大概率事件向小概率事件推理,其中前提并不蕴含结论,是**或然性推理**,此处不能用"遑论"。例(11.9)中"遑论"不能换成"何况",因为句子的意思是"杀父之仇",连在同一片天空下都不可能,"共处于同一张屋檐下"的可能性为零,所以用"遑论"时,前提蕴含了结论,是**必然性推理**,此处不能用"何况"。如果既可以解读为或然性推理,又可以解读为必然性推理,则两者皆可,比如:

(11.10)这年头,会考成绩不怎么样的话,连找间好的预科学校攻读也难,遑论(/何况)升大学的机会。(梁凤仪《激情三百日》)

(11.11)连你妈都被他打动了心,何况(/遑论)一个反复无常的江任保。(冯德英《迎春花》)

那么,为什么"遑论"是必然性推理,就会倾向否定,"何况"是或然性推理,就没有倾向否定呢?这跟人类认知的习惯息息相关,当人进行推理时,一般情况是根据条件作出一个未然事件的判断。考察未然事件的否定,比如"明天不可能下雨",未然事件"明天下雨"的否定,是说话人百分之百相信的,是说话人认识中的必然结论,因此以未然否定做结论的推理,习惯上正是必然性推理[1]。反之,考察

---

① 可以用回应测试来证明未然否定更习惯必然性,比如"明天肯定不下雨",可以用"有多肯定呢?"回应质疑其必然性,而"明天不可能下雨",不能用"有多不可能呢?"回应质疑。

未然事件的肯定,比如"明天可能下雨",未然事件"明天下雨"的肯定,则未必是百分之百的信念,即使在认识中再逼近百分之百,也是或然的结论,所以未然肯定做结论的推理,习惯上就是或然性推理。出于以上认知习惯,"遑论"的否定倾向性,来源于必然性推理更习惯产生否定性结论,或者说否定性结论更容易实现必然性推理。"何况"浮现或然性推理的用法,也就没有那么依赖否定性结论带来的这种后果。简言之,**必然性推理的结论与未然否定的关系更紧密,或然性推理的结论与未然肯定的关系更紧密。**

很多学者注意到"何况"逐渐分化成"何况₁"与"何况₂"两种类型(吕叔湘 1999:264-265;陆方喆、李晓琪 2013;周莉 2017)。"何况₁"属于 CAR 构式,都可以把前后小句还原为"尚且……何况……"的对子。"何况₂"不属于 CAR 构式,无法还原成以上对子,但"何况"可以替换成"况且"或"而且"。"何况₂"表现出一种纯然的递进关系,比如:

(11.12)父亲生前很喜欢他,一再关照姐姐要多照顾他,<u>何况</u>姐姐也有这个能力。(周而复《上海的早晨》)

上例中"何况"可以直接换成"况且"或"而且",不再能当作推理的结论,而只是陈述更进一步的理由。"何况"的这种分化是高使用度的结果,同时也会造成一定的后果,就是"何况₂"对"何况₁"表追加推理的用法造成影响,即出现兼具表推理与表递进的用例,比如:

(11.13)在窘急中她想:什么事都不应当隐瞒自己的爱人,<u>何况</u>这是正大光明的事。(杨沫《青春之歌》)

例(11.13)如果解读为推理,可以还原为"其他事尚且不应当隐瞒,何况是正大光明的事";如果理解为递进,亦可替换为"对自己的爱人不应该隐瞒,而且这还是正大光明的事"。因此,"何况₁"与"何况₂"的分布会出现交叉,而从表推理的"何况₁"的视角出发,相当于用法中渗透了递进的要素,而我们知道递进的肯定与否定没有显著倾向。这说明:**CAR 构式的其他类型特征也会对自身特征造成影响**。相比较而言,"遑论"未出现类型分化,作为 CAR 构式的类型特征更为纯粹。

小结一下本节内容,我们认为典型的 CAR 构式具有一定否定倾向性,主要因为 CAR 构式体现的是说话人的一种结论蕴含于前提之中的必然性推理,以"遑论"最为典型。"何况"是较为不典型的成员,原因在于,一方面高使用度带来或然性推理的接受度提高;另一方面其分化出表递进的类型特征,对原有特征造成影响,两者共同提升了肯定用法的适应性。

11.3　语义结构与语用功能

讨论了肯否定倾向偏于极端的"遑论""何况",我们再观察"更别说""更别提""更不用说""更不用提",它们的格式较有规律,都是由"更"＋否定标记(＋"用")＋言说类动词所组合而成。有趣的是四者所紧跟的成分,不管是体词短语、谓词短语抑或小句,句末多跟有一个"了"。语料样本中,"更别说"所在小句句末出现"了"的比例高达 74.3％,"更别提"有 74％,"更不用说"是 65.5％;"更不用提"也有 65.9％。反而"遑论"与"何况"句末是"了"的比例分别只有 20.4％与 4.4％,差别非常明显。

为什么"更别说""更别提""更不用说""更不用提"后接小句句末容易出现"了"？ 首先,要明确的是这个"了"的层次往往跟后接小句不在同一层次。张伯江(2021)指出可以通过**易位法**测试出复杂结构整合前的形态,我们可以借助易位法,即将小句的话题移出小句,观察"了"的结构归属,比如:

(11.14) 没人能像打字机一笔写对所有中国字,更别说像它那么工整了。(王朔《看上去很美》)

　　　［易位:像它那么工整,(就)更别说了］

(11.15) 在那样的情况下,我想你是没有什么机会开口道歉的,更别提解释了。(琼瑶《鬼丈夫》)

　　　［易位:解释,(就)更别提了］

(11.16) 他们宁可毁于火,毁于兵,不肯轻易示人,<u>更不用说</u>借
　　　　出了。(冯英子《书门遐思》)
　　　　［易位:借出,(就)更不用说了］
(11.17) 添了新伤,见不得生水,洗脸都成问题,<u>更不用提</u>洗手
　　　　了。(陆步轩《屠夫看世界》)
　　　　［易位:洗手,(就)更不用提了］

通过测试可以发现:① "了"跟 CAR 构式的关系更为紧密,而
后接的短语不跟"了"直接发生语义关系;② 易位之后,添加一个
"就"更为合适,因而 CAR 构式+后接短语+"了"跟前面相关小句
的语义关系,可以看作一组"理由+推论"的配对,表示的意思是"**既
然**命题 X 为真,命题 Y **就**一定为真"。③ 以上四个 CAR 构式的整
合度低,语义透明度高,意思都是"言说是不必要的":命题 Y 的真
值不仅为真,且这个推论不言而喻。

发现①涉及肖治野、沈家煊(2009)的"了$_2$"的三域学说,他们认
为句末的"了$_2$"不仅可以解释为行域(客观情况)与知域(主观推论)
的新情况出现,也可以是言域的新情况出现,也就是标识某种新的
言语行为。而通过发现②,正好可以得知,这种新的言语行为就是
一种"声称",即根据前文理由,声称一个推论出的判断。声称的内
容除后接命题的内容之外,更重要的是传达一种语气,即由发现③
所反映出的不言而喻的语气,也就是**自明性**(self-evidence)。

陈禹(2021c)提出自明性可以由**可虚假性**与**可论证性**两个角度
进行测试,并以此论证副词"毕竟"的自明性。所谓不可虚假性,就
是带有自明性语气的命题的真值不能够被说话人取消,比如没有自
明性语气的命题,我们可以用追补小句取消其原有真值:

(11.18) 这不是种植物,<u>但也可能是</u>。(自拟)

但有自明性语气的命题,比如带有副词"毕竟"就无法通过以上
可虚假性测试,比如:

(11.19) #毕竟这不是种植物,<u>但也可能是</u>。(自拟)

而对于 CAR 构式自明性的论证,也可以运用虚假性测试,比如:

（11.20）♯这不是生物，更不用说是种植物了，但也可能是。（自拟）

所谓可论证性，就是带有自明性语气的命题，不可以继续追溯原因，因为不言而喻具有基础性和常识性，需要解释原因的事物不具有基础性和常识性。类似于可虚假性测试，先测试不具有自明性的命题，还是用追补小句，增加一个释因项：

（11.21）这不是种植物，因为它不能进行光合作用。（自拟）

测试自明性命题，就无法继续释因了，比如：

（11.22）♯毕竟这不是种植物，因为它不能进行光合作用。（自拟）

接着测试 CAR 构式，很容易发现其无法通过，因而 CAR 构式具有自明性：

（11.23）♯这不是生物，更不用说是种植物了，因为它不能进行光合作用。（自拟）

CAR 构式可以传达自明性，跟"更别说""更别提""更不用说""更不用提"的原有语义关系密切。以上四构式的凝固化程度，相较"何况""遑论"而言相对较低，可以看作处于构式竞争[①]的共存变体。它们的语义透明度高，都带有"不需要继续言说后接短语的相关内容"之意。而之所以"不需要继续言说"，是因为前接小句给出的信息，已经超过"有关后接短语的相关内容"所需要的信息。这种信息超量的一个旁证就是：在篇章中，越是已知信息，其语言编码就越趋于简单（方梅 2005）。而 CAR 构式后接成分几乎很难找到完整小句，而且大量出现单个光杆名词或光杆动词，如例（11.5）与例（11.15），说明这些内容都应为已知信息。

信息超量的根本原因是在说话人看来，CAR 构式的运作诉诸一个**无定预期**，而后接小句完全落入到这个预期之中。强星娜（2020）将特定预期与不定预期相对立，并发现反预期副词"竟然""偏偏"存

---

① 构式竞争（construction competition）的内涵请参见拜比（Bybee 2015：§ 8.3.2）与戈德伯格（Goldberg 2019：§ 5）。

在如下对立：

  (11.24) a. 老王天天虔诚烧香,祈求生个女孩,后来老婆**竟然真**
     生了个女孩 / #**竟然生了个男孩**。

    b. 老王天天虔诚烧香,祈求生个女孩,后来老婆#**偏偏**
     真生了个女孩 /**偏偏生了个男孩**。

(引自强星娜 2020)

  以上对立之所以出现,是因为"竟然"所反的预期是"个人祈求
不会决定生女或生男"这样的社会常理。社会常理是无定预期,与
无定名词用于描述一般与普通的实体相类似,无定预期描述一般与
普通的预期。相对应地,"偏偏"所反的预期是语境中"祈求生个女
孩"这样的特定事件,属于特定预期,跟特指名词类似,特定预期描
述特定事件产生的预期。基于该研究,我们认为 CAR 构式反映无
定预期的合预期,因为无定预期是一般与普遍的,这意味着无定预
期的合预期,在说话人看来是听话人也完全知晓的,信息内容是不
言自明的;而把众所周知的常理点明,也就超过了交际所需的信息
量,所以信息是超量的。

  既然不言自明且信息超量,那说话人为什么还要说呢？ 由于
合预期反映的是大概率发生的事件,所以合预期都可以还原为一
组因果复句(陈振宇 2020：252)。例如"下雨地上会湿"是合预期
的,即可还原为"因为下雨,所以地上会湿",这是因为因果关系也
是一种大概率关系。CAR 构式也是一种合预期,那么照理也可还
原成因果复句,像例(11.1)"有的人连电影都不看,更别说读书了",
还原为"因为有的人连电影都不看,所以他们不读书"。说话人是希
望通过前小句的事件,得到后小句的结论,但如果采用因果复句,信
据力(argumentative strength)是不足的,所谓信据力的本质就是说话
人为其观点提供充足理由的强度(Verhagen 2008;完权 2018;石飞
2019)。如果说话人意欲提高其观点的信据力,一种手段就是借助
无定预期的自明性,同时无定预期又具有一定的灵活性,其所对应
的社会常理可以截然相反(强星娜 2020),例如"百善孝为先"与"忠

孝不能两全"都是社会常理,但又互相矛盾。自明性既不可虚假又不可论证,可制造信据力所需的充分理由度;灵活性又能很好地服务于说话人的交际目的。因此,利用 CAR 构式陈述的推理,不仅仅是传达信息这样的概念功能,而且还有**提升信据力**的人际功能。

CAR 构式的人际功能表明:说话人观点的确立,不是通过语义手段,而是通过语用手段达到的,那么这种合预期,其实不是证据充分、逻辑严密的合预期,而是借助说话人信念中的无定预期,从而逃避论证义务的合预期。其实质是:在"X＋CAR 构式＋Y"中,从 X 推理得到 Y 是不言自明的道理,暗示如果听话人产生任何意外,包括但不仅限于疑问、否定或感叹,都是不合理的,因此 Y 的成立是毫不意外的,是完全落入预期的,是有充分理由的。另外,Y 的语言编码简化,"了$_2$"的出现,都是在配合把 Y 塑造成已知信息与声称行为,协同把认知负担转嫁给听话人。由此可知,CAR 构式的合预期是说话人最终希望达成的语用效果,而达成该效果的手段实际上是反意外。反意外是说话人认为所言说命题或不应该或不可能致使意外的产生,其人际功能远强于其概念功能,主要是:① 提高说话人自己的认识权威性,即优越性;② 降低所言信息的信息价值,即轻说性;③ 平抑陈述内容的态度情绪,即从容性(陈禹 2018,2021a,2021b)。需要注意的是,反意外不是反抗某种已确立的意外,而是相对于意外的逆反,是意外的镜像反面,如黑与白、始与终的关系。正常情况下,合预期信息完全在说话人预料之中,因为说话人先已知晓、早有准备,会相伴产生反意外表达;但说话人可以利用合预期信息与反意外语气的共现惯性,以反意外手段压制(to coerce)语境,从而呈现当前信息是合预期的效果。确切而言,CAR 构式的语用核心是**基于无定预期的反意外表达**。

本节从 CAR 构式的语义结构谈起,发现常出现在句末的"了"跟命题关系不大,而跟构式应当归入同一层次,表达新的言语行为"声称",而所声称的是后接命题的自明性,此自明性发挥作用高度依赖无定预期,声称自明性的直接目的是提高话语的信据力,表面上信据力的提高是受无定预期的合预期影响,但本质上是借助反意外营造出的合预期。

11.4　解-反预期模型与语用量级模型的解释力

已有文献对于 CAR 构式最经典的解释模型是解-反预期和语用量级,但我们有必要把研究范围聚焦在功能最为典型同时也是语法化程度最高的"遑论"之上,尽可能降低前两节提及的变异类型与低整合度造成的干扰,进而全面审视两模型的解释力。

袁毓林(2012:198-199)提出解-反预期理论模型,定义是"用一个极端反预期的事情来衬托一个不太极端的事情,从而达到表示不足为奇、不在话下的表达效果",该定义可以分为三个层次:① 极端反预期信息作为衬托项,② 常规信息作为被衬托项,③ 语用效果是表现常规信息的信息价值轻微。可以发现,前两层次跟 CAR 构式"X+CAR 构式+Y"几乎如出一辙,第三层次的信息价值轻微更是 CAR 构式最为显著的语用特征。从内涵上看,该模型具有非常高的契合度;从外延上看,袁文所使用的例子就是一个整合前的 CAR 构式:

(11.25)连李县长那样的好人都要受罪,那咱们就更别提了。(袁毓林 2012:198)

无外乎陆方喆、李晓琪(2014)选用解-反预期来诠释"何况"的主观性:极端事实已经发生,相对不极端的情况也就理所应当。不过,即使最为典型的"遑论",也有衬托项并不算那么极端的,比如:

(11.26)同为 métaphore,一经翻译,意义即已晦涩,遑论情趣。(傅雷《论翻译书》)

同样,也有被衬托项,信息价值相对于衬托项并不算那么轻微的,比如:

(11.27)美国人从不允许将纪念故人的园地用作他途,更遑论华

工亡灵曾经遭受过歧视和侮辱。(田涛《寻找在美华人先民遗骨》)

究其原因,解-反预期理论的提出主要是为了解释"连……都/也……"句式的语用功能。"连……都/也……"在不少情况下,确实跟 CAR 构式存在共现关系,而且因为"连……都/也……"善于表现特殊的情况,从特殊到一般也是彰显自明性,提高信据力的常用手段,因此跟 CAR 构式的语用功能有一定的契合度。但正如以上语料显示的,解-反预期理论覆盖不到前接小句不那么特殊,后接小句不那么一般的语例。对于 CAR 构式,解-反预期理论只能解释其**充分条件**,即有之则必然,无之则未必不然,如图 11.2 所示:

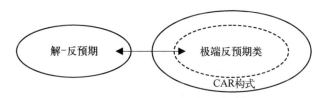

图 11.2　解-反预期解释充分条件

在本章第一节我们谈到语用量级模型的操作繁琐与理解晦涩,但学界依然乐于使用主要是菲尔莫尔和凯(Fillmore & Kay 1988)对于 let alone 构式的分析珠玉在前,而较早对 CAR 构式的研究也是基于跟 let alone 相对照而展开的,张滟(2010b)非常清楚地展现出这种对照研究,比如对于句子:

(11.28) a. He is afraid of firecrackers, <u>let alone</u> bombs.

　　　　b. 他连鞭炮都怕,<u>更不用说</u>炸弹了。

因为"鞭炮"(记作 A)与"炸弹"(记作 B)存在量级差异(原文译作梯级),简言之就是 A 比 B 程度更高,如果 XAY("他怕鞭炮")成立,根据常理,可以衍推出 XBY("他怕炸弹")也成立。如果中间还存在过渡的情况,比如"雷声""枪声"……(记作 j_1、j_2、j_3),横坐标(X,Y)所有参项共享的成分("他怕"),箭头表示衍推方向,那么例(28)的量级为图 11.3a 所示。

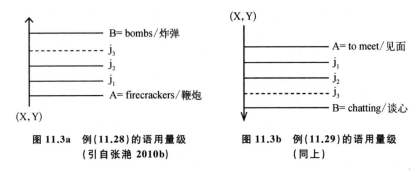

图 11.3a　例（11.28）的语用量级
（引自张滟 2010b）

图 11.3b　例（11.29）的语用量级
（同上）

但值得玩味的是,对于另一句话,衍推的方向要掉转方向,原因就在于句子使用了否定,例句为（11.29）,量级为图 11.3b 所示。

（11.29）a. CEOs who don't have the time to meet new hires, <u>let alone</u> spend a couple of hours chatting with them.

　　　　　b. CEO 们连跟新员工见面的时间都没有,<u>更不用说</u>花几个小时跟他们谈心了。

尽管我们对语用量级模型只是进行了简单的介绍,已经可以发现该模型的三个明显问题:① 除去理论构建的考虑,中间过渡参项 j_1、j_2、j_3 似乎没有必要。因为在 CAR 构式的使用中,说话人只有两项进行比较,而根据功能主义"所见即所得"的承诺,虚设的中间项目不具有解释力上的贡献。② 因为肯定与否定的差异变换量级衍推的方向,可以想见,如果前后小句的极性不一致,在处理操作上的纠结与困难,比如下例:

（11.30）要玩艺术,必须创新,熟悉、寡味的镜头太多,<u>遑论</u>迈出低谷。（阿房《影视小录像》）

③ 也是最重要的一点是,语用量级模型描述出:如果在量级程度上存在差异,那么不同量级之间,可以存在基于语用的推理关系。换句话说,之所以可以推理,是因为之间存在量级差异。但为什么存在量级差异呢? 是因为根据常理。纵使我们承认常理作为解释力的基点,但这充其量只能解释推理成立的合理性,而说话人做这样推理的语用目的,还有 CAR 构式所呈现的否定倾向性与自明性,都

无法通过语用量级模型解释，能解释的只在推理层面。因此语用量级模型只能解释 CAR 构式的必要条件，即有之不必然，无之必不然，如图 11.4 所示：

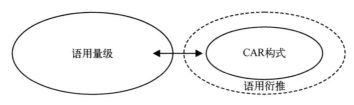

图 11.4　语用量级解释必要条件

我们再来看以无定预期的反意外作为 CAR 构式语用核心的解释力。一方面，把无定预期作为推理的基础，明确了所谓常识的具体指向，为 CAR 构式的语用主观性操作留下了充足的空间，一定程度上弥补了语用量级模型的泛化；另一方面，把反意外作为语用手段的关键，交代了信据性、自明性这些语用细节的来源，同时也可以进一步说明否定倾向性显示的必然性推理关联，因为反意外的正是大概率事件，而必然性就是最大概率，从而不再局限于极端反预期发挥作用，避免解-反预期模型的窄化。基于此，我们相信基于无定预期的反意外表达是使用 CAR 构式的充分必要条件。

11.5　本　章　小　结

本章针对 CAR 构式，着重分析其区别性特征，包括分布偏于极端的成员"何况""遑论"，发现前者受使用度影响，逐渐变异为不典型成员，而后者整合度高，功能固化，较为典型，典型成员的后接命题有较为明显的否定倾向性。通过"更别说""更别提""更不用说""更不用提"四构式的考察，依次推导说话人的语用逻辑：展示言域的新情况—新情况是声称命题不言而喻—声称的目的是提高信据性—信据性的提高借助无定预期的合预期—合预期的实现依赖反意外的压制。经过拆解解-反预期模型与语用量级模型,我们认为基于无定预期的反意外是 CAR 构式使用的充要条件。CAR 构式的构式化路径,构式竞争格局与跨语言构式对比研究将在后续研究中进一步探索。

第十二章　特定预期的反意外

　　作为近义词的"当然"与"自然"的同异广受学界关注,确定两者构成对立互补的具体场域与清晰边界具有重要的理论意义。本章倡导在共性的框架下把握个性,聚焦两个副词类似功能的发生场域,即借助构式竞争的思路,离析出可完全合法替换的语境,再验证该语境是特定预期的构建。在特定预期之中,两者的细微分工维持其共存格局,分工的实质是对意外的积极否定与消极否定,实现为反意外与无意外这两种合预期表征。积极否定的对抗维度与消极否定的缺乏维度亦是符号系统中有益的语用/思维工具。

12.1　"当然"与"自然"

　　现代汉语中副词"当然"与"自然"常常可以互换,但在语感上又有明显差别,比如:

　　(12.1)名人,特别是文体名人,之所以有名,当然(/自然)有其过人之处。(《中国青年报》1992-07-20)

　　(12.2)功臣得不到经济上的利益,自然(/当然)不满。(赵克尧《论唐初的分封》)

　　王敏(2006)认为"自然"侧重两种效果:一是顺承而来或容易达到的效果;二是随时间发展,不经人干预状态下肯定出现的效果,这是"当然"所没有的。但该描述对"当然"的释义不充分,因而预测性偏弱,即无法预测哪些句子可以互换,哪些句子不可以。

　　李丽娟(2017)对比"当然"与"自然"的语义特征,提出前者的语义特征是[＋主观性][－内在逻辑性],后者则是[－主观性][＋内在逻辑性],注意到两者的对立。但两者的互补之处在哪里,即为什么可以作为近义词、可以互换却并没有解释,仅作为既成事实。

玄玥(2017)考察"当然"的语法化历程,发现构件两成分最早共现出现在东汉,中间恰好有一"自"字,即"当自然","当"即应当,"自"是本来,"然"是如此,整个短语意为"应当本来如此",可证明"当然"与"自然"源头相通,但目前种种异同仍需理据。

李婧婷(2018)注意到两者的近义理据:不仅都表达"确认""肯定"的态度和语气,而且都可以看作具有衔接功能的副词。但这种共性的解释是不完备的,因为现代汉语有很多表确认的衔接功能副词,比如"就"可表确认,却无法换入例句之中。

已有研究有助于我们深入探讨近义词"当然"与"自然"的异同,只是对于两者共性和个性的探索尚存在继续深化的空间。本章试图讨论的问题有三:1)"当然"与"自然"的异同是如何表现的?2)两者对立的本质是什么?3)这种本质反映出哪些系统性的语用机制?

12.2　释 义 梳 理

我们有必要先调查专业辞书中两词释义情况(例句从略)。

《现代汉语虚词例释》(下文简称《例释》)对"当然"的释义有三(北京大学中文系 1955、1957 级语言班 1996:145-146):

(一)表示肯定,这种肯定是不容怀疑的,事理上一定是这样的。

(二)表示某种推理的必然结论,或某种动作、行为引起的必然结果。常跟连词"因为""既然"呼应。

(三)表示补充。常常先提出某一命题或结论,然后从另一角度或它的反面加以必要的补充。在这种用法里,"当然"做插入语,其后用逗点隔开。

在"当然"词条下,《例释》对"当然"与"自然"进行了简单辩异:

"自然"表示事物的合理性或必然性,跟"当然"的第一、二类用法相似,没有"当然"的第三类用法。

对"自然"的释义有二,分成副词与连词两类(北京大学中文系

1955、1957 级语言班 1996：565 - 566)：

（一）表示某种现象的发生是合乎规律、合乎常情的。

（二）连接句子或分句，表示进一步推理，有转折作用，后面一般有停顿。

可见，《例释》中"当然"与"自然"的第一义项高度相似，所谓事理正是规律与常情，只是"自然"没有毫无疑义这层表述。两者第二义项也颇为相似，都是用作推理的衔接语，只是"当然"缺少转折作用这层表述，但是就当代汉语的使用来看，"当然"也可以承担转折的用法，而且比"自然"更贴合语感①。

《现代汉语虚词词典》（下文简称《词典》）给出的释义有所不同，尤其位置分布的描写更为细致（侯学超 1998：125 - 127,777 - 779)。

"当然"表示道理上或情理上来说，应是如此。

（一）在多数情形下，"当然"后面的是结论；前面已有原因。多修饰动词短语。

（有时）原因不在上文，而在结论之后。

可以单说，肯定上文是事实，或情理上的必然性；或回答问话。

修饰形容词短语少。

（二）多用于句首，并多有停顿。承接上文话题，有连接作用。

上文无理由或原因。表明下文道理或不言自明，或寓于其中，无可怀疑。

（有时）"当然"不在句首，但是可以挪至句首，意思不变。

"自然"表示事情的发生是符合情理的；理应如此；理所当然。上文多有必定如此的理由、原因。

（一）"自然"＋动词短语。

有时理由、原因远离结论。

有时，上文没有交代原因、理由，则道理不言而喻或寓于其中。

---

① 书中的例句是："我们不能过分强调条件，<u>自然</u>，也不能不讲条件。"这里的"自然"在当代汉语中使用"当然"更好。

(二)"自然"＋形容词/形容词短语。

(三)用于句首,多有停顿。承接上文话题,有连接作用。肯定
　　　下文所说理当如此。

　　　"自然"也可单说。接话或回答问话。

　　《词典》的解释更加强化了"当然"与"自然"的共性。就分布而言,两
词都可以后接动词、形容词成分以及句子;上文都交代或者隐含某个理
由;表示结论都在情理上具有必然性。这充分说明双方的概念结构之中
多有难解难分之处,但仔细比对可以发现"当然"比"自然"对原因、理
由的依赖性稍弱。"自然"单说时,没有"当然"肯定上文事实的功能。

　　《商务馆学汉语近义词词典》(下文简称《近义》)单独比较了两
词的异同(赵新,李英 2009:126-127)。

　　(一)"当然"主要强调按道理应该这样,合乎情理;"自然"主要
强调客观上必然会这样。

　　(二)"当然"可以和"可是、不过、只是"配合,用在表示转折的复
句中;"自然"没有这样的用法。

　　(三)"当然"可以用在两个句子之间,前面先说明事实,然后从
另一个方面进行补充或修正。

　　另有"当然"做形容词的用法与"自然"不同,差别太大,故不列
出。可见《近义》特别关注差异的一面,只是"按道理"和"客观上"并
不是严丝合缝的对立。而跟"可是"等配合,更确切地说应是"当然"
在让步小句之中。对事实的补充这一条与《例释》一致。

　　根据以上词典释义的比较,我们可以把做副词的"当然"与"自
然"的相同点与不同点列举如下:

表 12.1　副词"当然"与"自然"的异同一览

	相 同 点	不 同 点
当然	都是肯定应发生之事 都有或显或隐的原因	强调所得结论不容怀疑 可表示从另一角度补充 单说时可肯定上文事实

	相 同 点	不 同 点
自然	都可做推理的衔接语 都能单说以回答问话	对原因理由的依赖更强 侧重客观规律的必然性

如此看来,正是由于两者有诸多相同之处,存在互相替换的操作空间;而正是由于两者的不同之处,维持了各自的独立性。但我们不应满足于经验归纳,而且从表 12.1 也能看到,两者的异同背后,影影绰绰有一条红线贯穿其中。那么,如此相似却又各具特色的两个副词对立的本质究竟是什么呢?

12.3　竞　争　语　境

构式竞争理论可以为解决该问题提供思路。所谓构式竞争(construction competition),即功能类似的构式存在使用度上的竞争关系。拜比(Bybee 2015:§8.3.2)最初提出构式竞争理论,用来解释历时构式化过程中类似功能构式的替换问题,但指出如果有明确的分工,则竞争的构式可能长期共存。戈德伯格(Goldberg 2019:§5)更为系统地阐释了构式竞争的思想,但是关注点跟拜比大相径庭,戈德伯格强调在共时构式使用中,新创构式往往造成传统构式的挑战,原因在于传统构式更为凝固与普遍,更容易为说话人所记忆与调取,创新性又是语言发展的内在动力,因而新创构式与传统构式之间展开竞争。陈禹(2018,2021)继承与发展了构式竞争学说的理论工具,用来解释汉语近似构式问题,指出:① 不仅功能类似的构式构成竞争关系,使用同一形式的构式也构成竞争关系;② 严格控制功能类似构式之间的竞争场域,即在共时条件下的构式竞争,必须以可在同语境下合法替换作为准绳,从而排除无关功能项之间的比较。尽管"当然"与"自然"不是国内学界普遍理解的一般意义上的构式,但对于激进的构式观,构式是语法中唯一初始单位,从词语到句法规则、语义规则都是构式(Croft 2001：§1.2.1);而对于温和的构式观,词汇系统也是构式系统的重要组成部分,从而产生词汇构式化的相关研究(Traugott & Graeme 2013：§4)。

因此,我们要探讨"当然"与"自然"的对立本质,可看作功能类似构式之间的竞争。那么,把竞争交锋的语境找出,同时排除接近但不直接发生竞争的语境,就是展开深入分析的关键步骤。竞争语境的判断标准:"当然"与"自然"是否能够完成合乎语法的直接替换。

我们可以粗分为单说和入句两个大的方面,先看单说时可否互换,答案是肯定的。

(12.3) 老先生当即问:"是否有兴趣与李敖对话?"记者说:"当然(/自然)!"(李敖《李敖对话录》)

(12.4)"是吗? 子中也问起我?""自然(/当然),问孩子像不像你。"(亦舒《红尘》)

注意,两者单说时,其实可以看作问句部分信息的省略。通过还原法,例(12.3)其实是说"当然有兴趣与李敖对话",而例(12.4)是"自然子中也问起你",所以单说用法的本质依然是入句用法,是出于效率性动因的入句用法。

继续观察入句用法情况,通过排除法,把"当然""自然"不可互换的语境分别找出,那么剩余的也就必然是两者可互换的情况。第一种"当然"不可以换为"自然"的语境是在"当然"后添加语气词,比如:

(12.5) 琴珠高兴地咧开嘴笑了。"当然(/*自然)**啦**,所以我才喜欢它。我自个儿买不起。"(老舍《鼓书艺人》)

(12.6) 梁冬:"中国文化的每一个细节,都充满了暗喻。"曲黎敏:"当然(/*自然)**喽**。"(《国学堂》2010-04-17)

这里提示我们,句末语气词的某种区别性特征可能是和"当然"相匹配的,而与"自然"发生抵牾。"啦"在此处可解为一种宣告事态(方梅 2016),而"喽"是一种轻松语气(赵春利,方甲珂 2017)。因此,句末语气词的主观性要素有可能就是区别性特征。另一种"当

然"不可替换成"自然"的语境,是补充一个反前文预期的信息,比如:

(12.7)从前有仆妇代劳,现在非亲手操作不可。<u>当然</u>(/*<u>自</u><u>然</u>),你要是腰缠十万,代劳还是有的。(袁昌英《忙》)

(12.8)不劝便罢,若是劝,一样的得劝男人到厨房里去走一遭。<u>当然</u>(/*<u>自然</u>),家里有厨子而主人不时地下厨房,是会引起厨子最强烈的反感的。(张爱玲《公寓生活记趣》)

以上两例都与前文所设预期出现偏反,例(12.7)中,前文所设的预期是"现在无法代劳",而"当然"引出的是"如果很有钱,也可以代劳",跟预期正好背反。例(12.8)前文的预期是"有必要劝男(主)人去厨房",但"当然"引出的是"主人下厨房,厨子会反感",这是一则额外的信息,跟前文预期产生的偏离。因此,反前文预期既可以是背反,也可以是偏离。此处说明反上文预期跟"自然"的语义也有不协调之处。

再来看"自然",如果到了某个时间,产生某种结果是普遍情况,往往不能换成"当然",比如:

(12.9)谚云:"树大自直",意思是说孩子不需管教,小时恣肆些,<u>大</u>了<u>自然</u>(/*<u>当然</u>)会好。(梁实秋《孩子》)

(12.10)"随她去罢。过几天她厌了,<u>自然</u>(/*<u>当然</u>)会回来的!"看见吴荪甫那一阵的暴怒已经过去,少奶奶又婉言劝着。(茅盾《子夜》)

随着时间推移而产生的结果是说话人认为不为人意志所转移的自然规律,这固然是一种合预期,但更体现出说话人希望陈述一种客观性。当然完全可能发生说话人把主观性信息包装为客观性信息的策略(陈禹 2019),但由于时间是一项非常客观的要素,主观的痕迹被严重淡化。另有一类则较为隐蔽,需要背景知识方可辨析,比如:

(12.11)李先生做教师,以身作则,不多讲话,使学生衷心感动,<u>自然</u>(/*<u>当然</u>)诚服。(丰子恺《悼夏丏尊先生》)

(12.12)欧风东渐,大家庭的制度<u>自然</u>(/*<u>当然</u>)破坏,有人以为人心世道之忧,我却替做媳妇的庆幸。(苏雪林《当我老了的时候》)

上两例中,"自然"标记的陈述都是主语自发或者自动的行为变化,这意味着"自然"所述不再是道理的必然,而是事实的必然,是事物发展内在规律的表现。这种内在规律需要借助背景知识加以解读,暗示没有明显的外力施加与强迫,在无干预的条件下,人与事物自然而然产生某种结果。

在梳理了不能互换的条件之后,两者竞争的语境也就非常明显了。一方面既不能明显倾向主观性表达,又不能明显偏重客观性陈述;另一方面不能与前文设定预期发生偏反,即必须标记合预期的信息,比如:

(12.13)但如果你走进了现代式的食堂,冠生园也好,新雅当然(/自然)更好。(施蛰存《名》)

(12.14)灵芝说:"这么好一个学习机会,我自然(/当然)愿意!你能跟我爹说一说吗?"(赵树理《三里湾》)

例(12.13)和例(12.14)既可以做理所当然的解读,也可以做自然而然的解读,主观性和客观性是模糊的。而且两句都承接上文的意思,例(12.13)默认读者具有"新雅比冠生园更好"的背景知识,因而是合预期;例(12.14)前文铺垫"有好的学习机会",自己"愿意把握"也是合预期的。我们调查了 CCL 语料库中典范的现代汉语白话文中 930 条副词"当然"的语料和 1 380 条副词"自然"的语料,"当然"中 87.3%(812 条)都可以替换成"自然",而"自然"中 93.3%(1 287条)都可以换成"当然"。两者开展竞争的语境范围较广。根据上述讨论,副词"当然"与"自然"的竞争格局如表 12.2 所示,符号"+"表示可以使用,符号"-"表示不宜使用:

表 12.2　副词"当然"与"自然"竞争语境测试

	当然	自然	是否构成竞争
单说用于回答	+	+	是
后接语气词	+	-	否

续　表

	当然	自然	是否构成竞争
反前文预期	+	−	否
随时间推移的普遍结果	−	+	否
主语自发自动的行为变化	−	+	否
无主客观偏向的合预期结果	+	+	是

因为单说情况可以看作入句用法的最简版本，因此归根结底两者的竞争语境可以统一为处于"无主客观偏向"的语境（记作"特征1"）与对于"合预期结果"的标记（记作"特征2"）两个特征。那么，这两个特征可以推导出的共通本质是什么？换句话说，两者在哪一种直接上位的图式（scheme）的框架下展开竞争？根据已得出的特征，上位图式必然由"特征1"与"特征2"的交集构成。

12.4　特定预期与无定预期

既然"特征2"指出合预期结果是竞争场域，那么我们需要考察"特征1"所合预期究竟是一种什么预期。上文提及"当然"可出现在反前文预期语境，这是"自然"不能进行替换的，两者可以替换的合预期结果应该是合前文预期。不过合乎前文预期可以细分为两种：一种是合乎特定预期，另一种是合乎无定预期。

特定预期和无定预期的划分源自强星娜（2020）。特定预期类比自特指名词，借用其特殊性（specificity），也就是特定预期指向的命题是一个特殊命题；而无定预期类比自类指名词，借用其一般性（genericity），即无定预期指向的命题是一个一般命题。特殊命题与一般命题都可以由前文语境设置，但特殊命题表现为事件句，叙述一个非现实事件，其反预期就是事件结果的否定，合预期就是事件结果的肯定，分别是现实事件与非现实事件的对立与统一；一般命题表现为判断句,说明一个常识性论断,其反预期就是该常识的例外,合预期就是该常识的例证,也就是分别是类(type)与例(token)的对立与统一。强文给出一套特定预期与无定预期反预期的对比对子,如下所示:

(12.15) a. 老王天天虔诚烧香,祈求生个女孩,后来老婆♯**竟然**生了个男孩/**偏偏**生了个男孩。

　　　　 b. 老王天天虔诚烧香,祈求生个女孩,后来老婆**竟然**真生了个女孩/♯**偏偏**真生了个女孩。

(引自强星娜 2020)

例(12.15a)中前文明述的是"老王烧香求女",如果是对于这个事件进行反预期,即事件结果是"生了个男孩",现实事件与非现实事件相互对立,那么只能用"偏偏"不能用"竟然",因此"偏偏"标记特定预期的反预期。例(12.15b)是同样的前文,但最后偏反的不再是前文事件,而是隐含在话语中说话人的一个常识:"烧香求女是没有用的"是一个判断,但结果"真生了个女孩"即使是个巧合,不能不说是以上判断的例外。在此语境下,只能用"竟然"而不能用"偏偏",推知"竟然"标记无定预期的反预期。

那么,使用同样的语例,但是把现实结果翻转过来,分别变成特定预期与无定预期的合预期,本章所探讨的"当然""自然"只能在特定预期的框架下展开竞争,如下所示:

(12.16) a. 老王天天虔诚烧香,祈求生个女孩,后来老婆**当然**就生了个女孩/**自然**就生了个女孩。

　　　　 b. 老王天天虔诚烧香,祈求生个女孩,后来老婆**当然**还是生不出女孩/♯**自然**还是生不出女孩。

例(12.16a)展示的是特定预期"老王烧香求女"这个事件的合预期,也就是事件结果是"生了个女孩","当然"与"自然"在该语境下都可以使用,也就意味着它们完全可以合法互换。而(12.16b)旨在表现对常识性论断"烧香求女是没有用的"的合预期,即结果表明"的确没有用",而一旦置于这样的语境之下,"当然"可以使用,而

"自然"语用不适。由此,在无定预期下即使是合预期,两者也并不构成竞争,只有特定预期才行。

为什么只有特定预期的合预期才行,而无定预期不行?这正是因为"特征1"要求的无主客观偏向,然而无定预期的建构高度依赖主观性,确切而言是说话人的主观信念。陈振宇、姜毅宁(2019)认为自预期是说话人事先对事物的知识与设想,常规预期是事物普遍看法与社会道义情理,而说话人一般认为自己是正常人,所以常规预期属于自预期。文中的"常规预期"就是无定预期,原因是两者在普遍性和常识性上是同一的。可推知,无定预期属于自预期的一种。而自预期的合法性是由主体意志自我确立的,具有强主观性,这是因为论断所涉及的道理也许是非主观的,但是它是不是普遍,以及是不是常识,多依赖说话人的价值判断。价值判断是显性的主观表达。所以,当竞争场域要求无主客观偏向时,无定预期的强主观性与之相违背。无定预期与主观性的关系,我们还可以通过事实性测试加以继续考察,比如:

(12.17) a. **非事实条件句**:<u>如果</u>他是骗子,我当然 / 自然不会相信他。

b. **反事实条件句**:<u>早知道</u>他是骗子,我当然 / #自然不会相信他。

"如果"引导的条件复句可作非事实和反事实,(12.17a)做非事实理解,条件与结论都不确定,陈述一个将来的选择。"早知道"已经语法化成为一个假设标记,引导的小句通常为假(郭光,陈振宇2019),因此(12.17b)的结论小句也为假,跟事实刚好相反,构成一组反事实推理。人们进行反事实推理的时候,往往要调动想象力,在可能世界中进行因果逻辑的重组,等价于一个基于常理的无定预期;这个过程往往非常依赖主观经验,汉语的反事实表达还尤其凸显主观情绪(袁毓林 2015,2020)。而非事实却跟主观性关联较小,比如典型主观性句式感叹句就排斥非事实陈述(张莹,陈振宇2020),因为是根据未发生事件建构而成,是出于事件指向的特定预期。因此,例(12.17)的测试说明:弱主观性的非事实条件句,"当然""自然"都可以使用,强主观性的反事实条件句只能允准"当然"。进一步说明:"当然"与强主观性相和谐,而"自然"与强主观性不和谐;反事实作用于信念层面的无定预期,其生效依赖说话人对于某种因果链条普遍性和常识性的信念。

12.5　反意外与无意外

　　无论是语法构式还是词汇构式,构式竞争的共时状态有且只有三种,简言之:你死我活,此消彼长,势均力敌。所谓你死我活,就是竞争的一方完全取代另一方的使用,后者接近消失,近代汉语向现代汉语演化过程中出现不少此类现象,比如主观标记"想必"就完全取代了"想是"的使用(王灿龙 2009)。所谓此消彼长,多发生在外来词之中,先是流行音译词,然后意译词的频次逐渐增加,最后形成意译词的压倒性优势,比如"激素"之于"荷尔蒙",已具有压倒性优势(刘荣,潘贵生 2019)。所谓势均力敌,一般竞争双方分工明确,各司其职,在语境中虽可替换,但有明确凸显的维度,比如"并不是"侧重否定事态中的实然性,而"又不是"侧重否定事态中的应然性,两者在事态性上相互僵持(陈禹 2021)。

　　副词"当然"与"自然"的竞争属于势均力敌的竞争,因为在CCL的现代汉语语料库各个子库当中,两者作为副词的使用频次没有明显差异,书面语料"自然"略占优势(1 380∶930),高出"当然"32.6%;口语语料"当然"优势明显,但也并不能完全压倒"自然"的分布(524∶179),"自然"的频次依然有"当然"的 34.1%。因此可以认为"当然"与"自然"在现代汉语中应该有明确的分工,以保证各自分布的独立性。

　　两者的分工究竟是什么呢?上一节我们已经知道竞争的场域是特定预期的合预期,而且"当然"与"自然"还分别有主观性与客观性的偏向,以及在口语语料与在书面语料的相对优势。但无论是主客分野还是言文优势,都是游弋在外围的描述,并且话语中的客观性归根结底还是一种主观性的显现(陈禹 2019),口语与书面的对立只是一种柔性的对立,而非截然对立,所以仅限于这两类范畴的分工探讨有失确切。为了有效地明确两者分工,进一步切分合预期范畴是一种有效的思路。我们知道包括"当然"在内的合预期标记,其语用功能是强调(张则顺 2014)。而强调之前信念所对应事实的确定性,实际上是为了消除某种不确定性。因为孤立的肯定句说话人自己都无法保证完全确定,比如"他喜欢篮球"传递的实际信息往往是"据说他喜欢篮球"或者"看上去他喜欢篮球"。以至于我们往往可以在孤立肯定句之后加上不确定的表述,比如"他喜欢篮球,但我很怀疑这件事",加上"当然"或"自然"之后,不确定的表述就不能共现了,比如" *他当然/自然喜欢篮球,但我很怀疑这件事"。所以,合预期的强调事实上是消除偏离预期的不确定性,从说话人的角度,相当于否定意外性,意外性的根源正是不确定性引发的各种反应,包括认识、情绪、立场等(DeLancey 2012;Aikhenvald 2012;强星娜 2017)。对于意外性的否定,至少可分为积极与消极两种否定方式。

　　对意外性的积极否定是反意外,对意外性的消极否定是无意外。反意外是就意外采取一种对抗姿态,反映为意外的截然相反,如同冷热之间的对立;意外往往是恍然大悟、毫无准备、情绪强烈,而反意外就是司空见惯、准备充分、轻描淡写,相对意外反其道而行之(陈禹 2018a,2021a,2021c)。无意外则不然,它更多体现为一种意外性的缺乏,即不考虑意外的因素,是怎么样的情况,如同"不热"之于热,并不是热的反面,也就是冷,而是热的缺乏,可以理解为算不上热。这是一种比较折中的状态。还是拿温度举例,如果一个人感受到高于 30℃是热,到 27℃～28℃可能感觉还是有点热,15℃以下又开始有点冷了,而到 18℃～20℃,一般说话人就可能表示"不热"了,也就是"热"的感觉已经完全退场,而"冷"并未出现,体现为居于相对状态中间位置。如果意外是一种状态,并且有程度之分,比如有点意外、非常意外、极度意外,可以表达为一个数轴的正方向取值;那么反意外可以依次对应各个程度的负方向取值;而无意外则表征为原点 0,如图 12.1 所示(箭头代表程度增加方向):

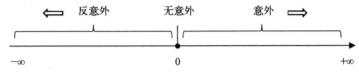

图 12.1　反意外、无意外与意外数轴

　　需要注意的是,无意外并非跟意外无关,而依然是在意外与反意外二元对立下的一种撤退,并且是在否定意外的话语框架之下。这种三分法的学术史直接来源是利奇(Leech 2014:§8.1)更新的礼貌原则理论。他指出非礼貌现象(non-politeness)可以划分出缺少礼貌(lack of politeness)与不礼貌(impoliteness)。其中缺少礼貌包括零礼貌(zero politeness)与礼貌不足(underpoliteness),但前者实际上是与礼貌无关,而后者才是礼貌的缺乏,但后者又不是不礼貌,因为不礼貌往往涉及面子攻击(face-attacking)。可见在语用学领域,针对某范畴的积极否定(对抗)与消极否定(缺乏)是一种行之有效的解释模型。但当我们知道可以把非意外进行切分,积极否定意外的是反意外,消极否定意外的是无意外,那么,这是否就是竞争的"当然"与"自然"分工的真相呢?

　　我们有理由相信"当然"是特定预期的一种反意外,而"自然"是特定预期的一种无意外。因为我们发现话语标记"毋庸置疑"和"不出意外"可以测试出含有"当然"与"自然"的主句的区别性特征,比如:

　　(12.18) a. **毋庸置疑**:读完小学<u>当然</u>接着读中学。

　　　　　　b. **不出意外**:读完小学<u>当然</u>接着读中学。*

　　　　　　c. **毋庸置疑**:读完小学<u>自然</u>接着读中学。*

　　　　　　d. **不出意外**:读完小学<u>自然</u>接着读中学。

　　"毋庸置疑"是没有怀疑的余地,相当于排除任何意外发生的可能性,表示后面句子所述事件是不由分说、不在话下的,要求该句必须与反意外语气相和谐。"不出意外"指的是一般情况、通常情况，也就是没有剧烈动荡的前提下，事件内在逻辑致使的发展变化，这里的意外是一种不在场，必然要求后接主句相谐于无意外。而例(12.18)的测试说明："当然"与反意外和谐，而与无意外相斥；"自然"与无意外和谐，而与反意外相斥。由此可知，竞争的"当然"与"自然"如果有维持共存格局的功能分工的话，该分工极有可能是反意外与无意外的分工，分别反映对意外的积极否定与消极否定。

12.6 本 章 小 结

本章坚持最小对比原则，围绕功能相似的副词"当然"与"自然"的共性与个性，进行了分层级探讨。我们认为，只有在语境中合法替换的分布，才能真正逼近两者作为近义词的可能性。通过构式竞争分析，发现两者真正相似功能是无主客偏向的合预期结果，而借助合预期的有定性二分，进一步定位竞争的语用场域是特定预期的合预期。两副词使用度上的均势，驱使我们考察两者共存的分工细节。以合预期是对意外性的否定为抓手，推导得到"当然"偏重反意外，而"自然"偏重无意外。不难发现，两副词在早期现代白话和如今的使用中已然出现差异，而反意外与无意外与应然事态、实然事态也存在极其复杂的渗透关系，故该构式竞争的历史逻辑与事态逻辑还有待更为精细的微观考察。

第十三章　无　意　外

"而已"与"罢了"两词的区分,学界有辞书视角、功能视角、演化视角三种研究维度,但对其竞争的本质与共存的理据值得我们进一步研究。本章从竞争视角出发对两者竞争环境的四个层次进行描写。借助康德的纯粹知性范畴框架,我们发现两构式对立的实质是量的贫乏与质的贫乏:低于量的预期,言外是量有欠缺,体现为部分肯定;低于质的预期,言外是质的次等,体现为勉强肯定。"而已"与"罢了"的统一之处在于表达无意外:说话人默认自己的认知状态处于高位,向听话人客观直陈某项低于说话人的预期的情状。竞争双方的互通之处促成两者互相交融,但"而已"所表达无偏向的无意外,有利于巩固其竞争优势。

13.1　"而已""罢了"的异同

在现代汉语中,句末的"而已"和"罢了"很多时候可以替换,比如:

(13.1) 这简直说不上爱,不过是好玩罢了(/而已)。(巴金《家》)

(13.2) 他在那里仅仅落下个空头户口而已(/罢了)。(路遥《平凡的世界》)

以至于在语言教学与语言信息处理的应用实践中,两者常作同义词处理,但在真实语料中,我们也可找到难以互换的情况,比如:

(13.3) 其实学了武功也没什么用。只是在这墓中左右无事,我就教你罢了(/*而已)。(金庸《神雕侠侣》)

(13.4) 你的目的一定已达到,而且你的目的绝不仅仅为了要看一朵山茶花开而已(/*罢了)。(古龙《英雄无泪》)

两者的对立与统一历来是学界关注的话题。具体可以概括为辞书视角、功能视角、演化视角三种研究维度。

辞书视角主要关注两者的词性、释义、搭配和语体。在词性上，侯学超(1998：12,190)判定为语气词，吕叔湘(1999：56,195)、王还(1999：13,125)判定为助词，张斌(2001：173)判定为语气助词。在释义、搭配和语体上，以上先生的意见都比较统一，两者都表示把事情往小里说，冲淡、减轻整句的意思；"而已"一般搭配"不过、只、只有、只是、仅、仅仅、如此、如是、无非"，"罢了"一般搭配"不过、只、只有、只是、只好、无非"；"而已"多用于书面语，"罢了"常见于口语。总体上，辞书视角对于两者的把握准确可信，作为知识普及完全足够，但要继续深入探讨，至少存在两方面有待细化：一是搭配与语体上的区别的实质是什么？二是语气上的细微差别如何描写与解释？

功能视角旨在共时层面对两者的语用结构进行细致描写与解释。方绪军(2006)认为"而已""罢了"的共性在于都体现某种主观小量，但区别在于"而已"适用于数量、程度、等级不够，而"罢了"适合纯粹与完全属于某种情况，时而彰显说话人的负面评价。丁存越(2017)发现"而已"跟表加合义的"不仅、不但、并不是"等词共现，"罢了"则不可，以至于"而已"可以延续已有话题，而"罢了"只能终结话题。以上观察非常细腻，已经触及"而已""罢了"之间的本质差异，然而，依然可以追问的是，两者的差异是否具有某种系统性？能否为普通语言学提炼出来自汉语视角的理论贡献？

演化视角主要针对当前用法进行历时层面的溯源。李小军(2009)，刘志远、刘顺(2012)，刘晓晴、邵敬敏(2012)都认为主观化在"而已""罢了"的语法化、词汇化中起到非常重要的地位，并且"已""罢""了"都有完结的意思，从完结义逐渐主观化为放弃义，再进一步主观化为主观小量义，其中伴随有语音弱化、重新分析、语用推理等连带效应，区别在于"而已"成词发生于跨层结构之中，而"罢了"是动词组合的虚化。演化视角借助语法化、词汇化的理论工具，探索"而已""罢了"如何一步步发展到今天，在位置、语义、语用上的触发因素对我们全面认识两者十分具有启发性，不过历时研究都基于一个前提,就是"而已""罢了"在演化的终点位置,都是主观小量义,似乎是全然同质的,但由例(13.3)(13.4)可知,两者当下依然具有一定的异质性。假如我们承认两者是同质的,那么"而已""罢了"在现代汉语系统中依然共存的理据在哪里? 这里有必要借助构式竞争的框架进行分析。

13.2　四 类 环 境

所谓构式竞争,源自拜比(Bybee 2015:§8.3.2)对类似功能构式历史发展的研究,比如双及物构式(She gave her brother a large dictionary)和与格构式(She gave a large dictionary to her brother),前者更为古老,但后者在动词语义上受到的限制更少。拜比认为功能类似的构式之间会产生此消彼长的关系,新创构式拥有更强的能产性,而原有构式会在高频或程式化的表达中依然留存,形成一种共存局面。戈德伯格(Goldberg 2019:§5)进一步发展了构式竞争理论,她认为新创构式始终遭受已有构式"因固化而保守"的挑战,使部分构式的能产度受到影响,构式的占位优势与其表达创新之间也是一种竞争关系。

陈禹(2018b)将构式竞争理论运用在"V 好"构式的研究当中,基于构式的形义二元属性,提出竞争不仅可以是功能类似、形式不同的构式之间的竞争,还可以是形式相同、功能不同的构式之间的竞争。陈禹(2021a)认为在共时层面上,构式竞争也是存在的,竞争的可能性在于形义上的相似性,竞争的必然性在于分工上的区别性。

虽然"而已""罢了"可以归入词汇型构式(Traugott & Trousdale 2013:§4.2),然而毕竟从典型性来说,两者不宜直接用构式来指称,不过这并不妨碍我们运用构式竞争框架当中的竞争视角对两者的语用现状进行把握。这是因为"而已""罢了"在功能上非常接近,但却并没有一方有明显的压倒性优势,同时似乎两者还有除却口语与书面语之外,其他的细微分工。我们借用竞争视角,就是要在共时层面,至少廓清两者竞争环境的四个层次:① 两者可替换的条件,② "而已"不可替换为"罢了"的条件,③ "罢了"不可替换为"而已"的条件,④ 两者都不可使用的条件。

13.2.1　两者可替换的条件

1) 与"无非""不过""只不过"等限制副词呼应时。

(13.5) 我们所能做的,**无非**是吊销他们的营业执照而已(/罢了)。(格非《江南三部曲》)

(13.6) 这**不过**年轻的人一阵狂热罢了(/而已),又有什么可疑的?(张恨水《金粉世家》)

(13.7) 城里人也并不见得怎样聪明,**只不过**他们的运气好罢了(/而已)。(毕淑敏《紫花布幔》)

2) 与"还不是""不就是"等轻微反问成分呼应时。

(13.8) 叫我看书,**还不是**让书来看我这副讨厌脸相罢了(/而已)?(叶圣陶《倪焕之》)

(13.9) 我不欣赏这套,**不就是**嘴上说说而已(/罢了),谁不会?(麦家《暗算》)

以上限制副词和轻微反问成分,陈禹(2018a,2021b)有专题讨论,两者与反意外语气密切相关。所谓反意外就是意外的逆反,表达的是不应意外或不必意外。限制副词和轻微反问都是典型与常用的反意外标记,不过,如果反意外标记出现在句末的位置,"而已""罢了"又不能出现了,比如构式"不就是了""才怪"。关于反意外的探讨,将在第四节详述,这里只是展现"而已""罢了"可替换条件的倾向性,即所在小句有与之语义关联且位置不冲突的显性反意外的标记。

13.2.2　"而已"不可替换为"罢了"的条件

1) 呼应"仅""仅仅"等后接数量结构时,只能用"而已"。[1]

(13.10) 因为英国本国的十二万一千方里的土地,**仅生产野兰**

---

[1]　需要注意的是,一量名结构或量名结构意义更为丰富,比如类指意义,不应看作数量结构。

五十种而已(/*罢了)。(叶灵凤《灵魂的归来》)

(13.11) 整个江阴县的工农业总产值也**仅仅数亿元**而已(/*罢了)。(吴晓波《激荡三十年》)

2) 呼应"不仅""不仅仅"时,只能用"而已"。

(13.12) 满脸的筋肉扭曲,眦裂发指,那副面目实在**不仅**是可憎而已(/*罢了)。(梁实秋《雅舍菁华》)

(13.13) 这种相似之处,我相信**不仅仅**是有趣而已(/*罢了)。(王小波《沉默的大多数》)

3) 固定搭配"仅此而已""只此而已""如此而已"等,只能用"而已"。

(13.14) 里面有一张光的铺板,**仅此**而已(/*罢了)。(高行健《灵山》)

(13.15) 关于男子,她所知道,**只此**而已(/*罢了)。(沈从文《石子船》)

(13.16) 老实说,咱们萍泛的绮思不过**如此**而已(/*罢了)。(俞平伯《桨声灯影里的秦淮河》)

以上条件有一明显特点,即与"仅"类副词关系紧密。北京大学中文系 1955、1957 级语言班(1996:278)指出,"仅""仅仅"表示数量少或者带有举例性质,由此可推知方绪军(2006)所言"而已"多有数量、程度、等级不够之意是很有见地的论断,不过该论断需要在两个方面作出澄清:一是"仅""仅仅"需后接数量结构才排斥"罢了",但"不仅""不仅仅"无论是否后接数量结构,都排斥"罢了",这是为什么? 二是固定搭配用法的共性是强调一种单一性,单一性跟"不够"的可通约性在哪里? 有必要继续观察另一种不可替换。

13.2.3 "罢了"不可替换为"而已"的条件

1) 在祈使句句末,只能用"罢了"。

(13.17) 你需要怎么办,尽管自己做主罢了(/*而已)!(李文澄《努尔哈赤》)

(13.18) 世事如梦,咱就让这一场梦过去罢了(/*而已)。(贾平

凹《废都》）

2）紧贴着"倒""也""倒也"时，只能用"罢了"。

（13.19）她哑嗓子、大嗓门，说话惊惊咋咋。这**倒**罢了（／＊而已），头一条她最爱夸张，什么事情经她嘴里一说，不夸张十倍以上决不罢休。（刘心武《钟鼓楼》）

（13.20）把我新屋当个牲口圈，我只好认命，这**也**罢了（／＊而已）。你还要祸害咱们丫头。（周立波《暴风骤雨》）

（13.21）你到集上唬别人**倒也**罢了（／＊而已），在我面前说这些干什么？（莫言《蛙》）

3）"罢了"独用或者连用时不可替换。

（13.22）这可是德意志国产的东西。罢了（／＊而已），看在你我有缘的份上，本帅就送给你了！（朱秀海《乔家大院》）

（13.23）罢了罢了（／＊而已），这也是天命，你别再哭了，怕伤害了你的身体！（郁达夫《沉沦》）

"罢了"的以上区别性用法与其动词词组的来源意义息息相关。放在祈使句后有说话人不再计较之意，这是由完结义发展出的放弃义在现代汉语中的遗留（刘晓晴，邵敬敏 2012）。"倒""也"在呼应"罢了"的语境中，分别是舒缓语气和委婉语气的用法（吕叔湘 1999：154,597），语境中是对某种情况暂且不论，有很强的承上启下性质。独用和连用的"罢了"，是一种言域用法，表示说话人勉为其难，只好接受。这三处"罢了"的共同特点是，都是对整个情状的勉强承认，相比较而言，"而已"突出单一或不足，是对情状的部分承认。

13.2.4　两者都不可使用的条件

1）不得前接句末语气词。

（13.24）人家就是地多嘛（＊罢了／＊而已），别的也没啥。（周立波《暴风骤雨》）

（13.25）既然如此那就回去呗（＊罢了／＊而已）。（魏润身《挠攘》）

2）不得在有商量语气的小句中。

（13.26）鲁大海：那我**还是**自己进去（＊罢了／＊而已）。（曹禺

《雷雨》)

　　(13.27) 远望总不真切,**最好**是雇上汽油船去看看(*罢了 / *而
已)! (夏衍《狂流》)

　　句末语气词处于小句的右边缘(right periphery),一般情况下,
左边缘的成分更侧重主观性,右边缘成分更侧重交互主观性,交互
主观性体现的是对听者的关切(丁健 2019)。虽然这种关切是相对
的,但无疑右边缘更接近话轮的终结。"而已""罢了"可以后接句末
语气词①,但不能前接,说明相对句末语气词而言,两者的主观性较
强,而交互主观性较弱。商量语气是说话人意志的展现,具有冲淡
语气的功能。之所以无法与之共现,究其原因是商量语气体现说话
人的审慎和斟酌,而"而已""罢了"隐含一种不在话下、不由分说的
口吻在里面。即便同是语气的冲淡,也有语力强弱的差别,"而已"
"罢了"的语力偏强。

　　小结一下,本节描述"而已""罢了"的四类竞争环境。从两者共
有的环境,可得知两者跟反意外语气相容。"而已"特有的环境表
明,"而已"对于数量结构与单一性表述有一定的倾向性。"罢了"特
有的环境提示,"罢了"凸显对情状的勉强肯定;"而已"凸显对情状
的部分肯定。从两者拒斥的环境,可分析出两者交互主观性弱于句
末语气词,但悟力更强。

13.3　对 立 实 质

　　我们有必要关注"而已""罢了"对立的实质是什么,换句话说,
上一节显示的两者的区别性特征具体是在哪一个层次上展开的对
立?"而已"所彰显的缺量与单调,"罢了"所表现的将就与忍让,在
根本上分别指向量的贫乏与质的贫乏。

---

　　① 比如:"我只是闻到香味,过来看看**而已**嘛。"(于晴《红苹果之恋》)
　　　　"说不定自己身体里头也养着小动物,只是不知情**罢了**吧?"(残雪《男孩
小正》)

康德(1781/2004：71)指出量与质属于四个纯粹知性范畴,另外两个范畴是关系和模态。所谓知性,区别于感性和理性,是"作判断的能力"(康德 1781/2004：63)。知性需要借助概念才能理解客体对象,否则客体对象只会是含混与杂多的信息洪流,而先天的、本源的纯粹知性范畴,预装在人类思维系统之中,这些基本范畴包含量、质、关系、模态四大类,每个下分三个子范畴,总共十二类(康德1781/2004：72)。其中,量的范畴有单一性、多数性、全体性,质的范畴有实在性、否定性、限制性。两大范畴的前两个子范畴容易理解,全体性其实是"作为单一性的多数性",而限制性是"与否定性结合着的实在性"(康德 1781/2004：75)。

借助纯粹知性范畴框架,我们主张"而已""罢了"是在量与质的各个范畴上再叠加一个贫乏的维度。这种贫乏,对量而言是规模不足,对质而言是成色不足。具体来说,"而已"是某个情状在量上的规模不足,而"罢了"是某个情状在质上的成色不足。前者即量的贫乏,后者即质的贫乏。

"而已"起作用的是量,所以经常可以看到"而已"的使用多跟数量结构有关,而且语义解读是数量的缺乏,因此常伴随限制副词"仅仅"。有时也体现为说话人对数量整体性的否定,理由是一旦伴随"不仅仅""不仅",该情状就会作为一种片面的信息,被说话人否认。在以上区别性分布中,可以找到"而已"对量的三个子范畴都体现出这种贫乏维度,比如:

1) 单一性的贫乏。

(13.28) 这些文人学士的毛病,还不仅仅是健忘**而已**!(徐兴业《金瓯缺》)

　　→单说健忘这一方面是不足的。

2) 多数性的贫乏。

(13.29) 她实践这种自我命令的机会,这几个月里也仅仅三次**而已**。(刘心武《钟鼓楼》)

　　→机会的次数并不多。

3）全体性的贫乏。

(13.30) 一道甜点，一块棒糖，一条围巾，一把名牌的网球拍，仅此**而已**。（李国文《那年故事》）

　　→全部东西加起来很少。

"罢了"起作用的是质，因而当跟"倒""也""倒也"连用时，辖域内的情状多作为可忍让信息，更主要的是抛出另一则明显更耸人听闻的信息。其独用或连用时，是对上文整个情状或者之前立场的弃绝。祈使句的条件下，"罢了"表示的是姑且放任的态度，体现说话人不再坚持，任其发展。质的贫乏的三个子范畴也就分别对应这种忍让、弃绝与放任，比如：

1）实在性的贫乏。

(13.31) 她想自己低也倒**罢了**，为什么偏要用自己作抵头，去换人家那高的呢？（赵树理《三里湾》）

　　→她想自己低还能理解。

2）否定性的贫乏。

(13.32) 宋思明很难回答，他心想，大势已去，**罢了**。（六六《蜗居》）

　　→迫于形势不回答了。

3）限制性的贫乏。

(13.33) 这种话，也就先听着**罢了**！而且，只怕十之八九还是柳如是一厢情愿，钱牧斋未必就有这等心肝！（刘斯奋《白门柳》）

　　→这种话只管先听着。

我们说质的贫乏主要是情状的成色不足，说话人对于情状的信息度、认可度、重要度上是故意调低的。这种轻描淡写以往多归于主观小量。但我们认为与其说是对量的作用，不如说对质的作用，区别就在于量的标尺是计数，量的贫乏是欠缺；而质的标尺是有无，质的贫乏是次等，即退而求其次。所以"罢了"无论是表忍让、弃绝还是放任，都有不以为意、勉强为之、可有可无的意味。

戴耀晶、陈振宇(2014)提出否定有质与量两个方面，量的否定语义含义是"少于",质的否定是"无",比如"张三没有去过三次北京"是量的否定,意思是张三去过北京的次数少于三次,而"张三没有去过北京"是质的否定,意思是张三去过北京这件事不存在。戴、陈两位先生的观察无疑是准确的,但是我们所指的贫乏,并不等同于否定。有时"不"的语义也未必是质与量的否定,而是一种贫乏,比如"不热",并不是"热"不存在,而是"热"并未达到应有之量,是足量的"热"的贫乏。又比如"不中不洋",并不是没有中国要素,也不是没有外国要素,而是都沾上一点,却又都非常勉强,是对两种质的一同贫乏。可见,肯定与否定都是就情状本身而言的,而贫乏增加了一个标准的维度,这个标准是说话人的心理预期,也就是说量是肯定的,质也是肯定的,只是较于预期的标准,是否定的。低于量的预期,言内是量的肯定,言外是量有欠缺,体现为部分肯定;低于质的预期,言内是质的肯定,言外是质的次等,体现为勉强肯定。

根据康德的十二范畴框架,我们认为"而已""罢了"之于量与质的诸子范畴都能有很好的对应,两者的区别性环境,实质上是量的贫乏与质的贫乏的对立,而贫乏并不处于肯定或否定这两极,而是现实情状与主观预期在极性上的一种综合。加入预期维度,双方都带有的受限的肯定性和隐含的否定性都能得到解释。

13.4　有　偏　与　无　偏

值得注意的是,调查 CCL 语料库典范的现代白话文著作语料中全部 1 946 例"而已"和 1 194 例"罢了",地毯式标注显示两者不能替换的语例分别只占 8.6％和 10.2％,绝大多数的"而已"和"罢了"都可替换。那么,两者的共通之处为何? 与其对立之处如何协调?

第二节已经提到,"而已""罢了"的可替换环境是与反意外相和谐的小句,但对于意外语气,两者的表现,有些语境下意外语气可以与"而已"和谐,不可替换为"罢了",比如:

(13.34)　**一把抱去,却是空的,竟然只有衣服**而已(／*罢了)。

（蔡骏《肉香》）

　　（13.35）没想到这条金蛇，**居然**只是避开**而已**(/*罢了)，看来这雄黄粉的功效，还不如我料想中有用。（李凉《江湖一担皮》）

　　另一些意外语气小句也可以与"罢了"和谐，但都可以替换为"而已"，比如：

　　（13.36）聪明如三毛不会不懂这个道理，只是她**偏偏**不肯如此**罢了**(/而已)，她甚而一直微微地笑着。（三毛《梦里花落知多少》）

　　（13.37）当她正为他那一句话感动到死去活来的地步时，他**居然**只是提个问题**罢了**(/而已)！（梦雪《拦截爱情记忆》）

　　在意外语境中，可以认为只要可以用"罢了"，一定可以使用"而已"，反之则不成立。由此推知，"而已"在意外语境下适用范围更广，"罢了"在意外语境下适用度受限。但根据陈禹（2018a，2021b）的讨论，但凡可以同时进入意外语境与反意外语境，都应归入无意外，也就是与意外不直接关联，这可以认为是"而已""罢了"最主要的共性。无论是质的贫乏还是量的贫乏，仅仅是摆明事实与预期的差距，作为一种说明（exposition），主要目的是传递信息（陈禹2019），相当于说话人默认自己的认知状态处于高位（K＋）①，向听话人客观直陈某项情状（Heritage 2012），只是说明的情状低于说话人的预期。"贫乏"本身在说话人看来也是无意外的，这种无意外为某种主观性所塑造。正是因为主观性的塑造，所以主要是说话人的立场构建，并不直接体现对听话人的关切，因此，交互主观性会略显不足。同时，无意外需要明确表述，从而排斥商量语气类弱语力表达。

　　虽然"而已""罢了"都是无意外，但从例句（13.35）—（13.38）可知，无意外标记内部也有分化。因为在反意外语境之中，两者的分布几乎一致，而在意外语境之中，"而已"受到的限制小，"罢了"受到的限制大。我们认为，在无意外内部可以进一步细分为意外性有偏

---

　　① K＋(more knowledgeable)是指言者和听者存在信息不均衡，言者相对于听者拥有对某事物更多的认识，即具有信息领地优势，反之为 K－(less knowledgeable)。

向的无意外与意外性无偏向的无意外。"而已"是意外性无偏向的
无意外,在意外语境和反意外语境限制性都不显著,是中立的无意
外;而"罢了"是偏向反意外的无意外,在意外语境中受限制,但在反
意外语境中不受限,是偏向反意外的无意外。无意外的无偏和有
偏,可以很好解释为什么诸多学者认为"而已"更支持书面语体,而
"罢了"更支持口语语体。其实前贤所谓的书面语体,更多指的是
正式语体,因为不偏不倚的立场表达更具正式性,所以"而已"适配
度较好;而口语语体其实是非正式语体,非正式语体对言者的立场
有主观偏向的表达的容忍度更高,从而"罢了"的偏向性在更加容
易实现。

　　无偏和有偏跟量与质的分野息息相关。量的贫乏是欠缺,欠缺
多是一种事实判断;质的贫乏是次等,次等多是一种价值判断。事
实判断相对于价值判断,中立性更强;价值判断之于事实判断,更容
易导致偏向性。不过因为两种判断都是主观构建的结果,无意外的
宏观格局并没有突破,无偏和有偏只是细微的差别,这可以解释为
什么绝大多数"而已""罢了"都可以互换。情状的量与质可以融为
一体,常常两种解读都能成立,也就能自由互换,比如:

(13.38) 我以为他很顾家,只是与他太太相处不来*而已*(/*罢
了*)。(朱邦复《东尼!东尼!》)

→而已:只有"与太太相处不来"这一个方面(单一性
的贫乏:量的解读)。

→罢了:"与太太相处不来"是非常次要的因素(实在性
的贫乏:质的解读)。

(13.39) 我不知道,说不上来,见一步走一步*罢了*(/*而已*)(亦舒
《七姐妹》)

→罢了:姑且"见一步走一步"(限制性的贫乏:质的
解读)。

→而已:"见一步走一步"是唯一能想到的(全体性的贫
乏:量的解读)。

　　但是非常明显的是,除却"罢了"残留的动词用法,"而已"在高度虚化的句末用法上几乎是覆盖了"罢了"的相应分布的。量的贫乏更为显豁,而质的贫乏相对间接可能是重要原因,因为使语力更加明确是两者的统一功能。我们认为"而已"可能会最终在与"罢了"的竞争中胜出,而逐渐压制"罢了"的相似用法。证据有三,其一是无论是 CCL 还是 BCC,现代汉语语料库中"而已"的绝对数量远远高于"罢了",前者对后者在两语料库中的例句比分别是 11 429∶5 731 与 88 685∶29 839;其二是"而已"大量涌入口语语料,在中国传媒大学媒体语言语料库(MLC)这种半机构口语,"而已"(1 619例)也相较"罢了"(154 例)优势明显;其三是"罢了"不可替换为"而已"的功能,大多可以被"算了""好了"等替换,但"而已"的相应功能难以找到替代成分。可以预见,竞争双方的互通之处促成两者的逐渐交融与相互渗透,但一方的限制更少,有利于能产度的提升,从而进一步强化此方的心理可及性,巩固其竞争优势。

13.5　本 章 小 结

　　本章解析"而已""罢了"之间的四类竞争环境,通过分别讨论两者的对立实质与共通之处,初步断定量的贫乏与质的贫乏是两者在语用系统中的区别性特征,这种区别性特征直接影响住可互换条件下存在的意外性细微差别。然而从宏观层面,两者的共性具有压倒性优势。不过这并不是一种平衡与均势的格局,"而已"覆盖"罢了"相当一部分用法。就现有的观察而言,这种不平衡在可预见的将来极有可能继续加剧。

第十四章　自　明　性

显示自明性是反意外的语用价值之一。本章以现代汉语中"毕竟"的语义识解为例,探讨自明性的验证方法。已有研究提供了"强调说""结论说""转折说""辩证说"四类解释模式,但无法避免理论上与事实上的一些问题。从现有的研究成果出发,我们认为彰显自明性是"毕竟"使用的本质,这种自明性可以从不可虚假性与不可论证性两个方面进行验证,而自明性所造成的语义后果,正是原有四类解释模式具有解释力的缘由。

14.1　"毕竟"的问题

"毕竟"是现代汉语中一个难以解释的副词,引起了学界的广泛讨论,代表性的有"强调说",即"毕竟"传递的主要是一种强调语气(北京大学中文系 1955、1957 级语言班 1986;董付兰 2002);"结论说",即旨在产生某个结论(吕叔湘 1999;王瑞烽 2011;吕海燕 2011);"转折说",即表达一种转折关系(高书贵 2000);"辩证说",即提醒不容忽视的另一方面(储泽祥 2019)。或者是以上解释的融合(祖人植,任雪梅 1997;张秋航 2006;晏生宏,廖巧云 2013;张秀松 2015)。

诸家的讨论深化了我们对"毕竟"的认识,但也依然存在悬而未决的问题。比如高书贵(2000)指出已有理论虽然对于使用"毕竟"的情况都有一定的解释力,却无法解释不能使用"毕竟"的情况:

(14.1) 小张反反复复地给小王解释了半天,小王<u>毕竟</u>明白了。×(引自高书贵 2000)

为什么例(14.1)中"毕竟"不能说? 高文给出的解释是"毕竟"预设一个隐性的转折语义,"小王毕竟明白了"预设"(情况可能使)小王不明白",需要将句子修改为符合转折关系的情况"虽然小张的解释不好懂,但小王毕竟明白了"。然而值得推敲的是,有些转折关系的句子,也不能使用"毕竟",比如:

(14.2)卫星上网,虽然发一份邮件发了 40 分钟,但他(×毕竟)也一定要发出去。

作为典型的转折句,例(14.2)不能允准"毕竟"的使用,这说明预设的转折语义也不是解释"毕竟"的本质机制。本章旨在从正反两方面考察"毕竟"的适用条件与不适用条件,配合一套具有可操作性的验证方式,准确描述"毕竟"在现代汉语中的实际意义。

14.2　已 有 研 究

无论是"强调说""结论说""转折说"还是"辩证说",都为"毕竟"的研究提供了诸多有效的方法和锐利的洞见。我们的研究理应在全面继承已有成果的基础上开展。

"强调说"认为"毕竟"在句中对某一个语义成分进行了强调,但所强调的对象莫衷一是。北京大学中文系 1955、1957 级语言班(1986:82)解释"毕竟"为"强调事物的状态、性质、特点,不管怎么说,终究还是这样;即使出现了新情况,原有的状况也不容否认"①。强调的是性状特点。董付兰(2002)认为"毕竟"的作用是标示原因焦点,使之突出、醒目,引起受话者注意,从而达到强调的表达效果。强调者又成了原因。其实以上三者也可以统一,也就是分别强调事件本身、作为根据的事件以及事件原因,在语料库中也能找到所对应的语料。但"强调说"最大的问题在于"强调"这个概念过于宽泛,

---

① 文中还列举了"毕竟"的另一条义项:强调某种事情、现象到最后还是发生了、出现了。句尾总有表示新情况出现的语气词"了",并举例:"(1)但是,我毕竟发现真理了(《朱自清选集》)(2)镇上的大小铺子倒闭了二十八家……欠了林先生三百元货账的聚隆与和源也毕竟到了"(《茅盾短篇小说选》)。我们认为,随着现代汉语的发展演变,以上例句已经很难接受,该义项或许正处于消亡的过程中。

以至于"强调"本身的定义都不太明确。在一般意义上,强调至少包含两层意思:"程度高"或"重说"。我们可以明确知道"毕竟"跟程度高没有直接联系,比如"机会非常有限"和"机会毕竟有限",并非表达同一意义,传达同一语气。至于"重说",徐晶凝(2000)直接将"重说语气"解释为"强调",张谊生(2000:59)则将"强调"释义为"说话人对相关命题的高度重视和坚定的态度",但对比例句可以明白地发现,"毕竟"与重说所表现功能意义并不相同:

(14.3) a. 他<u>可</u>没说过这话。

　　　 b. 他<u>毕竟</u>没说过这话。(引自徐晶凝 2000)

前一句使用了"可",传达的是说话人往大里说、重里说、高里说,语气是上扬的;而后者说话人使用"毕竟",传达的是往小里说、低里说、轻里说,语气是下降的。综上,无论是采用"程度高"还是"重说"的理解,"毕竟"与强调都没有紧密的联系。因而,"强调说"的基本观点我们并不赞同。

再来看"结论说",该观点的核心要义在于"毕竟"是引发某个结论的产生。"结论说"内部各家说法基本相似,只是侧重点略有不同。吕叔湘(1999:78)将"毕竟"释义为"后面的话表示追根究底所得的结论;究竟;终归;到底。侧重产生结论的根本性。充分肯定重要的或正确的事实,暗含否定别人的不重要的或错误的结论"。王瑞烽(2011)指出"毕竟"有时是对上文某一情况或观点的解释,或者是对下文中情况或观点的解释或推导的基础。侧重产生结论出现的两个方向。吕海燕(2011)分析"毕竟"的语义是一个完整的思维过程,即"与其他事件相比更重要的关键事件,决定某一结果的产生"。侧重产生结论的重要性。由于"根本性"与"重要性"无法用语言内部要素进行验证,所以欠缺语言形式印证的可操作性,然而王瑞烽(2011)对于两个方向的洞见相当有启发,因为我们发现包含两个相同事件的因果复句,颠倒因果关系后,"毕竟"都可以用在表原因小句:

(14.4) a. 张刚<u>毕竟</u>还爱小丽,所以他回来了。

　　b. 张刚**毕竟**回来了,所以他还爱小丽。(改编自沈家煊
　　　　2003)

　　在这种情况下,"毕竟"的使用不关心事件本身是什么,而在于
这个事件是否能带来一个结论。沈家煊(2003)论证例(14.4a)与
(14.4b)的复句中的语义关系在不同的概念域层面上:(14.4a)属于
行域,即事实关系;(14.4b)属于知域,即推理关系。因而有时候哪个
事件是原因,哪个事件是结论,取决于说话人动用哪个概念域的识
解模式,而在因果关系清楚了的情况下,"毕竟"始终占据原因小句的
位置。那么,既然总引出结论,为什么不直接说"毕竟"是原因标记
呢? 这是因为有些不是显性因果关系的句子中也可以使用"毕竟":

　　(14.5) 这本书虽然有缺页,但**毕竟**是珍本。(引自高书贵 2000)

　　上例并不是因果复句,同样也不存在什么结论关系,是一个彻
头彻尾的转折句,然而后一小句却可以使用"毕竟",这对于"结论
说"而言是一个巨大的挑战。出于理论上的弥补,王瑞烽(2011)提
出类似例(14.5)的句子中引出的结论依然存在,只是隐含了起来,但
是关于隐含的理据与动机文中语焉不详。因而我们认为"结论说"
的优势在于可以妥善解释有显性因果关系的句子,缺点在于无法合
理说明无显性因果关系的句子。

　　正是对于"结论说"的回应,很多学者秉持或者兼收"转折说",
他们认为转折是"毕竟"语义属性的重要一环。高书贵(2000)认为
"毕竟"具有表示让步转折关系的隐性语法功能,是让转关联词语的
凝缩形式,也是表示让步转折语义的"触发语"。甚至可称之为让转
关系的语气副词。张秋航(2006)融合了"强调说""结论说"与"转折
说",指出"毕竟"表示强调的基本义居于高层,具体运用中有强调结
论与强调原因两种用法。晏生宏、廖巧云(2013)也同样将"结论说"
与"转折说"熔于一炉,在三类语境中对"毕竟"进行分别释义:让步
语境中等于"虽然如此说/无论如何,但归根到底的结论/结果/事
实仍然是……";转折语境中等于"但最终的结局或结论却是如此";
认证性语境中等于"说到底是因为"。

鉴于在引言部分,已经提及单纯"转折说"的弊病,即有些转折复句无法使用"毕竟",所以近来的学者多兼顾"结论说"与"转折说"。做法基本上是把"毕竟"划分成两类含义:"结论说"无法解释的用"转折说","转折说"解释不通的用"结论说"。这似乎也不失为一种权宜之计,比如张秀松(2015)从语法化的角度细致梳理了"毕竟"的演化经历,从"完结"到"最后",再到主观强调义终于、终究,再从时间副词演变为语气副词;时间副词与语气副词用法都保留至今,分别释义为"说到底"的结论义与吸收语境"不因……而不……"义素的转折义。但稍加考察即可发现,把用在因果复句与转折复句的"毕竟"的释义截然分开不符合事实。一方面,因果与转折可以同时在一个复句之中,而"毕竟"嵌套其中:

(14.6)我对我的舞蹈表现其实还挺有信心的,但是因为毕竟很久没跳了,所以其实一开始还是有一些担心。(引自王瑞烽 2011)

这里的"毕竟"我们很难说应该使用"结论说"还是"转折说"的解释模式,因为它恰好处于两种情况都适用的关键位置。另一方面,完全可以找到既不是因果复句也不是转折复句但是出现了"毕竟"的句子:

(14.7)拿他的功和过来说,错误毕竟是第二位的。

因而"转折说"虽然一定程度上回应了"结论说"的一些不足,但是它相比于"结论说"解释力更弱。根据丁志丛(2008:18-19)的考察,只要前后小句构成反预期的"异态关系",就可以连缀成转折复句。在如此宽泛的适用性前提下,极有可能是"毕竟"传递的某种反预期信息跟转折复句形成了巧合性对应。

有关"毕竟"释义最新的研究进展是"辩证说"。储泽祥(2019)在全面继承以上诸说的前提下,创新性地提出了"毕竟"的使用基础是说话人希望辩证地看待问题的立场。其论证要点在于:1)"毕竟"所在小句语义往往不自足,因为小句处于对立统一的辩证关系之中。2)"毕竟"所得结论具有根本性,说话人不得忽视,所以说话人的言外之意是让听话人注意要全面地看问题,也体现了辩证的立场。3)"毕竟"的使用是说话人的一种比较与选择,在承认已有事实或原因的情况下,说话人补充一个自己认为重要的事实与原因,致使话语尽量委婉,以缓和交际,易于让听话人接受自己的意见。等于说"毕竟"既顾及客观,也兼顾主观,也是一种辩证性的体现。"辩证说"统一解释了"结论说"和"转折说"两类情况,有较强的解释力,部分论述令人信服。不过,强解释力伴随而来的是过度生成性。"辩证说"的过度生成性表现在两个方面:一方面,任何原因小句或者转折小句都可以说是说话人在辩证地看问题,因为原因小句的预设是这个原因是听话人未注意到或者未加以重视的,也完全可以看作提醒听话人要持全面的观点;而转折小句更是给出一个不同于听话人预期的信息内容,跟已有内容也存在对立统一关系。所以,"辩证性"究竟是"毕竟"的语义功能还是原因小句或者转折小句的语境功能并不明显。另一方面,既然"毕竟"的使用基础在于"辩证性",那么,是否但凡包含辩证性的句子,都可以使用"毕竟"呢? 答案是否定的。例(14.1)、例(14.2)都是明确的反证。说话人的确在承认已有事实的情况下,提醒另外一些事实,但是"毕竟"无法添加入句。是否是除了"辩证性"这个基础之外,另有更为本质的核心机制? 当然,需要承认的是,辩证性确实是"毕竟"的语用特征,与其语义的核心机制一定是相容的。

　　"强调说""结论说""转折说""辩证说"也各有无法相容的语言事实,那么是否兼顾以上意见就有更全面的解释力呢? 祖人植、任雪梅(1997)很早就给出一个调和的定义,即"副词'毕竟'含强调语气,通过强调某一情况而表明说话人的某种判断、观点或结论",并且给出了"毕竟"使用的两种模式,包含繁式与简式各一:

繁式1　　　　　　　　　　　　　简式1
(虽然)A+[(但是)B+(因为)毕竟 C]　　B+(因为)毕竟 C
繁式2　　　　　　　　　　　　　简式2
[(虽然)A+(但是)毕竟 C]+(因此)B　(虽然)A+(但是)毕竟 C
　　其中"繁式"都是兼有因果和转折两种复句关系的;"简式",也

就是在省略了繁式中的若干小句而形成的语篇,来解释各种句子的实际结构情况。事实上,他们兼顾了两个方面,一个是语义上兼顾了强调、结论与转折,另一个是语用上兼顾了明示与隐含。所以具有相当强的解释力。这或许触及了"毕竟"使用的本质:在语境可推理的情况下,既强调可推出某个结论的原因(结论可隐含),同时强调基于某对立信息的转折信息(对立信息可隐含)①。我们认为"原因兼转折"的确是"毕竟"最关键的语义条件,因为可以解释例(14.1)、(14.2)不能成立的原因,但是继续追问"强调"的定义,依然太抽象,强调的是什么? 为什么要强调? 说话人强调的基础何在? 另外,为什么原因和转折可以在"毕竟"这里统一? "毕竟"标记的小句有怎么样的属性可以让说话人这般理直气壮? 这些可能是我们要继续深挖的问题。

14.3　我们的设想

回溯前贤对于"毕竟"的解释,有两处不为人注意的描述引起了我们的兴趣:北京大学中文系 1955、1957 级语言班(1986:82)指出,"毕竟"有"情况不容否认"这层意思,吕叔湘(1999:78)、储泽祥(2019)都强调"毕竟"后面跟随的是"归根究底的结论"。"不容否认"也好,"归根究底"也罢,两者都呈现出"毕竟"的使用跟说话人的某种认知状态相关,即对待由"毕竟"标记的内容有一种划定底线

---

①　陈振宇先生(私下交流)认为祖、任文中的阐述依然有缺点,转折和原因的关系需要进一步明确。陈先生认为"毕竟 XP"要合适,必须能够从 XP 推出一个 YP,并且在语篇或语境中可以找到一个可以推出～YP 的已经存在的 ZP。如果不能满足上述两个条件中的任意一个,"毕竟 XP"就不合适;如果这两条同时满足,"毕竟 XP"就合适(XP、YP、ZP 都为命题),可以表现为以下图示:

$$
\begin{array}{ll}
\text{原因} & \text{结果} \\
\text{ZP} \longrightarrow \sim\text{YP} \\
|\text{对立} & |\text{转折} \\
(\text{毕竟})\text{XP} \longrightarrow \text{YP}
\end{array}
$$

的意味。这条底线是说话人进行推理的起点,也是说话人容许非议的终点。如果这条底线就是"毕竟"所传达的语义特征,那么它究竟是什么?

我们知道数学公理就具有这种底线属性,公理是人们进行数学演算的基础,并且不可以否认,比如"彼此能重合的物体是全等的"(欧几里得 2014:3),这句话就是公理,它是长期实践观察的结果,没有办法证明,是必须遵守的常识,否则其他的数学规则无从谈起。因而,公理无需证明但必定为真,一般会表述为"公理不证自明",因而公理反映出在认知上的底线性也就因此具有一个可表述的概念:自明性。

观察"毕竟"分布可知,它标记的内容多为表示客观事态的行域事件或者表示主观判断的知域事件,而不能是表达言语行为的言域事件。这些行域事件与知域事件反映的是一些基本事实、基本事理与基本看法,站在说话人的角度,它们是无可非议与不容辩驳的。虽然并非是放之四海而皆准的数学公理,但是从说话人的主观看来,在"自明性"这一点上是跟数学公理相当的。因而,我们可以由此设想"毕竟"的语义本质上是标记内容的自明性。语言学意义上的自明性定义可以表述如下:

所言说内容无需证明的属性,包括事实明白无误,道理毋庸置疑,看法不言而喻。

14.4　自明性的验证

我们认为"毕竟"所强调的正是说话人认定所述内容的自明性。自明性的定义实际上包含了三种情况:事实的自明、道理的自明以及看法的自明。从语料库中我们都可以找到这三类的分布:

(14.8) a. 我说不行,五个县的排查至少要半年,**毕竟**人失踪有40多年了。(事实自明)

b. 我们还是需要理性看待新生事物,**毕竟**实践是检验真

　　理的唯一标准。（道理自明）

　　c. 不过在公司实习，<u>毕竟</u>不同于在学校学习，人际关系
　　　还是值得大家注意的。（看法自明）

　　(14.8a)的语境表明，说话人不同意的理由在于排查时间过长。造成过长时间的原因在于人失踪了太久，原因小句使用了"毕竟"是为了突出客观事实就是如此，需要长时间排查的理由充分确凿。(14.8b)同样也是用"毕竟"所在小句阐述要理性看待新生事物的原因。原因在于"实践是检验真理的唯一标准"这一个道理，这个道理的确证无疑，反衬前一句的结论是在有的放矢。(14.8c)与以上两类情况略有差异。"公司实习不同于学校学习"既不是客观事实也不是真谛道理，而是说话人的一个看法。以上三者可以明显察觉到所述内容的客观性逐渐减弱，而主观性逐渐增强的趋势。

　　不过如上的语料只能表示自明性是"毕竟"语义解释的充分条件，即存在自明性解读的可能，但并不是充分条件，也就是在自明性解读以外，"毕竟"都不能成立。所以，我们要仔细考察"毕竟"不能成立，或者说在句子中不能成活的情况。

　　问题于是就集中在不自明的内容是什么样的。我们知道自明性的突出特点是不仅具有绝对的真实性，而且具有绝对的基础性，也就是说具有自明性的内容不容怀疑、不用证明，那么它的反面就是值得怀疑、需要证明。我们可以据此设计一套测试方案来验证自明性作为"毕竟"语义解释的必然性，分成两个步骤，一是测试与可虚假性不相容，语言形式上表现为不可追补对命题真值的挑战；二是测试与可论证性不相容，语言形式上表现为不可再追补原因。

　　步骤 1：可虚假性测试。李新良(2013)，袁毓林、寇鑫(2018)根据上下文语境的语用预设，利用"追补测试"考察相关命题的预设是否与所测试内容一致，如果发生抵触，则原小句命题与追补小句构建预设相乖违。他们发现小句命题的虚假性（他们称作非叙实性）可以用"其实"式追补小句加以检验。我们发现"毕竟"不能允准这类句子，比如：

(14.9) a. 天子虽说失了势，<u>毕竟</u>是天子，(×其实未必完全如此，)比谁都大。

　　　　b. 俄语有少数名词没有数和格的变化，大部分专有名词的变化和形容词一样，但这并不妨碍它们归入名词一类，因为词类<u>毕竟</u>是句法功能相同的词的聚合(×其实未必完全如此)。

　　　　c. 这种工具<u>毕竟</u>太简陋了，(×其实未必完全如此，)他们获取的食物是很有限的，靠单个人的力量，没法生活下去。

(14.9a)是事实自明的情况，"毕竟"所在小句的命题不能附加对其真值挑战的追补小句，正如前贤所言一般事实"具有不可否认"的属性；(14.9b)小句是道理自明的情况，尽管"毕竟"小句所言及理论在学术上依然有可讨论的余地，但是在该小句后不能出现商榷小句，正是由于商榷的小句跟"毕竟"的必然为真的预设相抵牾；(14.9c)小句是看法自明，客观上有充足理由对于该看法进行是非判定，但是由于受到"毕竟"的影响，很难在之后添加加以悖逆，也是由于"毕竟"制造的这种不可辩驳、不由分说的语义运作机制。

步骤 2：可论证性测试。可虚假性只能离析出"毕竟"小句唯真值的一面，这跟绝大多数肯定性重说副词的功能是一致的。但在第二节我们已经论证了，"毕竟"并不同于重说副词，"毕竟"有"往小处、低处、轻处说"的含义，传达的是一种本应固然的语气信息。既然本应固然，就不可能是推论的结果，它只能充当缘由，类似于语用关联论中对于明示信息的不可论证性(non-demonstrative)(Sperber & Wilson 1995：65–71)。所以同样我们可以使用追补小句检验，"毕竟"所在小句无法紧跟释因类信息，比如：

(14.10) a. 我感觉双方都有些紧张，<u>毕竟</u>我们在决赛前都经历了磨难(，×因为种种原因)，击败了很多难以对付的强手。

　　　　b. 尽管功力娴熟，但<u>毕竟</u>岁月不饶人(，×因为种种原因）。

　　c. 我很愿意搬迁，毕竟山上的生活环境不利于猎民长
　　　　远的生存发展（，×因为种种原因）。

　　以上三例同样依次是事实、看法和道理自明的实例。(14.10a)
中，"经历的磨难"必然有种种原因，但"毕竟"限制了这种解释的出
现，表示磨难已是既成事实，没有释因的必要性；(14.10b)是完全不
可接受追补原因小句的，因为引经据典这种论证行为本身就有一种
初始因的意味，再增添原因无疑画蛇添足；(14.10c)也不能接受后补
原因小句，"毕竟"小句的重要作用就是为说话人"愿意搬迁"的言语
行为提供一个坚实并且正当的认识基础，使用原因小句之后，大大
削弱了根据的确凿程度，也就违背了原始交际意图。

　　虽然测试步骤分为两支，但实质是协同一致的，就是对自明性
相悖条件的限制，正是因为不可虚假，所以也就不可论证：一定为真
的不需要论证；也正是由于排斥论证，所以也就千真万确——至少
在说话人看来。宋作艳、陶红印(2008)提到使用后置原因小句体现
的是说话人的"偏爱组织模式"(preference organization)，即说话人意
识到交际中存在可能因此而导致听话人误解或者怀疑的消极因素，
通过后置原因小句争取听话人的理解与认同，让对话顺利进行下去
(Levinson 1983：332 - 345，转引自宋作艳，陶红印 2008)。"毕竟"
小句自带确实性光环，在说话人看来，不会有任何让对方误解与怀
疑的可能，因而后置肇因成分被"毕竟"小句排斥在外①。

14.5　已有学说解释力的缘由

　　根据以上讨论，我们了解到自明性的坚定无疑是"毕竟"所能表
达强调语气的基础，同时是自明性的归根结底让原因和转折可以统

---

　　① 　郭锐、刘街生与陈振宇等先生提醒，自明性可能源于"毕竟"的实在意义—最终
的停止点，终结点与过程相对立，并且终结点也不可再否定，关于"毕竟"从终结标记到
语气标记的语法化发展可参考张秀松(2015)。

一起来。从另一个侧面也可以得知已有研究为什么会出现"强调说""结论说""转折说"与"辩证说"的解释方案。

对于"强调说",由于"毕竟"所带的自明性有不容虚假的含义,而现代汉语中有该含义的副词都具有强调／重说功能,比如"真的、的确、实在、确实……",确认所在小句命题的真值的确是以上这些副词的话语功能,于是跟它们有同样确认命题真值的"毕竟"也被划归其中。不过,我们同时要看到"毕竟"对真值的确认并不是为了着重表明真值本身,而是由其语义中自明性因素所导致。自明性要求所说内容无需证明,而既然无需证明,可以直接从语用推理角度衍生出"必然确凿无误"的意味,从而在表面上雷同于强调类副词。但两者的区别在第二节与第四节也已经提及,两者语气的扬抑或是完全相反的。只能说两者存在巧合性对应,但绝不能混为一谈。

对于"结论说",上文提到其实在部分语境下该学说的解释方案已经非常贴合我们的语感,但是存在一些难以回避的困难。根据我们的分析,实质上,之所以如此贴合语感,还是在于"自明性"无需证明的属性,使之特别适合作为某个结论的初始因,也就是先生们所谓的"根本原因"与"追根究底"。它不能被证明,也就顺理成章地可以作为一切证明的基础,以此基础产生一个结论,也正好契合了大量"毕竟"产生的肇因式语境。然而,之所以"结论说"的困难不易回避是因为"毕竟"的语义本质并不是充当原因根据。充当原因根据只是自明性的产物,如果一个原因小句对于说话人而言并不是自明的,它就不能使用"毕竟";如果一个非原因小句说话人旨在显示其自明性,也可以使用"毕竟"。因而,"毕竟"小句是否产生结论是有选择性的,而彰显自明性才是强制性条件。

对于"转折说",一方面,转折关系的适用条件非常宽泛,只需要转折标记后出现反预期信息即可;另一方面,"毕竟"造成的自明性本身就有一定程度上的高反预期性。根据祖人植、任雪梅(1997)归纳出的格式,"毕竟"在转折复句的格式,只有"虽然 A 但是……毕竟 B",不存在"虽然……毕竟 A 但是 B"。该格式通常是说 A 这种情况、观点、行为纵然存在,然而作为事实、道理、看法的 B 更加颠扑不破,借此引起听话人注意,希望对方换个思路与视角考虑。这套言说格式运作的一个重要语义机制就是 B 作为自明性内容的"不可论证性"。因为"可论证"的让步小句与"不可论证"的转折小句的反预期关系是显而易见的,这也就不难解释转折格式中"毕竟"的广泛分布。

对于"辩证说",自明性首先可以解释为什么"毕竟"所在小句语义不自足。因为不证自明的信息一定是认识的出发点,从这点认识出发,说话人希望支持的内容才是交际的落脚点。所谓具有"对立统一关系"正是这种出发点和落脚点的关系,所以"毕竟"对上下文较为依赖。其次,自明性是需要辩证考虑的依据。自明性的信息是公理性的,公理性信息必然是"不可否认""无法忽视"的,这是说话人提醒听话人应该辩证地加以看待的底层逻辑。最后,自明性造成委婉说服的效果。既然一个事实或原因是必然真实、无法论证的,等于说话人将交际互动诉诸双方交谈的认识基础,即表达"这样不言自明的问题,你总该同意吧"。因此,所谓的主客观的辩证统一实际上是交际内容上极致客观,交际策略上寻求双方的共识,顾及会话的交互主观。无论是语义的辩证性,还是功能的辩证性,抑或立场的辩证性,都可以在"毕竟"自明性的衍生逻辑中找到根据。更重要的是,自明性克服了辩证说的过度生成性。自明说的解释框架受到严格限制,无法通过自明性验证的句子不可添加"毕竟",而通过验证者一定可以添加。

14.6　本 章 小 结

本章讨论了"毕竟"的语义解释机制,在继承诸家观察与洞见的基础上,认为"毕竟"兼具强调、原因、转折三重语义功能。三者之所以能够统一,在于"毕竟"本质上标识的是一种"自明性"内容。这种自明性内容具有强烈的不可虚假性和不可论证性,使之与一般的强调、转折或原因标记相区别,因而广泛分布于因果复句与转折复句之中,分别作为得出结论的根据与充当转折的反预期信息,同时也传达对所在小句命题真值的确认意味,凸显出鲜明的叙实性。另外,我们设计了一套说话人认知模式及其语言投射相容性的测试方案,以得出基于真实认知状态下"毕竟"的语用预设与意义识解。

第十五章　反意外与信据力

反意外标记的另一项语用价值便是提升信据力。我们可以通过辨析"不免""难免""未免"发现信据力的作用机制。三词的辨析具有应用与理论两方面重要价值。三元竞争框架可以对三者的特有语境与独无语境分别加以描写，从而明确各自的区别性特征。语料调查的结果显示，三者的混同用例远高于互斥用例。根据预期四分系统，三者的共性指向两处：一是标记非已然情状的消极评价，二是明示说话人预期。说话人之所以选择如此表达策略，提升信据力是关键。

15.1　"不免""难免""未免"之比较

"不免""难免""未免"三个副词的辨析一直是现代汉语研究的热点问题。三者虽然各有不同，但在部分语境中，又可以进行替换，意义只有微妙变化，比如：

（15.1）我们可以把这些危害健康的疾病分为三类：生理方面的、情绪方面的、精神方面的，这样的分类有好的一面，但是从另一个角度来看，未免（难免／不免）太过简单了。

目前学界对于三者的研究可分为辞书释义、演化分析以及功能解释三条路径。

辞书释义路径集中于国际中文教育的参考工具书，侧重辨析三者用法分野。杨寄洲、贾永芬（2005：880－881）从感情色彩上对"难免""不免"加以辨析，"难免"多指不好的事情很难避免，"不免"未必是不好的事情，只是顺理成章地发生。而且"难免"是形容词，除了状语之外，还可以充当谓语和定语，以及用在"是……的"格式之中。

该解说的最大问题是修饰的内容未必是事情，有不少对象是判断或评价。赵新、李英(2009：56)从分布上进行辨析，指出"不免"多用于已发生的事，"难免"多用于规律性的事，"未免"多用于委婉的负面评价。但给出的三者分布之间存在较大的重叠交叉空间。更重要的是，在这些分布之外也有三者用例。因为有重有漏，辨析也就没有起到很好的区别作用。

演化分析路径方面，高育花(2008)运用语法化学说的一系列理论工具，对"不免""难免""未免"的历时发展进行梳理。这些理论工具包括主观化、类推、重新分析，皆属于经典的语法化分析手段。"不免"的关键转变是从"没有免除"推理出"不可能免除"的解读，这是语用不过量原则起的作用，这是主观化的效应。"难免"从具体的行域发展出抽象的知域用法，这反映的是认知上的类推机制。"未免"的关键一跃在于"未"有表达将来可能或愿望的关键语义，使从当前视角的"未＋(免＋VP／AP)"格式，即"没能避免"的意思，衍生出从未来视角的"(未＋免)＋VP／AP"格式，即"不符合主观愿望"的意思，这里重新分析尤为显著。高文的材料梳理全面，结论基本可信。然而因为侧重点是分析而非综合，对于三者的整体把握和系统定位并无明确表述，三者的异同与关联可从中找到根据，但仍须细究。

功能解释路径除硕博论文多有涉及之外，最有代表性的论文是周红的《"不免""难免""未免"的语义语用分析》(2011)。周文从客观性、主观性，行动性、状态性，现实性、虚拟性，积极性、消极性，肯定性、否定性等多个功能角度对三词进行共现测试。得出的结论是"不免""难免""未免"的主观性逐渐增强，"不免"反映某种不可控的结果，"难免"是基于常理或经验的推断，"未免"则全然是主观评价。以上方法与观点都颇具见地，并且作者还给出了三者的可替换与不可替换的条件，用"不／没""自／自然／一……便……""觉得／认为"作为区别成分极富启发性。只不过，以上功能解释是否能融入统一的理论框架之中还可以继续挖掘，而且以上语义测试与共现成分能够体现区别性的道理在哪里？这也有待进一步的理论说明。

在充分继承前贤的优秀成果的基础上,有三个问题依然值得继续探索:1)如何尽可能既清晰又全面地给出"不免""难免""未免"之间的区别? 2)除了区别之外,三者作为近义词的共性是什么? 3)三者的混同能否作出系统性的理论解释?

15.2　三　元　竞　争

区分三者之间的差异,竞争框架是一个很好的切入点。基于拜比(Bybee 2015)与戈德伯格(Goldberg 2019)的构式竞争理论,陈禹(2018,2021)分别就结构与功能的二元竞争问题设计出一套对比分析方案,以可互换与否为标准划分出三类语境逐一进行考察。但针对本书探讨的三元竞争问题,无疑需要增加考察语境,方能清晰全面地开展辨析。就差异而言,我们至少需要分别找出"不免""难免""未免"的特有与独无的语境,总共六种。

15.2.1　"不免"的特有语境

调查 CCL 语料库(下文简称语料库)4 343 条"不免"语料,其特有语境即不可替换为"难免""未免"的有 1 117 条,占 25.7%,比如:

(15.2)在这些"自由"背后,这里那里,不免(*难免/*未免)隐藏着一些别的东西。

(15.3)一位没有孩子的女作家居然写出一部使人折服的童心故事,不免(*难免/*未免)发人深思。

(15.4)讲解诗词,不免(*难免/*未免)要找寻那潜伏着的脉络。

以上"不免"可以替换成"确实""一定",表示辖域内的命题具有客观实在的属性,命题内容可以是事实,如同例(15.2);或是常理,如同例(15.3);或者是规则,如同例(15.4)。事实、常理以及规则的共同之处是不为个人的意志转移。"难免""未免"无法支持纯然的事实。

15.2.2　"难免"的特有语境

语料库中"难免"语料共 4 050 条,特有语境有 82 条,占 2.02%,比如:

（15.5）生活中难免（*不免／*未免）不发生误会，巨大的误会往往会产生更巨大的爱。

（15.6）昨晚这儿举行了露天歌舞晚会，难免（*不免／*未免）没有废弃物。

（15.7）外籍导师的话乍一听很怪诞，实际上他无非是想说任何书都难免（*不免／*未免）无印刷错误。

江蓝生（2008）指出"难免"有否定羡余现象，"难免不出问题"相当于"难免要出问题"，"难免不犯错误"相当于"难免会犯错误"。"难免"的否定羡余存在一种倾向性，即辖域内命题的内容是事件或者状态，而且都是说话人希望的，虽然也有小概率可能实现，但其否定命题非常容易发生，几乎无可避免。否定羡余叠加说话人的正向期待使"难免"无法替换为"不免""未免"。

15.2.3　"未免"的特有语境

"未免"在语料库中共 2 034 句例句，特有语境总计 119 条，占5.85%，比如：

（15.8）虽然有些不幸，可后来自己想想未免（*不免／*难免）不是件好事。

（15.9）如果有三五个跟自己长得一模一样的孩子奔来奔去，大呼小叫，未免（*不免／*难免）不是乐事。

（15.10）用平常的心态喜欢自己，未免（*不免／*难免）不是聪明的生活方式。

"未免"也存在否定羡余现象，但与"难免"不同的是，辖域内命题不再是事件或者状态，而是说话人的评价，并且所表达的意思在整体上是积极评价，也就是说命题中的否定词是羡余的。这等于说"未免"修饰的命题是消极评价，而说话人的意思是积极评价。否定羡余叠加主观评价的语境是"不免""难免"所不具备的。

15.2.4　"不免"的独无语境

"难免""未免"可以互换，唯独不能换成"不免"的例句总计 193句，占两者样本总量的 3.17%，比如：

(15.11) 可是我们不明白其中的底细,那么,我们要指责他,也就难免(*不免/未免)不公平。

(15.12) 前科学概念,其内涵与外延难免(*不免/未免)不准确。

(15.13) 这位张兄弟只好由我带去,但张真人又未免(*不免/难免)不放心。

"不免"非常排斥有"不"紧挨其后。虽存在少数(共 5 句)例外,如"该书的选材有时不免不够实际""好一阵子什么动静也没有,我不免不为失望"等,但我们认为这些"不免"难以接受,应分别改为"未免"与"难免"。除了有犯字之嫌外,"不"所联系的命题往往不直接反映客观实在,而是否定某种预期,可作推断或是评价之用。

15.2.5 "难免"的独无语境

不能换成"难免",而"不免""未免"可以互换的例句总计 60 句,占两者样本总量的 0.94%,比如:

(15.14) 对亲生女儿这样,心也未免(不免/*难免)太狠毒了!

(15.15) 在别人看来,虽然其打骂宝玉未免(不免/*难免)过头,但有一点却不可动摇:这是他的绝对权威。

(15.16) 我总以为他对黑格尔的理解和批评不免(未免/*难免)有些肤浅。

对已然发生事件的评价,是"难免"独无语境的共同特点。因为"难免"依然残留"难"的语素意义,即不是完全不能免除,而是大概率不能免除,这意味着存在小概率可以免除。已然发生的事情是木已成舟的,无法更改,不存在小概率免除的可能性。而如果说话人坚持某种评价具有真实性,则"不免""未免"在此可通约。

15.2.6 "未免"的独无语境

"不免""难免"语料中不能换成"未免",但互相可替换的例句总计 2 578 句,占两者样本总量的 30.72%,比如:

(15.17) 自然界的安排,虽不免(难免/*未免)也有缺点,但结合长幼的方法,却并无错误。

(15.18) 既然是战争,就不免(难免/*未免)有死亡!

（15.19）中国古代文化传统中，君子小人的分际是泾渭分明的，所以贪官一般难免（不免／＊未免）污名远播。

"不免""难免"虽有已然、未然与全然、盖然的不同倾向，但在规律性、经验性的陈述中，时间性是贯通的：既可以是谈过往，也可以是讲推测，前者发生的概率性通常是100％，类似于谈及某种真理性认识；后者的概率性只能逼近于100％，说话人的把握稍有降低。但两者都试图揭示某种普遍性，"未免"侧重评价，带有明显的个人性，与之矛盾。

小结一下，"不免"特有语境是后接谓语为纯然事实，独无语境是紧挨"不"引出的谓语；"难免"特有语境是否定羡余叠加说话人正向期待，独无语境是对已然发生事件的评价；"未免"特有语境是否定羡余叠加主观评价，独无语境是揭示普遍性的陈述。虽然以上语境具有排他性，但也反映出三个副词的性质并非互相离散，而是存在一定的交叠可能，由此可寻得三者共性。

15.3　共 通 之 处

"不免""难免""未免"语料的样本总量是10 427条，三者可以互换的语料有6 278条，占60.21％。其中"不免"语料中可互换的比例是42.8％，"难免"语料是63.26％，"未免"语料是92.3％。从统计结果上看，可以互换的情况都占据相当部分，使我们有理由相信三者之间存在明显的功能交叠，这也是三者语法趋同、语义相似、语用易混的证据。

由于三者互换语境和每个副词的特有、独无语境皆无交集，所以可以排除纯然事实、已然事件评价、积极评价、普遍性陈述。那么，可推导与之互补的命题内容包括但不限于：评价本身或带评价的事实、消极色彩、针对未然或惯常事件、个人性陈述，这些都可作为三者互换语境，比如：

（15.20）仅凭小说家言而盖棺论，不免（难免／未免）失之武断。

（15.21）但这种开头见多了，难免（不免／未免）让人厌倦。

（15.22）有了这种本领而不使用，未免（不免／难免）可惜。

"不免"三者互换的先决条件是后接命题必须为一个评价，否则无法满足"未免"的要求。"难免"三者互换的先决条件是后接命题不能有积极的感情色彩，否则也无法满足"未免"的要求。"未免"三者互换的先决条件是，后接命题必须是对还没发生的事或者一般情况进行评价，如果是已经发生的事，则不满足"难免"的要求。因此，三者可以替换的条件至少包含：**"X 免"后接命题的内容必须是对非已然情状的消极评价**。

但以上内容依然是不完备的，因为"难免"存在这样的用例：

（15.23）流言难免是虚张声势，危言耸听，鬼鬼祟祟一起来，它们闻风而动，随风而去，摸不到头，抓不到尾。

后接的"虚张声势"既非已然，又是消极，同时是评价，但又不能替换为"不免""未免"。这是因为但凡可以替换的语境，都不能只关联一个评价命题，而是还要关联一个产生评价的原因命题，比如：

（15.24）你在机关待得太久了，难免有一些少爷气。

例（15.24）前一小句是原因命题 O："你在机关待得太久了"，后一小句可以还原为评价命题 M："你有一些少爷气"。两者通过"难免"关联，呈现出一个语用推理结构，即因为 O，所以 M 是难以避免的。由于 M 是评价，评价的产生难度完全基于说话人自己的体验。当用"难免"时是难以避免；而用"不免"时是避免不了，比"难免"的难度要高；而用"未免"时是没有避免，具体而言是说话之前没有避免这种评价的产生，至于之后这种评价是否继续并不明确，避免的难度是有所降低的，使消极评价留有挽回的余地，显得礼貌。可以比较"未免"删去之后的句子，明显变得生硬直接，比如：

（15.25）这样理解当然不错，但未免（／未免）过于狭窄了。

因此，三者互换的条件还应包含：**"X 免"必须关联原因和评价两个命题**。一般而言，前置小句的命题内容为原因，后置小句的命题内容为评价。鉴于条件一指出评价是消极的，互换只是调整消极评价的语力(force),即说话人使话语被理解得更清楚的程度(Austin 1975:73),"不免"的语力最强,"未免"语力最弱。

正是由于可互换的"X免"关联两个命题,所以其中的语用推理机制可以用条件概率来呈现,相当于在原因命题 O 的条件下,评价命题 M 的出现避免不了,或者难以避免,或者没有避免,暂不考虑三者复杂的时间性,可以把该条件概率的赋值记作:

公式一① $|P(M|O)-P(O)| \approx 0$

以上表达式可以理解为命题 O 发生的概率与在 O 发生的条件下 M 发生的概率几乎完全相等。这跟陈振宇、王梦颖(2021)的预期认知模型中正预期的表达非常相似,即预期与当前信息相符,但又有很大不同。文章给出的正预期公式是:

公式二 $|P(M|O)-P(M)| = 0$

该预期模型是一组四分系统,即把预期性表达分解为条件、预期、当前信息和预期性四个部分,比如陈振宇等(2022)举出的正预期的例句分析②:

(15.26) 他觉得会出现流星雨,果然(/≠果然),当天晚上猎户座流星雨璀璨绽放。

条件 P(O):他觉得<u>会出现流星雨</u>

预期 P(M|O):<u>会出现流星雨</u>(认识情态)

当前信息 P(M):<u>当天晚上猎户座流星雨璀璨绽放</u>

预期性:正预期信息(对"他"而言)

上面下划线部分可以看到,当前信息与预期相等,最终形成的预期性才是正预期,因此表现正预期的"果然"删除后会导致语用不适,这是公式二的语言学意义。但公式一反映的是预期与条件在概率上相等,实际上也就是说,一旦出现某种条件(即原因命题 O),在

---

① "不免""未免"的赋值可以等于 0,而"难免"可以认为是无限趋近于 0,所以公式结果是约等于 0。

② 这里的分析进行了简化与修改,删去了对于说话者的反预期考虑,增加了删除"果然"的平行对比,如要引用请参考原文。

此基础上就一定会出现某种预期(即评价命题 M)。实际上三者互换条件必须关联两个命题的本质就是,"不免""难免""未免"都是**说话人在某种条件下预期的明示**(ostension)。这个预期表现为说话人的主观评价,并且该评价是消极的,针对的是非已然情状。那么这种明示的预期的语用价值①是什么? 跟三副词的各自分工又有什么关联呢?

15.4　语　用　价　值

话语中的预期一般是隐而不现的,甚至绝大多数预期都是隐性预期(陈振宇,王梦颖 2021)。"不免""难免""未免"将某种条件下的预期加以明示,将之变成显性预期。对于预期而言,是一种有标记的预期。而有标记的预期,相较于无标记的预期,既不经济,也不典型(沈家煊 2015:36-40),要借助特殊的语用动因得以存在。

一个容易被忽略的问题是,为什么无标记的预期,也就是预期的默认状态是隐性预期。较早的反预期研究文献中,达尔(Dahl 2000:26-27)指出信息的预期性跟信息的信息量之间的关系,在信息量等级上:反预期信息>中性信息>预期信息。不过需要说明的是,达尔在这里的反预期、中性信息与预期信息是就听话人而言的。说话人所传达的信息,听话人无法从语境之中推测,那就是中性信息;听话人可以完全从语境之中推测,那就是预期信息;与听话人从语境中所推测的信息相矛盾,那就是反预期信息。用达尔的观点回应之前的问题,可以说因为信息量低,而且该信息听话人可以从语境之中推测出来,如果用显性形式表达,则是一种冗余,这可以称之

---

①　语用价值一般是跟语用含义和语用功能并立的概念。语用含义的鉴别框架是"说话人说这句话的意思是……",与字面意义相切分;语用功能的鉴别框架是"说话人说这句话的目的是(表达)……",一般不会明说;语用价值的鉴别框架是"这种表达方式具有……性质/作用"或者"这种表达方式比那种更加……",聚焦的是区别性特征,语用问题的严格三分参见胡德煊(2010:272-277)。

为效率动因。海涅等(Heine et al. 1991：192)对于反预期的研究一定程度上补充了达尔的观点,他们认为预期是听说双方熟悉或持有的常规、标准,而反预期就是对常规、标准的偏离。由此观之,既然预期是已经持有的信息,或作为一种常规与标准为人熟知,没有特殊理由显性表达预期,是对听话人的认识能力没有信心,会使听话人感到面子威胁,显得没有礼貌,这可以称之为社交动因。无论从效率动因,还是社交动因,说话人都有充足理由将预期信息隐藏在语境之中,保证信息传递的高效与人际关系的和谐。

　　在"不免""难免""未免"小句中,说话者不是隐藏预期,而是彰显预期。我们容易推断出,该预期一定是说话人希望听话人注意的重要信息。但结合预期的性质,听话人是可以从语境中推测出预期所包含信息的,并且这些信息在说话人看来是听话人持有或者熟知的。这里就发生了一种错配,即为什么听话人可能已经拥有此信息,说话人为什么还要传达此信息? 一个合理的猜测是,"X 免"小句的信息并不一定是预期,而是说话人有意无意把该信息包装成预期来表达。表面上作为预期默认听话人已经熟悉或者持有该信息,实质上说话人主要还是为了表达自己的观点、感受与判断。我们的证据在于,有些特定语境下,听话人会点破这层包装,挑明说话人给出的预期并非自己的预期,比如:

　　(15.27)周榕说:"要是那样干,国民党里面的达官、贵人、名流、学者都会跑光的。于是,国、共就会分裂,国民革命就会流产。那**未免太可惜了**。"杨承辉说:"**那有什么可惜的! 革命就是要革个彻底,对那些人迁就一定会给革命带来损害。我倒认为干脆点好。**"

　　虽然预期也可以区分成自预期与他预期,但是如果自预期与他预期截然相反,那么该命题最好是看作说话人自己观点、感受与判断的表达更加合理。尤其是三者的互换的重要条件便是"X 免"后命题内容是对非已然情状的消极评价,评价的主观性相较事实与推断更为强烈。既然说话人希望表达自己的观点、感受与判断,直接作为结论说出即可,为什么要迂回地将之包装成预期? 其实这里是借助预期的信据力(argumentative strength)。

完权(2018)指出,信据力的重要维度就是信据价值高,基本内涵可以理解为说话人认定自己所说话语具有坚实的信度与理据,期待听话人能够确信话语内容,并能够给予积极反馈。反馈可以是话语,比如赞同,也可以是行为,比如支持。在语用层面上,近似于说话人认定自己的话满足充足理由律。有意思的是,信据力跟同盟性(alignment)关系紧密。同盟性是近来讨论颇多的语用概念,包括正同盟、反同盟与非同盟三个子范畴。其中正同盟指的是对话人之间持有或分享相同的观点、感受与判断,形成某种临时的社会群。同盟性的详细综述可参见孙佳莹、陈振宇(2021)。正同盟的建立实际上正是主要依靠对话者之间的赞同与支持,而信据力寻求的就是对话者之间的正同盟关系。可以说在命题观点层次,信据力是招致正同盟建立的最主要途径。结合预期的性质,我们可以明显看到预期自身无论在充足理由还是招致同盟上都有得天独厚的优势。

根据公式一,预期建立在因果链条之上,自带充足理由的属性。预期记作条件概率 P(M|O) 的内涵在于,任何预期都是建立在一定条件下的。当我对天气的预期是"要下雨"时,一定是建立在"乌云密布"或者"天气预报"等条件信息的基础之上。即使是常理预期,比如"人要吃饭",同样也有相应条件,那就是之前经验与当下环境的所有因果链条都不变,而且排除极端特殊的情况,比如重病之人或初生婴儿。预期依赖于条件,意味着任何预期必有理由,那么这个理由为什么是充足的呢? 这是根据公式一,因为在说话人陈述带有预期的话语时,$P(M|O)P \approx P(O)$,预期发生的概率无限接近或者就等于条件概率,说明一旦出现该条件,基于该条件之上的预期几乎一定发生,可推知,以该条件作为理由足以产生相应的预期,预期的理由是充足的。但要注意的是,这种理由的充足性相当主观。预期经常隐含,我们可以借助一些显性的预期性标记补出预期,因为去掉这些标记,预期反而不确定了,但即使预期是确定的,从条件到预期的必然性依然只是主观信念的反映。比如"章鱼保罗预测德国

队赢,果然德国队赢了",因为有"果然"这样的合预期标记,我们可以得出说话人的预期是"德国队要赢"。又比如"球王贝利预测德国队赢,偏偏德国队真赢了",因为"偏偏"是反预期标记,可以补出的说话人预期是"德国队要输"。尽管产生预期的条件无论如何在客观上都不是坚实理由,但这种充足性只需要说话人自己信念上的认定即可。

　　预期通常默认为预设,预设信息的正同盟易于实现。所谓预设一般而言就是不管命题的语义为真还是假,可推导出必为真的命题。比如命题"法国国王是秃子"可推导出命题"法国有国王",后者就是前者的预设。预期是一种预设,从现象上来说,预期跟预设一样,一般说话人不直接说出;而从实质上看,预期的真值也不会受当前命题真值的影响。比如在"球王贝利预测德国队赢,偏偏德国队真赢了"和"球王贝利预测德国队赢,果然德国队输了"两句中,我们可以发现,无论德国队最后是赢或输,"球王贝利预测德国队赢"造成的预期就是"德国队要输"。预期作为一种预设,最重要的后果是无论当前信息是肯定还是否定,对于说话人所基于的预期难以进行否定。这也就可以解释为什么"难免""未免"都会出现否定羡余现象,这正是因为显性的预期也是预设,不受当前信息真值的影响。而且在"难免""未免"的环境中,当前信息与预设等于重合了。当前信息就是预设,所以"难免不犯错误"等于"会犯错误","未免不是件好事"等于"是件好事",体现的就是预设对于当前命题真值的豁免。不过这种否定羡余不是强制性的,如果"不"跟后位成分结合得明显更加紧密,比如"未免不够朋友",或者前位已经出现了"不",比如"不免",那么这种显性预设导致的否定羡余未必发生。但是预设的真值对于当前信息的豁免不仅适用于说话人,同时对于听话人也是一样的——听话人想否定预期信息也特别不易。比如把以上例句改作"球王贝利预测德国队赢,德国队难免要输",听话人但凡直接否定,总会觉得语感奇怪,似乎对方"难免"小句的判断挺有道理,听话人找不到反驳的点。但实际上说话人从"球王贝利预测德国队赢"

推导出"德国队要输",这个过程本身是可疑的。前文说到,该过程又是说话人默认的信念,听话人避免信息处理的复杂或者是人际交往上的麻烦,易于选择正同盟,即同意或者支持,如要反同盟,则困难重重。其中的狡计类似经典的诡辩提问:"你是否已经停止殴打你的妻子",无论回答是或否,都预设"你殴打过妻子"。说话人诱导听话人与预设信息正同盟方向进行表态,即通常所说的"被带了节奏"。

"X免"既暗示充分理由又招致正向同盟,可以赋予所辖命题得天独厚的信据价值,因此高信据力正是"不免""难免""未免"共通的语用价值。我们可以跟同样包含语用推理的无显性标记句子,与含"恐怕"的语用推理句进行对比。通过追补含置信意义的小句进行测试,可以显示出信据力的区别性,比如:

(15.28) 同时长期在一个部门重复干一种单调的工作,不免(/难免/未免)会使人觉得乏味(,相信你肯定同意/#虽然你可能反对)。

(15.29) 同时长期在一个部门重复干一种单调的工作,会使人觉得乏味(,相信你肯定同意/虽然你可能反对)。

(15.30) 同时长期在一个部门重复干一种单调的工作,恐怕会使人觉得乏味(,#相信你肯定同意/虽然你可能反对)。

如果可以追补小句"相信你肯定同意",说明当前信息小句说话人给予较高的信据力赋值;如果可以追补小句"虽然你可能反对",那么说话人给予的信据力赋值较低。"X免"可以通过高信据力追补小句的测试,而无法通过低信据力追补小句的测试,这意味着"X免"只适应高信据力语境,反映说话人对所言之事很有把握;"恐怕"的追补小句测试结果与"X免"恰好相反,可知"恐怕"只适应低信据力语境,说话人可能对所言之事信心不足;无显性标记的例句,两组测试都能通过,说明信据力语境跟句子信息不直接相关。

综上,具有语用推理功能的副词之中,"不免""难免""未免"可以认为是具备高信据力的成员。高信据力是三者统一的语用价值,高信据力来源于说话人将预期明示的语用策略。三者具体的分工略有不同,"不免"偏重事实,"难免"强调推理,"未免"侧重评价,但由于高信据力的共通性,三者互换的用例已经占据优势,逐渐呈现合流之势。

15.5　本　章　小　结

基于三元竞争框架,我们给出了"不免""难免""未免"的特有语境与独无语境,详尽辨析了三者的差异之处。语料调查显示,三者的混同用例远高于非混同用例。借助逆向推导,在预期四分系统的帮助下,我们发现共通的两个条件及其明示预期的功能本质。进一步,在理论与事实的相互印证中,三副词混同的语用价值得以剖析出来,即说话人提升所言信据力,而高信据力需求的充足理由与同盟导向跟明示的预期关系密切。诚然,三者如何从初始义发展出当下的语用功能,尤其是"未免"的唯评价功能,依然令人疑惑。虽然目前所见文献以及搜集到的材料中尚未见端倪,不过潜在突破口或是从跨语言的相似成分的比较中得到蕴涵共性,或是从认知／互动模型的构拟中勾勒演化路径。凡此种种都值得今后进一步钻研探究。

第十六章　反意外与语力

　　范围副词"无非"展现出总括义与限制义的语义渗透,其中缘由近来为学界所密切关注。本章旨在给出明确、直观、统一的解释,以廓清"无非"各种复杂形义表现的内在联系,实际上主要源于整体性与否定性两大语义特征。通过可能性与必然性分析,我们认为"无非"表现出的高确信与低评价,一方面是利用反意外语气以提升信据力的语用策略,另一方面是实现其核心语义而形成收缩运动认知图式的必然结果。在范围副词的语用系统当中,"无非"所代表的同时显示整体与弱化语力的类型仅为少数派。

16.1　范围副词"无非"

　　"无非"是由两个否定成分复合而成的词语,在一些语境下可以换成"都/全",表示总括的意思,比如:

　　(16.1)他没有做官,先在萍水县开办囊萤学塾,后又到通州创立映雪书院,无非(/都/全)是想的教育救国。(刘绍棠《狼烟》)

　　但在很多语境下,"无非"不能替换成"都/全",意思大相径庭,比如:

　　(16.2)告诉你,海里我们是霸王! 鲨鱼无非(/*都/*全)有几颗大牙,你看看我们的钢叉!(王小波《绿毛水怪》)

　　此处的"无非"的意思类似"仅仅、只"这样的限制副词。那么,两个否定成分是如何在概念上跟总括义和限制义联系起来的?而且"无非"在总括标记与限制标记的系统之中,处于什么样的地位?其区别性特征是什么?学界对这些问题展开过一系列讨论。

　　金颖(2009,2011:62-68)指出,"无非"的初始意义是"没有不是"。古代注家在笺注中把"无非"解释为"皆",说明当时已经用作总括副词。宋元时"无非"之前的话题逐渐多元,开始出现没有复数特征或者范围概念的情况,"无非"的总括特征丧失,转而附带说话人的主观态度,产生移情,发展出往小处说的语气,变成语气副词。金著的历时材料梳理得十分详细,演化脉络描述得颇为清楚,只是全文没有关于"无非"做限制副词的讨论,而是将之归入语气副词,按理限制副词应该作为主观化的重要中间环节。另外移情的具体机制及其在"无非"语义演变中所起到作用的论述比较模糊,需要更加明确的解释。

夏焕乐(2018)注意到语义环境对"无非"释义的影响,将其语义类型一分为三,归纳出"多对一""一对多""一对一""多对多"四种语义环境。"多"指的是复数语义成分,"一"指的是单数语义成分,"对"前后分别是"无非"的话题成分和述题成分。"多对一"时,"无非"表总括义;"一对多""一对一"时,"无非"表限制义;"多对多"时,要根据语境判断意义,而能与"罢了、而已"等词共现的"无非"属于评注性副词/语气副词。夏文进一步指出总括义与限制义的"无非"在语用上起到简化事态与划定界限的作用,语气副词"无非"在语用上有彰显确信与轻视随意的语气的作用。夏焕乐(2019)认为语义羡余使"无非"总括义的用法萌生,总括义演化成限制义是主观视角转移造成的,语气副词"无非"的形成则是由隐喻机制导致。夏文的描写与解释很有启发性,三分语义及其四类环境令人信服。只是语用效应的论断看不到系统性,诸如简化、划界、确信、轻视之间何以关联有待厘清。另外演化动因需要更为具体直观与精细透彻的阐述,以保证羡余、视角、隐喻是最贴切的分析框架。

陈星朝、赵春利(2021)重视形式验证对意义解说的支撑作用,使用共现、删除、替换、增补等形式手段,对"无非"成句的合法性进行正反测试。在句法上,"无非"分布在陈述句状语位置,只搭配小量义成分;在语义上,"无非"反映主观性与推断性,表现主观小量;在语气上,"无非"的小量表现从行域转向知域,呈现为轻视不屑的语气。"无非"各意义得以串联起来的脉络也就是小量的转移。该文的论证方式与基本结论可圈可点处很多。不过从文章展现的语言事实来看,"无非"的各种小量意义都可以在范围副词系统中找到类似现象。因此要展现"无非"的区别性特征,必须将之与相似范围副词、语气副词加以横向比较,以便在所属聚合网络中,精确定位"无非"所分有的共性与其所独有的个性。

结合以上讨论,本书着重考察以下三个方面的内容:(一)"无非"总括意义与限制意义之间的共通机制;(二)"无非"产生语气义的具体认知基础;(三)"无非"在范围副词语用系统中的分工与价值。

16.2　总括义与限制义之间的 语义渗透

何谓"总括"? 总括指的是范围内所有成员都符合谓语陈述的性质,典型的总括副词有"都""全",也叫统括,最早见于《新著国语文法》(黎锦熙 1924:189)。"无非"的总括义也体现为范围全体无例外,下例中的"水墨画"全部内容即谓语所述:

(16.3)他闲暇时喜欢画水墨画,<u>无非</u>是些竹子、葫芦、牡丹、菊花、马、兰草之类的东西。(迟子建《原野上的羊群》)

周韧(2011)发现"都"凸显所有成员的个体,即每一个都符合谓语陈述,而"全"凸显的是所有成员的整体,即全部打包符合谓语陈述。但无论是凸显个体,还是凸显整体,都是从正面肯定的角度进行总括。而"无非"的总括则是站在一个否定角度,从负面对范围成员进行总括。因为对任何一个范围,根据形式逻辑排中律,要么满足谓语的陈述,即"是如此这般";要么不满足谓语的陈述,即"非如此这般",是和非构成了肯定与否定的二元对立。"无非"顾名思义是在范围之内不存在(即"无")"非如此这般"的成员,我们可以运用三组最小对比对来反映这种差别:

（16.4）你所讲的都（ /都可能 /不都）是真话。（欧阳山《苦斗》）

（16.5）黄昏前我对窦阿婆说的全（ /*全可能 /不全）是实话。（姚雪垠《李自成》）

（16.6）写出来的无非（ /*无非可能 /*不无非）是废话。（沙陵《谈诗》）

后接认识情态词"可能"是从肯定的角度表现不完整，而前接否定词"不"是从否定的角度表现不完整。"全"不能后接"可能"，是因为"全"凸显整体性，整体性意味着范围是完整的，"可能"对应的范围是不完整的，故与之矛盾，所以"全"总括的整体还得具有完整性。"无非"也要求完整性，总括的范围也视作一个整体。"全"可以在否定词之后，因为只要有一个例外，那就可以是"不全"。但"无非"无法如此，原因就是"无非"已经对所有"非如此这般"的情况预设了存在否定"无"。在例（16.6）中可以解释为"写出来的"之中预设不存在"非废话"，预设无法直接否定，也就不允许像"不全"这样表达例外①。

再来看"限制"。丁声树等（1961：183）最早把副词"只"称作限制副词。雷冬平（2021）认为，限制副词旨在标记事物或事件不超过谓语陈述的数量或者性质。量或质的"不超过"就是限制，等于说量或质的上限已经封顶·在量上只有这么多，在质上已触及本质。"无非"的限制副词用法亦是如此：

（16.7）对传统的接纳方式无非有三种，即继承、抛弃、转化。（杨东平《从"救亡图存"到"科学兴国"》）

不过需要注意的是，在数量上，主语也不会少于谓语的陈述，"方式无非有三种"不能少于三种，而只能是三种。不过，限制副词"无非"让人明显感到"不超过"的意味，而不可能是"不低于"。这种

---

① 根据陈振宇、王梦颖、陈振宁（2020）的量化分析，"无非"的主观性指数高达0.835（满分是1），而高主观性的词语多不能否定，也不能与非确定成分共现。我们同意以上观点，同时也进一步追问"无非"高主观性的语义基础是什么，从总括副词的角度，该基础是整体性与否定例外。

封顶上限的功能也是限制语义的重要组成部分。限制语义的上限功能源自对听话人的预期。当说"方式无非有三种"时，说话人认定听话人预期的数量一定是大于三种，限制副词"无非"是打消这种预期，向下取值，将数量调低，因此从语感上如同给出了上限。类似地，在谓语陈述性质时，也是针对预期的向下取值，只是这个值，更多是一种价值判断，比如：

（16.8）到医院一检查，原来也<u>无非</u>是感冒。（刘震云《一地鸡毛》）

"无非是感冒"针对的听话人预期是检查的结果比感冒严重，"无非"调低了性质上的价值等级。总之，限制副词起到的作用就是表明事实低于预期。

　　既然两者都是标记主语范围内的所有成员都符合谓语的陈述，限制副词与总括副词之间具有明显的相通性。事实上，副词"净""不外乎"等都身兼限制与总括两种功能，不过，并不是所有限制副词都是总括副词，比如"仅仅""只""不过""就"等限制副词没有出现总括用法。同样，也不是所有总括副词都有限制用法，比如"都""全""总"。所以，虽然有共通性，但是兼两个功能依然是有条件的。词项或构式的一类语义在一定条件下发展另一类语义，并且这两类语义存在理论上与事实上的双重关联，这种现象可以称作**语义渗透**（semantic permeation）[①]。语义渗透的发生存在某种触发条件，条件触发之后，各个语义你中有我，我中有你，共存于同一语言形式。不同语义渗透的触发条件亦可视作一词多义的先决条件。郭锐（2017）认为"净"要求谓语语义具有统一性，如果句子陈述复数事件，"净"起限制作用（**他净去北京**）；如果句子是陈述复数事物，"净"起总括作用（**主食净是馒头**）。类似"净"这样，一个意思在不同语境获得不同的解读，可以看作语义渗透的触发条件。

　　"无非"的语义渗透又是如何实现的呢？上文提到总括副词要

---

　　①　不叫语义演化而叫语义渗透的原因在于相关两语义之间并没有形成迭代关系，而是大量共存，并且在一定语境下，两种两义解读都有可能，比如夏焕乐（2018）提到的"多对多"语境。

求句子在语义上必须陈述复数事物或者复数事件,而限制副词可以只陈述单数事物或者单数事件。两者桥接的关键在于必须存在既可适用于复数又可适用于单数的意义,一如"净"要求统一性。"无非"要求总括范围具有整体性,这正好对单数复数双方都适用。"无非"的整体性体现在难以与任指主语共现,比如①:

(16.9) 在清风街,天天都(/ *全 / *无非)有致气打架的。(贾平凹《秦腔》)

(16.10) 我们码头每天都(/ *全 / *无非)有很多人来来往往。(王朔《我是"狼"》)

(16.11) 船队哪天都(/ *全 / *无非)有个二三千斤的收获。(于平《淮河两岸云遮月》)

这表明"无非"跟"都"的总括模式不尽相同,而跟"全"比较相似:不是对于每件事物逐一核对枚举,而是考察范围成员是否整全没有遗漏。这种整体性相当于把"多"变成了"一","无非"总括的主语是作为一个整体被谓语所陈述,由于整体本身淡化了成员的杂多,突出的是成员之间的同质性(homogeneity),与非整体性主语相比更接近个体主语。因此总括副词用法中复数主语的没有例外,在"无非"整体性语义的加持下,很容易转换成单数主语的没有例外。所谓单数主语没有例外,也就成了该事物或事件只能如此这般,与限制副词的用法得以勾连起来。

总括副词"都"可以接个体主语,却没有发展出限制副词的用法。这说明总括与限制的语义渗透,整体性所营造的单数复数的双向适用性只是提供了存在渗透的可能,并不能保证渗透必然发生。我们知道限制副词的主要特征在于预期性的向下调整,但总括副词未必蕴涵这项特征,所以多数总括副词没有限制用法。然而"无非"恰好蕴涵某种向下取值的意义,起到关键作用的便是表示存在否

---

① 任指主语有名量词的重叠、疑问代词、"每 X""所有 X""任何 X"等形式(马真2004:107-108)。

定的"无"。现代汉语中最常用的存在否定词是"没有"。"没有"接跟数量、程度相关成分时，一般不表示逻辑否定，而是有偏否定，换句话说"没有 X"不能解读为"不是 X"，而是"不足 X"，比如"今天没有三十度"意为"今天不足三十度"，"上海没有北京冷"意为"上海冷的程度不足以跟北京比较"。可见这种有偏否定是在数量、程度上低于参照物的，而我们也发现"无"后接数量、程度时，也是类似的情况，比如：

（16.12）国无三年之食者，国非其国也。（《墨子·七患》）

（16.13）袁本初军无斗粮，各已离散，虽有张杨于浮罗新附，未肯为用，不足敌也。（《九州春秋·韩馥》）

（16.14）郑呼之却回曰，如公所试，场中无五六人。（《太平广记·卷一百八十六·铨选二》）

以上三例都只能解为"少于三年之食""连一斗粮食都没有""不足五六人"，否定都是有偏的，都是对参照数量或程度的向下取值。根据金颖（2009）的梳理，"无非"的词汇化是经过从{无{非 XP}}到{{无非}XP}的重新分析，因此很自然会继承"无"作为存在否定所拥有的向下取值的特征。并且其总括意义就是将"无非"的组合意义"没有不是"加以语境吸收，由此生发范围成员无例外之意。"无"的核心语义高度参与了"无非"的功能塑造。一个旁证是很多带"无"后接谓词的四字格成语，也是向下取值之意，比如"无伤大雅、金无足赤、朴实无华"，其中的"无"都表示某种"不足"。

综上，我们认为副词"无非"总括义向限制义的语义渗透来自一种精巧的耦合。一方面"无非"总括要求整体性[1]，这为主语的单复数转换提供了可能，像"无不"的类似总括副词就是因为缺少整体

---

[1]　似乎有些总括副词的排他性解读，无须借助整体性，也可实现向限制副词的演变，比如"他都写小说＝他只写小说"（李强，袁毓林 2018）。首先，我们的语感似乎不太能接受"都"的这种用法，除非是重读"他"，那么就是甚至的意思了，并非限制用法。其次，如果补充全量成分则符合语感，即"他每天都写小说"，但这依然是总括用法，并未发生演变。再次，即使这种排他性解读可以成立，说明跟整体性一样，排他性也可以促成这种语义渗透，但其中的机制还有待深入考察。

性要求而无法展开渗透;另一方面,"无非"之"无"残留原始的存在否定意义,使存在否定的不足特征可以语用迁移为预期的向下取值功能。

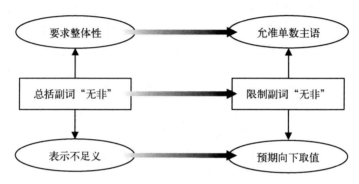

图 16.1　"无非"语义渗透的耦合模式

以上耦合模式也可以用来解释副词"净"为何也能出现总括与限制语义渗透。不仅其核心特征统一性起到将复数主语打包的作用,从而允准单数主语,而且由于"净"包含"使……没有"意义的残留,存在否定的不足效应同样存在,保证预期向下取值这样的语用迁移亦可生效。我们有理由相信,范围副词内部大概率是依靠类似模式开展的语义渗透。不讨在语用方面,研究者无不注意到,总括义也好,限制义也罢,"无非"都呈现出高确信、低评价的语气。那么,产生这种语气的理据在哪里?

16.3　高确信与低评价的统一

"无非"的高确信语气可以用母句(matrix clause)进行测试。高确信是说话人基于自己的认识状态,认为确定发生的事件或者确定存在的状态,并对其真实性作出高度承诺。表达高确定语气的句子可以与母句"我确定……"连用,且不得与母句"我不确定……"连用。通过两重测试后,拿掉"无非"再进行测试,方可确定"无非"是

否含有确信语气①,比如:

（16.15）（我确定／*我不确定）我和我的学伴们**无非**是彼此陌生的熟人。（陈染《私人生活》）

（16.15′）（我确定／我不确定）我和我的学伴们是彼此陌生的熟人。

（16.16）（我确定／*我不确定）所谓寻根,**无非**是文化上心理上的认同。（陈世旭《将军镇》）

（16.16′）（我确定／我不确定）所谓寻根,是文化上心理上的认同。

例(16.15)(16.16)选取"无非"总括义与限制义各一句。经过母句测试与例(16.15′)(16.16′)的对比可知,是因为增加"无非",句子语气与表示低确信的"我不确定……"不再相容,所以"无非"本身可以确定是具备高确信的。

而对于"无非"的低评价语气,话语标记可作为测试手段。其中的原理是:话语标记多表示评价,如果对象小句是中立评价,则接高评价或低评价话语标记皆可;如果是低评价,则只能接低评价话语标记,如果话语标记是高评价,则前后矛盾。对信息价值较为普适的高低评价话语标记分别是"重要的是""显而易见"②,比如:

（16.17）（*重要的是,／显而易见,）我所接触的**无非**就是华北地区的,确切地说就是京津一带的曲艺文化。（郭德纲《非著名相声

---

①　调查发现"无非"与"看来、看起来、也许、大概"等估量义话语标记在语料库中有同现用例,而与"确信""坚信"等没有同现用例。我们认为这是因为估量义话语标记容易发展为模糊限制语(hedge),表现说话人婉转礼貌的语用策略,因为即使最典型的确信标记"一定""必然"也可以跟它们共现。"确信""坚信"在语料中没有与"无非"共现,不代表不具备与之共现的能力。因为当说话人表达确信的话语时,编码越简洁,确信的意味就更高,重复多个确信标记反而会削弱确信度,比如"他一定会来"和"我坚信他一定会来",后者显得没有前者把握充足。所以我们的重点放在缺乏与不确信标记共现的能力上面,通过删除测试发现"无非"有明显改变确信度的效果。

②　"显而易见"表示说话者对后续句的陈述具有"多余性",易引发"不耐烦"语气,因为"无非"句所修饰谓语多为低量成分。我们认为这些性质也反映了信息价值上的低评价。

演员》)

（16.17′）（重要的是，/显而易见，）我所接触的就是华北地区的，确切地说就是京津一带的曲艺文化。

（16.18）（﹡重要的是，/显而易见，）无非因为我的大哥夭亡，怕得我也养不大，所以结下这一份干亲。（徐钦文《过年恨》）

（16.18′）（重要的是，/显而易见，）因为我的大哥夭亡，怕得我也养不大，所以结下这一份干亲。

删去"无非"之后，小句的命题就可以被强调，以凸显信息价值，由此可知"无非"具有削弱信息价值的效果。信息价值低，重要性也就低，表达重要性低最常见的手段是轻描淡写，即往小处、往低处、往轻处说，可统称为轻说。"无非"小句这种低评价的轻言还有一个旁证就是，如果小句运用了夸张的修辞手段，则不可以用"无非"，比如：

（16.19）头上没有一根白发，修理得很整齐，油光发亮，镜子似的，苍蝇飞上去（﹡无非）也要滑下来的。（周而复《上海的早晨》）

（16.20）譬若老婆发了命令，未及说完，早已一道闪光而去，脸上笑容（﹡无非）充满了宇宙。（老舍《代语堂先生拟赴美宣传大纲》）

夸张是故意夸大或缩小某种量的表达，但其本质仍是重说，即增强跟客观量或主观量相关表述的语力，给予说话人较高的注意力赋值。"无非"与之相抵牾，说明无论是言及大量还是小量，"无非"小句都是减小语力，并给予低注意力赋值。换句话说，说话人既不强调，也不重视"无非"小句的内容，彰显的正是低评价。

现在我们确定了"无非"是高确信与低评价两者语气的统一，问题是，这种统一是如何实现的？并且这种统一屡见不鲜，由轻微反问演化而来的"不都是、不也是、不还是"以及由结论小句发展形成的"才怪、就是了"也是兼有高确信与低评价。就"无非"而言，我们可以拆解成两个方面，即这种统一何以可能？这种统一何以必要？

先看可能性。陈禹（2021a）发现含否定的反问句非常容易演化为反意外构式。"无非"与含否定的反问句相似之处在于，两者都是某种双重否定结构。反问句着重于质疑,而"无非"强调"没有例外"。"无非"总括与限制用法都是基于"没有例外"这个基础语义。例外是一种否定。总括用法中,如果主语含有任意一个不属于谓语陈述的项目,就是例外;限制用法中,如果主语超出谓语陈述的数量或者性质,也是例外。"无非"正好是分别把这两种例外情况排除在外,这里也就不再是单纯给出某个集合的真值为真,而是给予这个集合的补集以假的赋值。既然是对其补集进行赋值,说话人借此暗示其知晓这个集合发生作用的全集,同时知晓这个集合的边界。也就是说单纯赋值这个集合仅是知其一不知其二,知其正不知其反。但如果我们是对集合补集进行赋值,表明说话人熟知全局、胸有成竹,这就紧密对应反意外的第三种特征:准备充分(陈禹 2021b)。"无非"可以视为具备反意外性质的成分,而反意外成分是意外的逆反,必须完全落在说话人的意料之中,而且意在打消听话人的意料之外(陈禹 2018),因为否定是一种针对听话人而言典型的意料之外,所以反意外必须唯肯定,对应语气便是确认命题为真的确信语气。又因为重言(强调)跟打消意外的意图背道而驰,只有反向用力,用轻言表达所言之事对说话人犹如区区常识,才能贯彻反意外的语用功能,轻言预设了价值判断的低评价。简言之,"无非"基础语义跟反意外标记的功能对应性,致使高确信与低评价在反意外这个语用界面达到共通。反意外在理论上提供了高确信与低评价两种语气统一的可能。

再看必要性。因为话语中的高确信是说话人的信念,即相信"无非"后谓语陈述的命题必然为真,但并不意味是客观真实。当语言显示这种信念时,会采用提升信据力(argumentative strength)的手段[1]:在话语中明示或暗示该信念拥有充分证据。以下两例就通过方式状语和反问提示"无非"彰显的信据力:

---

[1]　所谓信据力就是指为了帮助听话人推理出说话人的交际意图,说话人提供论据的可信程度(完权 2018)。

（16.21）"这个你放心，"春玲**十分肯定地说**，"他<u>无非</u>是借此吓唬你，等你跑回来罢了。"(冯德英《迎春花》)

（16.22）**那还用问？** 俺大爷说要春玲成亲，<u>无非</u>是想把春玲的嘴封住，不叫儒春走。(冯德英《迎春花》)

提升信据力，常见的手段有告知信息来源，"孔子说：'朝闻道，夕死可矣'"就比"朝闻道，夕死可矣"的信据力要强。但信息来源的权威要依赖对话双方的共识，如果听话人不同意这种权威性，也就无法实现交际意图。另一种手段是还原因果链条，把该信念中蕴涵的道理、支持的条件都摆出来，比如王阳明证明"心外无物"提道："你未看此花时，此花与汝心同归于寂；你来看此花时，则此花颜色一时明白起来，便知此花不在你的心外。"这里用生活经验进行类比，解释信念的根据，还原因果链条构建的信据力比告知信息来源要更坚实。但在日常对话中，该策略是不经济的，除了要求说话人具有较高的思维水平之外，语言编码上也较为冗长，这种策略更适用于书面语。信据力的提升既要不能被轻易质疑，又要尽量简短编码，那么有效的手段不妨是贬低信息价值。贬低信息价值导致三个语用后果：既保证确信度，又不易挑战，还简洁经济。一是衬托说话人认识权威（epistemic authority），等于说话人对于这个信息了然于胸，对了事件情状已经完全掌握。比如例句(16.23)后文的补充信息说明"无非"小句建立在说话人的认识权威之上：

（16.23）要这么说，这所谓的"神人"<u>无非</u>就是个算命的，**没什么稀罕**。(中央电视台《经济与法》2012.11.19)

二是如果遭遇挑战，挑战者要承担人际关系的风险，即明摆着的事情听话人若是反对或者怀疑，不仅是错误的，而且是荒谬的。荒谬的发言会威胁面子，造成交际难以为继，所以贬低信息价值一定程度上可以避免被轻易质疑。比如例句(16.24)后句的价值判断，明示"无非"小句的人际功能，通过面子威胁构建所言信念的确证性：

（16.24）你挣这些钱，<u>无非</u>也就是你教书<u>无非</u>就是挣口饭，何必

大家那么认真呢？**你这么较劲没好处**，没谁有好处。（凤凰卫视《锵锵三人行》2011.8.9）

三是排斥复杂编码。正是因为信息不值一提、不在话下、不言而喻，说话人会尽量减少模糊限制语以及多重修饰语，将之作为陈旧信息、已知信息、公共信息进行编码。作为一个已经失去新闻价值的事实，也就用不着多费口舌，比如例句（16.25）前句的内容表明"无非"小句是简化的表述：

（16.25）"学习中心，怎么学？"**答案很简单**，无非就是线上线下相结合，个人与团队相结合，时间和空间被打破。（朱永新《未来学校：重新定义教育》）

综合而言，认识权威、面子威胁、简化编码都有降低信息价值的效果，但又可作为提升信据力的手段，以至于表现出高确信的语气。简言之，低评价有助于促成高确信。

由此看来，夏焕乐（2018）有关"无非"存在划界与简化语义功能的观察是有道理的。划界功能来源于"无非"表示没有例外所附带的说话人对于全集、补集以及边界的熟悉，简化功能则来源于低评价简化语言编码从而提升信据力的语用策略。因此，低信息价值不仅为高确信语气提供了可能性与必要性，还一定程度上塑造了"无非"的语义格局。但这也引发一个新的问题：为什么"无非"的高确信度形成的是低信息价值，而不是高信息价值？

这里蕴含着"无非"独特的必要性。"无非"是通过否定补集实现的确信，不同于"绝对、必然、一定"等通过肯定子集，后者在信息价值上的选择上倾向于高价值命题。我们可以分别用最典型的高、低价值命题进行测试，比如：

（16.26）我（无非/？绝对/？必然/？一定）就是我自己。（熊伟《"在"的澄清》）

（16.27）它们（？无非/绝对/必然/一定）是严重威胁人类健康的凶手。（张友新《警惕传染病卷土重来》）

例句（16.26）是重言式（tautology），是典型的低价值信息，"无非"可以与之和谐。例句(16.27)"严重""威胁""凶手"的措辞,表现典型的高价值信息,"无非"难以与之和谐。而"绝对、必然、一定"同为确信语气副词,跟"无非"的表现截然相反。这说明否定补集的确信与肯定子集的确信,两者语用后果大相径庭:前者的意象图式是一种收缩运动,而后者的意象图式是一种扩散运动①,如下图所示:

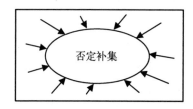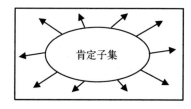

图 16.2　确信实现的两种意象图式

否定补集是把命题的确信度交由外部力量,外部力量塑造子集确证为真的边界。因为边界以外概无可能,为了保证边界以内千真万确,边界必须进行收缩,收缩到恰好与全部真实情况的阈值贴合一致。但也正因为是收缩运动,这种确信是压抑的、束缚的、限制的,从而在内容上只能向下取值,同时信息量上也相应向下取值。好比不断压低的天花板使其中的人没有多少闪转腾挪的余地,必须在自己有限空间中安分守己。所以其信息价值必然表现出受限的一面,也就通常导致往小处、往低处、往轻处说。

相对而言,肯定子集是内部力量的拓展,增添了"绝对、必然、一定"的命题跟命题本身做比较,与其说是让听话人相信命题的真值,不妨说是让听话人相信说话人。因为它们没有改变命题的真值,改变的是说话人的态度,相当于说话人用自己的真诚保证命题的真实,把相信这件事转化为相信这个人,相信这个人具体而言就是相信这个人说的话,因此,在实际上增大了确信的边界。以至于所言命题的真值甚至还悬而未决,依然可以使用,比如"明天我们绝对/

①　此处受谢林(2018:22)关于两种原初意志论述的启发。

必然/一定胜利"不能改作"*明天我们胜利"。由此观之,通过肯定子集的确信副词不是在命题层面发生作用,而是在说话人的决心与意志层面(张则顺 2015:225)。其中的语用策略则是把认识问题与人际关系绑定在一起。如果听话人不相信说话人这类命题的陈述,不仅是否定命题本身,而且是否定说话人的决心与意志,显然会威胁到说话人的面子。如此一来,会话也就难以为继。所以确信体现出扩散运动的态势,即不再局限于就事论事,而是旨在引起对说话人的重视,主要就包括对说话人提供信息的重视。所以高价值命题与之相和谐,而低价值命题则难以相容。

　　小结本节内容,"无非"高确信与低评价的统一,不仅有其可能性,亦有其必要性。可能性在于"没有例外"的基础语义表达准备充分的反意外功能,反意外在理论上完全可以保证高确信与低评价共存。必要性在于一方面贬低信息价值有助于提升信据力,以强化高确信;另一方面"无非"通过否定补集造成的确信,体现出的收缩运动图式限制命题信息价值的显现,由此产生低评价语气。

16.4　考虑语力的语用系统

　　张谊生(2001)根据表义功用对范围副词进行了三级分类,同时从句法功能、语义指向以及共现连用三方面分别归纳,用树图刻画出不同角度的范围副词系统。无论是本体分类学还是二语教学上,树图的条理性与直观性优势明显。尤其是表义功用方面,范围副词可分为统括性、唯一性、限制性三次类。统括性再分为表范围与表数量两又次类,唯一性分为表例外与表特例两又次类,限制性分为表多量、表少量与表概量三又次类,都已经是教科书式论断。只是在语用上如"净"与"仅"虽然分别归入统括性与唯一性又次类,但又有表少量的限制性又次类功能,"无非"亦有类似跨类,这就需要范围副词的语用系统加以观照。

　　一方面,显示整体与否可视为范围副词的一组重要的语用参量。李小军(2018)调查发现范围副词如果凸显整体性,则会发展为程度副词,起作用的机制是转喻。与此相对,不凸显整体性的范围副词没能发展出程度用法。可见整体性影响范围副词的语用效果。另一方面,是否强化语力也可视为范围副词的语用参量。周韧(2021)认为总括副词"都"的作用在于保证右侧谓词具有分配性。如果谓词本身不具有分配性,"都"给予分配性;如果谓词本来就有分配性,"都"强化这种分配性。因此,对语力的影响也是范围副词的重要语用因素。

如果范围副词不显示整体,则必显示局部甚至是个体,不过个体也可算作一种局部。而且,范围副词一定会对语力起作用,或者强化语力,或者弱化语力①。由此可得显示整体—显示局部、强化语力—弱化语力两对参量,可以把范围副词的语用系统刻画为四个象限,如下:

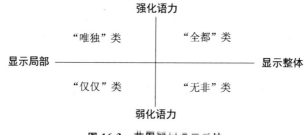

图 16.3　范围副词语用系统

该语用系统有四点优势。首先,由于语用关乎说话人的交际目的,同一标记极少出现截然相反的交际功能,所以借助逻辑否定划

---

① 注意,弱化语力跟上文提到的低评价语气、轻说并不是一回事。低评价语气反映的是说话人的价值判断,低评价可以是不喜欢,也可以是不同意,还可以是觉得不重要,"无非"是在信息价值上的低评价,属于第三种情况。轻说是往小处说、低处说、轻处说,表现的是主观小量,本来不一定等价于低评价,但"无非"的轻说正好是贬低信息价值的后果,呈现出共通性。弱化语力是对语力强度的降低,奥斯汀言语行为理论中的语力即清楚明白地表达话语,那么降低语力就是使话语模糊、简化、轻微。轻微的话语不值一提,"无非"在这个维度完成与低评价语气、轻说的统一。弱化语力可算作低评价语气、轻说的上位概念。

分的范围副词系统不太会出现交叉情况。其次,每一类型的主观化
或语法化发展具有一致性。譬如强化语力的类型不可能衍生出平
抑舒缓的语气用法,而显示整体的类型无法发展出类似"只是""不
过"一样的连词用法。再次,对于在范围副词内部语义较为纠结的
成员也可以较为简洁地给出语用上的基础触发条件。譬如"都"虽
然语义上充满细节,但语用上是显豁的,对于说话人,使用"都"就是
要显示整体,并且强化这个整体,即使是分配,也是对于辖域内的整
体进行分配。而对于本书关注的"无非",无论是在语义上将之划定
为总括副词还是限制副词,都无法掩盖说话人使用时显示的也是一
个整体,而且对这个整体进行认识价值上的弱化。最后,语用系统
的直观性有利于在汉语二语教学当中转化为有意义的交际实践。

　　参考张谊生(2014:22-23)列举的范围副词表,我们可以把现
代汉语常用范围副词归入以上语用系统中。"全都"类:都、总、全、
净、皆、凡、尽、遍、通通、统统、全都、全然、凡是、但凡、总共、一共、一
概、一律、至多、最多、顶多、至少、最少、起码、几乎、足足。"唯独"
类:就、才、专、另、唯、只、光、独、唯有、唯独、单单。"仅仅"类:仅、
仅仅、只消、只管、只是、尽管、就是、不过、大半、多半、大都、大体、大
致。"无非"类:无非、无不、无外乎。就成员分布而言,"全都"类最
多,"无非"类最少,这表明范围副词的整体语用格局更有可能倾向
于强化显示范围整体的语力。

16.5　本 章 小 结

　　"无非"兼具总括范围与限制范围的特点,归根结底是源自整体
性语义与否定性语义的精巧耦合,进而塑造出一套通过收缩运动来
表达确信的语义路径,涌现出反意外功能。由此,不同于大多数总括
副词的强调功能,"无非"借助反意外桥接起高确信与低评价两者,形
成一种独特的轻说语气,然而说话人实际上是通过语言形式上的包
装反作用于信息内容,提升命题的信据力。在语用系统之中,"无

非"作为范围副词的少数派，既显示整体，又弱化语力，该语用功能在双重否定结构与量级上限结构中却颇为常见，甚至在英语当中也不乏例证，譬如 nothing but、at best 等。其中跨语言的语义理据、语用规律，乃至所反映人类语言的心智共性，值得我们继续思索。

第十七章　反意外与多声性

句末"嘛""呗"的意义辨析相当困难。两者意义有类似之处,但语感差别明显。目前两者各自的释义方案都不易理解,有些方案甚至互相解释彼此也完全说得通。验证"嘛""呗"的区别性特征需要有分辨度的对比角度与有统摄力的理论框架。利用构式竞争框架进行对比,我们发现"嘛"在评价类、定性类与反诘类等语境下无法替换成"呗";"呗"在自行抢答类、必然结论类与轻率敷衍类等语境下无法替换成"嘛"。多声性学说有助于统一把握两者发生直接对立的区别性特征,其交锋的界面在于如何对待多声性:"嘛"肯定多声性,而"呗"否定多声性。根据共现测试与追补测试,我们验证出"嘛""呗"之间的竞争实质是反意外语气在多声性维度上的分工。两者之所以能够统一于反意外语气,是因为"嘛""呗"都是依靠反意外的关键特征,通过不同语用策略,最终获取互动交际中的话语权力。以多声性为代表的交互主观性理论学说针对汉语语法具体问题的精细化努力值得借鉴。

17.1　显 而 易 见

现代汉语中句末语气词"嘛"和"呗"都有显而易见的意义,比如[①]:

(17.1) 很简单,我生下来他才开始做父亲嘛!

(17.2) 哪有什么不容易的,就随便说呗。

例句中的"简单""容易"都在"嘛""呗"小句的高层,意指"嘛"

---

① 本书所论皆为用作句末语气词的"嘛""呗"。若无特别说明,例句均来自北京大学 CCL 语料库。

"呗"小句传递的信息是可以轻松获得的。而且如果把"简单""容易"换成"复杂""难以",则跟"嘛""呗"小句的语气发生抵触。从正反两方面说,显而易见是这两个句末语气词的共性,因此即使例(17.1)(17.2)中的"嘛""呗"互换,显而易见的意思依然保留,句子也依然成立。只不过互换后语气上存在微妙的差异,以至于在部分例句中,句末表显而易见的"嘛""呗"互换后,句子反而不成立了,比如:

　　(17.3) 汉字丰富多彩,形形色色,这才没有单调的感觉**嘛**(/ ***呗**)。

　　(17.4) 我们那时候还干什么呀? 我们出去也不偷,也不抢,就**出去玩玩呗**(/ ***嘛**)!

　　正因为"嘛""呗"的语气各有细腻之处,学界对此展开过一系列精彩的讨论。屈承熹(2006:118)指出"嘛"的基本功能是表示事实、保证、劝告①;语用上具有执着功能,意思是说话人希望听话人接受。以上论断影响很大,而且贴合语感,但观察语料可知,"呗"也有表示事实、保证、劝告的功能,在这个层面上,此三者并非"嘛"的区别性特征;**执着说**很有洞见,因为"呗"似无明显要让听话人接受之意,徐晶凝(2007)认为"呗"的语用功能其实是述唯弃责,意为不管听话人接受与否,所言是唯一可能性。**述唯弃责说**触及非常细腻精妙的语感,是展现与"呗"区别性特征非常重要的尝试:无所谓听话人的认同,区别了"嘛"所暗示的听话人应当接受(徐晶凝 2008:177)。只不过,唯一可能性为什么导致无所谓听话人的认同? 值得进一步阐释。而且"呗"的唯一可能性是在哪个层面上? 比如例(17.2)与例(17.4),何处唯一可能似乎并不容易判断。强星娜(2008)探索"嘛"情绪方面的特点,指出"嘛"附带不满的情绪。郭红(2012)总结为"嘛"侧重说理,"呗"表侧重道情。赵春利、石定栩(2015)具体给出"呗"的情感特点:不作为不在乎、不能为无奈何、不屑为不耐烦、不难为不满意。赵春利、杨才英(2016)也将"嘛"的情感特点细分为气

---

　　① 表事实是指"他去北京了嘛"这种情况,表保证是指"他肯定要去北京嘛"的情况,表劝告是指"他可以去北京嘛"的情况。

愤不满意型、急躁不耐烦型、撒娇不遵从型、无谓不在乎型四类。**情感分类框架**囊括了两词的绝大部分用例,不过我们依然希望追问:其中有共通性的几类情感处于哪个场域? 呈对立关系的几类情感又交锋于哪个界面? 回答这些问题,需要具有一定统摄力的理论框架。崔希亮(2019)、王咸慧(2021)尝试运用信息结构的理论框架对句末"嘛"加以统摄,前者采用的是主位-述位框架,而后者则是前景-背景框架。**信息结构框架**的解释力很强,但较为棘手的是,两框架的分析对"呗"也可以完全适用。更有针对性的理论框架仍有继续寻求的必要。

前贤时彦的研究成果无疑大大加深我们对"嘛""呗"的理解。本书希望在此基础之上,明确两者的区别性特征,一方面采用可操作性高的对比手段,验证两词截然分开的特征界面;另一方面运用合适的理论框架,定位区别性特征所共享的统一场域。

17.2　多　声　性

构式竞争方法是合适的对比手段。此法不仅可以有效辨析同形异义的构式／词项(陈禹 2018b),而且对异形近义的构式／词项有更强的区分能力(陈禹 2021b;陈禹,陈晨 2022)。简而言之,构式竞争方法是在真实语料中观测对比项目在自然文本语料中的可替换情况。可替换的语料必须语法上不违背,语义上不违和。可替换语料在实操中一般作为剩余处理,不可替换语料才是重点。具体来说,我们先要找出形义方面强制不可互换的语例;再将这些语例分组,归纳出这些组所体现的区别性语境;最后析取对比项目各自区别性语境的核心要素,提炼出截然对立的特征,从而准确切割出区别性特征的交锋界面。因此,构式竞争方法很适合二元近似构式／词项之间的形义描写。

17.2.1　句末"嘛"不可替换成"呗"的情况

我们随机抽样考察了 CCL 语料库中 1 000 例句末"嘛"的用例,

不考虑与"呗"关系较远的话题标记"嘛"[①]与话语标记之中的"嘛"[②]。我们找出 848 例不可把"嘛"替换成"呗"的例句,除去过于特殊的语境之外,这些不可替换类按照语例数最多的是评价类、定性类与反诘类,分别占比 21.46%、18.63% 与 11.44%。我们先依次考察这些不可替换类。

17.2.1.1　评价类

评价类指的是"嘛"所在小句的作用纯粹就是评价,表达说话人的态度与情绪,比如:

(17.5) 打量了一阵,觉得毫无异常之处,便说:"你身体很健康**嘛**(／*呗)!"

(17.6) 你们自己回头看一看,像什么话**嘛**(／*呗)!

例(17.5)是积极评价,例(17.6)是消极评价,但句末"嘛"都不能换作"呗"。评价类多反映说话人的主观性,"嘛"强化这种主观性,但"呗"在这个意义上与之违和。

17.2.1.2　定性类

定性类一般是判断句或命名句,指的是对事物的性质作出论断或者给出名称,比如:

(17.7) 串通起来搞些古古怪怪的动作,纯粹是玩小孩子游戏**嘛**(／*呗)!

(17.8) 正因为不足守,所以应当进攻,这叫作以战为守**嘛**(／*呗)!

例(17.7)是判断句,例(17.8)是命名句,都是对于前句所指事物加以定性。定性类重在给出新知,说话人的定性不能与已知信息相同。"嘛"符合这种信息要求,"呗"无法满足。

17.2.1.3　反诘类

反诘类是对于对方或者上下文某处进行反对驳斥,说话人不同意此观点或行为,比如:

---

① "嘛"的话题标记用法比如"小孩子嘛,锻炼锻炼有好处",参见强星娜(2010)、崔希亮(2019)。
② 话语标记之中的"嘛"比如郑娟曼(2018)提到的"我说嘛"。

（17.9）你开头讲得蛮不错,说出了心里的话,但是请不要跟我谈什么主义**嘛(／*呗)**。

（17.10）这就是我现在的生活,我很喜欢,若说不喜欢岂不是没有良心**嘛(／*呗)**。

例(17.9)用祈使句反对对方观点,例(17.10)用陈述句驳斥假设的观点。反诘类具有辩论特点,显示不同立场之间存在的对立。"嘛"能够顺应这种对立,"呗"难以顺应。

17.2.2 句末"呗"不可替换成"嘛"的情况

再看"呗"的情况。经过穷尽考察CCL语料库中775条"呗"的用例,我们发现其中仅71例不可替换成"嘛"。不可替换的"呗"用例,最多的类型是自行抢答类(占比26.8%)、必然结论类(占比19.7%)与轻率敷衍类(占比18.3%)。以下是代表语例与要点说明。

17.2.2.1 自行抢答类

自行抢答类是说话人提出问题,自己马上回答,表明无须思索,不容置疑,比如:

（17.11）结果呢,幸福就这样从身边溜走了。怨谁? 只能怨自己**呗(／*嘛)**!

（17.12）他们一个一个地把钱花光了,怎么办? 回来找大嫂**呗(／*嘛)**。

例(17.11)自问自答事件的责任人,归咎的过程对说话人而言是不假思索的。例(17.12)自问自答未来行为的推断,说话人作出的预测确凿无疑。"呗"换成"嘛"后不成立。

17.2.2.2 必然结论类

必然结论类指的是充分条件或既成事实的直接结论,强调结论是必然而然的,比如:

（17.13）都是自己弟兄,只要丁哥不反对就一块儿干**呗(／*嘛)**。

（17.14）耀文的好奇心被"逗"上来了:"既然来了,我也试试**呗(／*嘛)**。"

例(17.13)"只要"标识充分条件,例(17.14)"既然"标识既成事实。因为铺垫信息非常过硬,由此带来的结论是理所当然的。"呗"彰显充足理由,"嘛"不支持这种用法。

17.2.2.3　轻率敷衍类

轻率敷衍类是对当前信息或行为的小看与轻视,突出说话人的不以为意,比如:

(17.15) 再尖锐我不怕,主要觉得自己是出身好,没辫子,不在乎**呗(/ *嘛)**。

(17.16) 他还真没想那么多,就嘿嘿笑道:"还能咋样,也这么凑合着过**呗(/ *嘛)**。"

例(17.15)是说话人对已然存在的状态,传达出轻率的态度。例(17.16)是对当下或未来的行动,表达敷衍的口吻。"呗"小句这种不放心上、不屑一顾的情感,"嘛"不能替代。

17.2.3　交锋的界面是多声性

综合考察以上不可替换的类型,我们认为屈承熹(2006:118)的执着说和徐晶凝(2007)的述唯弃责说是非常深刻的。因为"嘛"所在小句无论是评价,还是定性,抑或是反诘,都可视作说话人主观性的彰显,是某种意义上的坚持己见。既然是坚持己见,肯定是自己完全认同的,而且即使有不同意见,说话人也希望说服。反观"呗",必然结论类正好对应"述唯",结论就是唯一的可能;轻率敷衍类对应"弃责",不在乎对方的认同与否;自行抢答类既含"述唯"的因素,又含"弃责"的因素。问题的关键在于,如何系统地把握两者貌似各自为政,实则关系密切的区别性特征。我们认为,多声性学说能有力回应此关键问题。

袁毓林(2021)将巴赫金(1988)的多声性(polyphony)学说引入汉语语义学研究。袁先生认为用"假装"句进行复杂评价或复杂言语行为时,多种争论、辩护、斗争、交锋的声音相互较量,带来的歧异解读反映语言的多声性效应。借助多声性的理论框架,杨刚、匡鹏飞(2022),鞠晨、袁毓林(2022)解释了"所谓"一词的语义演化机制以及外交问句中的语义推理机制。从已有成果上看,在话语中显示多声性、利用多声性是主要的观察角度,但就说话人而言,如果真实世界中的多种声音是客观存在的,如何对待这种多声性也应该是重要关注点。针对多声性的不同对待,以及由此产生的语用后果,给予区分"嘛""呗"一个崭新思路。

句末"嘛"区别于"呗"的独有分布都是对多声性的肯定。所谓对多声性的肯定指的是,说话人知道、承认,或者预计存在与自己不同的观点。"嘛"的作用就在于,即使这种不同的观点是存在的,说话人也要坚持自己的观点。一个显著的证据是,如果说话人使用的"嘛"所在小句,其外层有母句"我……觉得""我……认为","嘛"不可替换为"呗",比如:

(17.17)有的人说我们这一代人失去了青春,可是<u>我总觉得</u>这有失必有得**嘛(/ *呗)**!

(17.18)<u>我认为</u>这也是在为社会做好事,净化社会风气**嘛(/ *呗)**!

因为"我……觉得""我……认为"预设了说话人的观点只是众多观点之中的一个,只是这一观点为说话人所认可。说话人意识到多声性,并参与到观点的论辩之中。一个更为强有力的证据是,本来可以与"呗"替换的"嘛"小句,如果增补母句"我……觉得""我……认为"之后,"嘛"的使用依然成立,"呗"就不再成立了,比如:

(17.19)我们全家都报名参加这次活动,拿不拿名次是次要的,重在参与**嘛(/呗)**。

我们全家都报名参加这次活动,拿不拿名次是次要的,<u>我觉得</u>重在参与**嘛(/ *呗)**。

(17.20)生产独一无二的产品,扩大生产规模。没有钱,担点风险借**嘛(/呗)**。

生产独一无二的产品,扩大生产规模。<u>我认为</u>没有钱,担点风险借**嘛(/ *呗)**。

例(17.19)(17.20)前句最末小句既可以解读为说话人意识到多声性,也可以解读为没有意识到多声性,所以后接"嘛""呗"两者皆可。但当增补出"我……觉得""我……认为",标志说话人意识到多声性,小句只能允准"嘛",而不能是"呗"。

可推知,句末"呗"相对于"嘛"直接对立的要点是"呗"否定多声性:说话人尚未知晓、选择无视,或者想不出不同观点的存在。我们分别从陈述句和祈使句两种情况进行验证测试。陈述句中"呗"小句可追补"没别的",此时,原本可以替换"嘛"的句子不再能替换,比如:

(17.21) 说是什么感恩日,其实不过是找个借口让大家聚聚,吃吃喝喝玩玩,联络沟通一下感情。外企老板常用的手法,笼络人心呗(/嘛)。

说是什么感恩日,其实不过是找个借口让大家聚聚,吃吃喝喝玩玩,联络沟通一下感情。外企老板常用的手法,笼络人心呗(/ *嘛),没别的。

(17.22) "为啥突然不想去了呢?"秀秀从地下站起来,使劲一跺脚,说:"啥也不为,就是不想去了呗(/嘛)!"

"为啥突然不想去了呢?"秀秀从地下站起来,使劲一跺脚,说:"啥也不为,就是不想去了呗(/ *嘛),没别的!"

追补"没别的",意味着之前的陈述无需其他补充,足以概括全貌。从语义上拒斥多声性的存在,从而在功能上跟包容多声性的"嘛"与之冲突。祈使句中,"呗"可以前接"得了"与之连用,而连用"得了"之后,"呗"再也不能替换成"嘛",比如:

(17.23) 由此看来,我们还是少用电吹风机,让头发自然风干呗(/嘛)。

由此看来,我们还是少用电吹风机,让头发自然风干得了呗(/ *嘛)。

(17.24) 我是天生的不会吵架。怎么个吵法儿,你有空儿教教我呗(/嘛)。

我是天生的不会吵架。怎么个吵法儿,你有空儿教教我得了呗(/ *嘛)。

管志斌(2012)认为"得了"具有随意和建议两层意思。山雨禾、赵春利(2021)进一步拓展为当机立断、避繁就简、敷衍了事、无能为力四种感情意向,其中干脆与果决的语用倾向是其共性。为什么"得了"显得随意?这是由于"得了"排除了听话人可能的提议,从而产生的非礼貌效应导致。为什么又显得"干脆"?因为根本没有考虑其他观点,仅剩唯一选项,势必简单利落。为什么还显得果决?因为只认识到这一种选项,说话人通过显示自己决不犹豫,暗示听话人也无须犹豫。既然只能这样,横下一条心执行即可。所以在祈使类言语行为层面,"得了"也是对多声性的否定,"呗"与之相顺应,"嘛"则格格不入。

　　小结一下,我们认为多声性对于"嘛""呗"的区别作用至关重要,多声性是两者区别性特征所针锋相对的界面。肯定多声性则使用"嘛",否定多声性则使用"呗"。把多声性看作交锋界面,不仅可以囊括执着说与述唯弃责说的要义,还可以将看似纷繁零散的解释整合到一起。然而观察语料可以得知,超过80%的"嘛"是不能替换成"呗"的,而超过90%的"呗"却可以替换成"嘛",那么这巨大的差异又说明了什么问题呢?

17.3　共 享 场 域

　　根据已标注语料中的数据,"嘛"与"呗"的互换能力存在明显差异,如表17.1所示:

表 17.1　"嘛""呗"互换能力统计

	可互换		不可互换		总　计	
嘛	152	15.2%	848	84.8%	1 000	100%
呗	704	90.8%	71	9.2%	775	100%

　　从显示的统计结果来看,"嘛"不太容易替换为"呗",而"呗"极其容易替换成"嘛"。据此推断,相较于"嘛","呗"的限制条件更为严格。限制条件的严格或宽松依然可溯因为多声性——实际交际中

存在的多种争论、辩护、斗争、交锋的声音是非常易于捕捉与察觉的：肯定多声性是默认的、不费力的、无标记的；相对而言，否定多声性是建构的、费力的、有标记的。哈斯普马特（Haspelmath 2021）指出有标记-无标记的语法对称性本质上是使用频率造成的可预测性差异，频率高的可预测性强，语法形式趋短，形成无标记编码。引申到语用标记，同样是频率高的可预测性强，但无标记编码更多显示为语域广谱性——适用于更广的语域。

　　"嘛""呗"标记性差异跟使用频率的观测结果保持一致。"嘛""呗"句末主要分布区间，即句号、感叹号①之前的语例数，在 CCL 语料库中，前者是后者的约 9.77 倍（7 574∶775）；在 BCC 语料库中前者是后者的约 10.29 倍（70 765∶6 877）；国家语委现代汉语语料库虽规模较小，但"嘛"也是"呗"的 9.01 倍（1 072∶119）。即使考虑误差，两者用例也足谓悬殊。"嘛"使用频率高从一个侧面支持"嘛"更可预测，而观点上存在不同声音，并且我们对其回应与处理更符合认知习惯。"呗"需要屏蔽多声性，既要拒斥异议，又得坚定信念，这都非常困难，在预测性上远低于"嘛"是理有固然。

　　"嘛"适用的语域更具广谱性。语域（register）三分来自格雷戈里（Gregory 1967）。他清晰明确地区分出语场（field）、语式（mode）、语旨（tenor），作为语域的三大组成部分。其中，语场关乎交际目的，常见划分如专业用语、通用语；语式关乎交际媒介，口语、书面语之别隶属此类；语旨关乎交际对象，即交际双方的地位高低、关系远近。"嘛""呗"在语场和语式上基本一致，仅适用于通用语与口语。但在语旨方面，"嘛"却展现出压倒性优势，比如：

　　（17.25）要让他们大胆地去闯、大胆地去干。我们在探索过程中、实践中，不可能一下就完善。闯的都是中国特色社会主义嘛（/#呗）。（《中国之声·李克强与老同志回忆深圳过去 共谋未来发展》）

　　（17.26）吴王刘濞联合另外六个王国以"清君侧"为名以想推翻汉

---

① "嘛"疑问句用法跟"呗"不构成竞争关系，反而跟"吗"较为相似，故不统计。

景帝,自己来当皇帝,结果怎么样呢,不得人心,一败涂地**嘛**(∕ [#]**呗**)。(《百家讲坛·易中天品三国》)

上两例分别是领导发言和公开讲座,说话人的地位明显更高,由于是面向众多听话人,说话人和听话人之间的交际距离较日常对话更远。只要说话人不是刻意模仿日常对话片段,在交际地位为高、交际距离为远的语旨参数下,只有"嘛"是得体的,"呗"不得体。再看交际地位为低、交际距离为近的语旨参数,比如:

(17.27) 秦仲义:来看看,看看你这年轻小伙子会做生意不会!

　　　　王利发:唉,一边做一边学吧,指着这个吃饭**嘛**(∕ [#]**呗**)。

　　　　谁叫我爸爸死得早,我不干不行啊! (老舍《茶馆》)

(17.28) 让我摇,让我摇**嘛**(∕ [#]**呗**)。

　　　　我要去,我要去**嘛**(∕ [#]**呗**)。 (引自徐晶凝 2008:183)

例(17.27)是显著的低地位交际,因为秦仲义是王利发所开茶馆的房东,王利发对他是奉承讨好的。例(17.28)是显著的亲近交际,小孩子或者亲密伴侣间在语言上的撒娇。两例的"嘛"换成"呗"之后都招致语用不适。按逻辑而言,还存在地位高+距离近、地位低+距离远以及地位距离难定等其他情况,但在我们掌握的语料当中未发现明显倾向。我们可以初步判断,"嘛"可以适应以上两种"呗"无法适应的语域,"嘛"的语域适应性更广。这意味着,在使用频率和适用语域两个方面,"嘛"都比"呗"更容易激活,"嘛"是更为默认的无标记成分。然而,毕竟有超过九成的"呗"可以替换成"嘛",不可替换的"呗"也在语义上与"嘛"有着千丝万缕的联系,"嘛""呗"两者的功能是否共有包容其对立的直接上位? 换句话说,两者的竞争与对立,所处的场域究竟在何处?

王珏(2020)构建出现代汉语的一套语气系统①,把"嘛""呗"放入陈述∕祈使+肯定语气之中。此等语气作为两者的**相关上位**概念

---

①　原文称作"口气",本书对语气与口气不作区分。该系统认为"嘛""呗"有感叹语气用法,我们存疑。

固然没错,但陈述/祈使＋肯定语气中还包括成员"来着""似的"等与"嘛""呗"功能相去甚远的成员。因此陈述/祈使＋肯定语气并不是紧密贴合"嘛""呗"功能的**直接上位**概念。史金生(2011:154)运用正反关键词发现"嘛"跟"反正"可以共现,无法与"竟然"共现,用以上两副词测试"呗"的共现情况也是如此,比如:

(17.29)**反正**(/*竟然)你也不要小孩子**嘛**。

(17.30)开始用的是废矿井,后来也挖掘新的,**反正**(/*竟然)都是防三体人掘墓**呗**。

"竟然"是表达意外之义最典型的副词之一(强星娜 2017),而"反正"是表达反意外意义最典型的副词之一(陈禹 2023a)。能与反意外义共现而不能与意外义共现,这提示我们"嘛""呗"跟反意外语气更为接近,极有可能是反意外标记。不妨运用追补测试法来进行判断:在陈述句中,如果对象成分所在句末可以追补"这毫不意外",且不能追补"这太意外了",同时删除对象成分与句中其他相通语气成分之后,以上两个成分又都皆可进行追补,那么对象成分可判定为反意外标记(陈禹 2018a),比如:

(17.31)人家说来就来**嘛**(,这毫不意外/*,这太意外了)。

人家说来就来(,这毫不意外/,这太意外了)。

(17.32)欧洲的情况不景气**呗**(,这毫不意外/*,这太意外了)。

欧洲的情况不景气(,这毫不意外/,这太意外了)。

由于"嘛""呗"拥有大量祈使句用例,而陈述句的测试成分不再有效,我们把用于验证反意外的追补成分换作"不就行了""难道不行"①。在祈使句中,如果对象成分所在句末可以追补"不就行了",且不能追补"难道不行",同时删除对象成分及其相通成分之后又都可追补,则对象成分也可以判定为反意外标记,比如:

(17.33)我有啥对不住你们的地方,你们回来好商好量**嘛**(,不

---

① 陈禹(2021a)论证"不就 X 了"在建议与提议中凸显反意外语气。陈振宇、杜克华(2015)发现偏向性疑问极易导致意外语气,造成一系列语用后果。"难道"强化反问的功能更是意外语气的叠加。

就行了 / *,难道不行?)!

我有啥对不住你们的地方,你们回来好商好量(,不就
行了 /,难道不行?)!

(17.34) 一个做衣服的跑法国学什么学啊,回家买台缝纫机想
做什么就做什么呗(,不就行了 / *,难道不行?)!

一个做衣服的跑法国学什么学啊,回家买台缝纫机想
做什么就做什么(,不就行了 /,难道不行?)!

无论是陈述还是祈使,"嘛""呗"都应视作反意外标记,表达反意外语气。从内涵而言,反意外是意外的逆反,即在说话人意料之中,或者打消听话人意料之外的话语范畴(陈禹 2018)。"嘛"的坚持己见、寻求认同,"呗"无视其他人的看法、给出唯一的可能,都表明所言信息不仅是在说话人意料之中,并且明确有打消听话人意外的尝试。从外延而言,"嘛""呗"与诸多典型的反意外语用标记同现用例很多,前后语气和谐一致,除上文提及的"反正""不就 X 了",还有"还不是""只不过""当然"等,比如:

(17.35) 我还不是牺牲自己在维护你的形象嘛!

(17.36) 我不告诉你我去,还不是想给你一个惊喜呗。

(17.37) 这只不过是从善如流嘛。

(17.38) 他们只不过都是赶来这儿开开眼界的乡巴佬呗。

(17.39) 你当然要学跳舞才行嘛。

(17.40) 蒋寒仰面躺回到床上,枕着双臂:"当然是为了案子呗。"

综上所述,"嘛""呗"的互换能力差异在于无标记和有标记的对立,此对立可从使用频率和语域宽窄得以证明。标记对立的上位概念是反意外,即"嘛""呗"都传达反意外语气,在反意外语气的场域中,两者展开分工竞争。追补测试与内涵外延都展现出"嘛""呗"完全符合反意外标记的要求,可视作两例功能和分布相似的反意外标记①。但结合上一节讨论的内容,"嘛"肯定多声性,"呗"否定多声性,为什

---

① 显而易见也是反意外的最重要的特征之一(陈禹 2021c)。

么两者对待多声性正好相反,却都能做到对意外的逆反?"嘛""呗"反意外殊途同归的理据是什么?

17.4　交互主观性的精细化

根据前两节的讨论,我们可以把"嘛""呗"对立统一的竞争格局描述为下图所示(阴影处代表可替换部分):

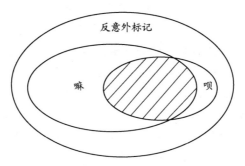

图 17.1　"嘛""呗"的竞争格局示意图[①]

"嘛"肯定多声性,而"呗"否定多声性,但都是反意外标记的下位成员。最重要的原因是,肯定或否定多声性只是策略,用意是获取交际中的威权性(entitlement)。所谓威权性是在各种语言的表达层面,通过宣示对于经验和消息的所有权,从而获得话语权力,又名权威性、可挑战性、信息领地等(唐正大 2019)。简言之,威权性可以理解为交际中哪一方所言最有效力。"嘛""呗"都是说话人希望自己所言在当前讨论问题(question under discussion, QUD)上具备威权性,只是在实现方式上"嘛"是从承认多声性的角度出发,而"呗"是从否认多声性的角度出发。"嘛"在接受观点的对峙交锋是客观

---

① "嘛""呗"可替换语境是当两语气词未选定时,当前语境所显示的说话人对多声性的对待是尚未指定的(underspecified),亦可视作是肯定多声性与否定多声性的叠加态,只有选定"嘛""呗"后才坍缩成肯定多声性或否定多声性其中确定的一项。

存在的前提下,采取"对话立场",承认当前讨论问题的"未完成性和未定论性"(巴赫金 1988：103)。说话人在权衡利弊之后,所给出的观点和提议不仅是其充分认可的,而且是胸有成竹的,或完全贯彻其意志的,由肯定多声性造成的反意外突出的是反意外"准备充分"的特征(陈禹 2021c)。通过反意外语气传递出在考虑了各种观点的前提下,表明任何意外是不宜接受的,在此条件下,当前讨论问题由说话人说了算。"呗"则是拒斥其他观点的应然性,也就是在说话人可以设想的可能世界,当前讨论问题的结果不仅是唯一的,而且是不假思索的,也就等于把意外看作荒谬。这是一种较为极端的姿态,化用巴赫金的术语而言,就是以一种"已完成性和有定论性"的姿态,所以这里的反意外格外凸显的是"已知信息"这一特征。实质上在此情况下,已经取消了对话的必要,拥有威权性的是这个已完成有定论的论断本身。换句话说,"嘛"是做足准备后,认为可以意外,但没有必要,以认识状态上的优势获得威权性;"呗"屏蔽了对话性,认为意外荒谬,完全不应该存在,以专注且强烈的信念获得威权性。可以借助语用含义对照法支持以上假设,即对可以替换"嘛""呗"的句子,比较分别使用"嘛""呗"的言外之意,比如(前句是原句,后句为替换句,箭头后表示下划线小句的语用含义):

(17.41) 革命是为了什么呢？这是尹小跳从来也没想过的问题,<u>革命就是为了革命</u>嘛。

　　　→这个目的是最理所应当的。

　　　革命是为了什么呢？这是尹小跳从来也没想过的问题,<u>革命就是为了革命</u>呗。

　　　→有其他目的是不应该的。

(17.42) 也许人家的批评是一种提醒,<u>有则改之无则加勉</u>嘛。

　　　→你最好不要把批评当成耳旁风。

　　　也许人家的批评是一种提醒,<u>有则改之无则加勉</u>呗。

　　　→你只要如此对待批评就够了。

（17.43）"你说，布勃卡能一破再破世界纪录的秘密在哪？""<u>高额奖金刺激的呗！</u>"

　　　　→没有其他秘密，全是因为高额奖金。

　　　　"你说，布勃卡能一破再破世界纪录的秘密在哪？""<u>高额奖金刺激的嘛！</u>"

　　　　→即使有其他秘密，高额奖金也是主要原因。

（17.44）咱们也得跟上形势了，<u>有多大劲儿，就使多大劲儿呗</u>。

　　　　→要尽量出力，这是义务。

　　　　咱们也得跟上形势了，<u>有多大劲儿，就使多大劲儿嘛</u>。

　　　　→要量力而行，不用勉强。

　　由以上对照可知，"嘛"会注意到其他交互主体对于当前命题真值的阻力，但终能克服；而"呗"命题真值的实现都是畅通无阻的，其他交互主体无丝毫影响。两者对于命题态度的信念与传达出的不由分说的决断是一致的，差别仅在于是否正视其他的交互主体。"嘛""呗"正视其他交互主体与否还有两处旁证，即上文提到的"嘛"适用于地位高距离远的说话人发言表态，也适合地位低距离近的说话人谦恭撒娇，而"呗"都不行。因为根据利奇（Leech 2014：91）的通用礼貌策略准则，给予对方观点高赋值，则言语行为礼貌；给予对方观点低赋值，则言语行为不礼貌。"嘛"正视其他交互主体的观点，如果说话人地位较高，这是给予听话人面子，有亲和力的表现，赋值是偏高的，是礼貌的。如果说话人地位较低，在亲近或者套近乎的环境中，相当于回避直接的观点冲突，表面上顺着对方观点，只是补充自己的看法与提议，因而也是高赋值其观点，也是礼貌的。"呗"固有的拒斥多声性，将另外交互主体的观点当作不存在，这是低赋值的表现，是非常不礼貌的，显得要么傲慢要么不敬。可见，无论是对另外互动主体的正视还是无视，都有交互主观性的效应在起作用。我们固然可以说"嘛"与"呗"的对立统一都牵涉交互主观性：说话人对听话人的关注（丁健 2019）。但这势必造成一个困境，就是既然交互主观性无处不在，牵涉交互主观性的解释形同虚设，试问有哪些话语成分可以不关注听话人呢？所以如何保证交互主观性理论的解释力是非常棘手的问题。

交互主观性理论不应泛泛而谈，而应具体而微；不应抽象建构，而应问题导向。就本书讨论的"嘛""呗"来说，借助的理论工具多声性、威权性、反意外都可以视为交互主观性理论工具箱之中的具体理论。比起泛泛而谈对听话人的关注，这些理论工具更需要解决的是关注的是听话人的什么？为什么要关注？这种关注怎么样实现的？至少在本书所涉及的内容当中，多声性是关注听话人及其双方共知的第三方的各种观点，但其本身不涉及为什么的问题。威权性解决的是为什么的问题，即动因问题，也就是当前言语行为及其语用手段最终是争取话语权力。但威权性丝毫不涉及怎么样实现的问题，这也就是反意外学说发挥效力的地方。反意外提供的是手段，一面为肯定／否定多声性提供确信的保证，另一面借助有备性与已知信息促成威权性的实现，从而把出发点和落脚点桥接在了一起。但反意外仅是手段，既不是关注对象，也不是交际动因。这样就比笼统地用一个交互主观性来应付一切要更有解释力。我们倡导，交互主观性的各个具体理论需要各司其职，在足以概括相关交互现象的前提下，具备专门性的解释功能，克制过度概括的冲动，以开拓出一条交互主观性研究的不断精细化的进路。

17.5　本 章 小 结

本章针对"嘛""呗"的功能辨析，尝试运用多声性与反意外两种方兴未艾的交互主观性学说，力求精细化描述两语气词的对立界面与统一场域，发现这种既竞争又共存的格局是出于争取交际威权性的需要。语言的多声性广泛存在，借助多声性视角可以解释以往纠结不清的难题，但相关手段究竟是显示多声性、利用多声性抑或对待多声性，其中仍须仔细审视，验证确认。近年来，众多交互主观性理论学说纷至沓来,譬如立场三角理论、信据力理论、事件信息类型理论、认识梯度理论、同盟性理论等,广泛运用于汉语语法研究,取得了丰硕的成果。我们非常期待交互主观性理论对汉语语言事实展现出更为锐利精准的洞见。

第十八章　反意外的其他讨论

胡承佼(2022)认为陈禹(2018)提出的反意外的内涵与概念还有模糊不清之处,以"还不是""不就是""无非是""不过是"四个相似结构,比对意外、反预期、合预期跟反意外之间的差异性,以期清晰准确地把握反意外的功能内涵。本章通过述评胡著的基本观点,讨论反意外理论精细化的可行进路以及若干难题。最后述评学界最新刊发的跟反意外密切相关的两篇论文。

18.1　界定的讨论

胡承佼(2022)认为反意外定义中的两段,即(a) 说话人的意料之中,(b) 对听话人意外的逆反,在陈禹(2018)文章中似有不妥之处。比方说以下两例:

(18.1) 没啥,你们在后方还不是一样辛苦。

(18.2) 你以为东尼每天出去忙什么?还不是想法子弄钱。

例(18.1)中"还不是"符合定义中的(a)段,例(18.2)符合(b)段。这里的论述暗示反意外要么是(a)段,要么是(b)段,两段是或然的关系。但是胡著认为反意外应是意外的对立范畴,按照这个思路,仅仅(a)段是不足以表示反意外的,(a)(b)必须同时满足。反意外必须是(a)且(b),得是两段的交集才行。我们承认胡著指出的问题,而且即使是(a)且(b),仍有模糊地带,值得进一步探究。

在陈禹(2021a)文章中,反意外的本质被进一步刻画:反意外对意外的逆反,不是"不意外",也不是"非意外",而是造成跟意外的"冲突"。这种冲突产生于说话人与听话人对双方认识状态之间的预估,是交互主观性的彰显。在这里,无论是把反意外局限于说话人的意料之中与对听话人意外的逆反的合取,还是两者的析取,都是不全面的。反意外首先应该同时调查说话人和听话人双方的认识状态,双方各自可能有三种与意外相关的状态,也就是意外、反意外以及无(非)意外,即跟意外不直接相关,不意外是反意外和无意外的上位概念。排列组合起来,意外性的互动配置就可以有以下 9 种:

（一）说话人意外,听话人意外;

（二）说话人意外,听话人无意外;

（三）说话人意外,听话人反意外;

（四）说话人反意外,听话人反意外;

（五）说话人反意外,听话人无意外;

（六）说话人反意外,听话人意外;

（七）说话人无意外,听话人无意外;

（八）说话人无意外,听话人意外;

（九）说话人无意外,听话人反意外;

　　虽然很难找到跟以上配置严丝合缝对应的语气成分,但是陈禹(2023b)辨析了“因为”“既然”的意外性分野,发现两者在以上 9 种都有分布。“因为”倾向听说双方至少一方意外,“既然”倾向听说双方至少一方反意外,而对于无意外的情况两者平分秋色。这给予我们启发,也就是要全面地定义反意外,必须是**听说双方至少有一方是意外的逆反**。这可能是更为全面的界定。

　　不过,我们依然认为陈禹(2018)所暗示的(a)(b)段的合取是有启发意义的(heuristic)。根据目前调查的语料来看,但凡一个典型表达意料之中的成分,它一定包含某种确信的语力,而这种语力很难不跟意外性发生关系,所以不可能是无意外。又,意料之中肯定不是意外。因此,表达意料之中极其可能自带反意外语气,例如“明明”“当然”;或者发展出反意外语气的用法,例如“一定”“确实”。只满足(a)段,大概率也可以定位反意外的表达式。而(b)段则是绝大多数反意外表达式最显著的特点,也就是说话人观察或者预计听话人存在一个意外,通过一个反意外语气,表示此意外不应该存在,例如"不就 X 了""何况""更不用说""更别提""遑论""嘛""呗""反正"
"无非",等等。因而测试一个成分的时候,当成分表达说话人的意
料之中,大概率就有反意外语气;当成分表达对听话人意外的逆反,
则绝对有反意外语气,而且一定是典型表达式。

还有一个非常容易忽视的地方,反意外是可以在祈使句当中
的,比如:

(18.3) 要是明天下雨,你叫个车<u>不就好了</u>。

(18.4) 你想去看就去看看<u>呗</u>。

两例有反意外语气,但是很难说两者表示的是在说话人的意料
之中,但却表达听话人的意外的逆反,即按照说话人的提议,也没什
么大不了的。因此不能简单析取定义(a)段和(b)段,即可完整覆盖
反意外的全部分布。要严格界定的话,只有表现说话人或者听话人
至少一方意外的逆反,才是反意外。而如果宽松的界定,表现说话
人的意料之中,或者对听话人意外的逆反,就能覆盖大多数反意外
的对应表达。更重要的是,在语用实践中,宽松界定更有利于反意
外事实的发现。

胡著认为与其说反意外属于语气范畴,不如说属于语用范畴。因
为语气多被认为隶属于语法范畴。相对语法范畴而言,语用范畴更为
合理。结合目前研究的进展,反意外标记确实多跟语用因素相关。当
然谈汉语语法很难完全摆脱语用,以至于很多学者提出包含语用的
大语法理念。但无论如何,我们支持反意外属于语用范畴的观点。

18.2　相关概念的讨论

关于反意外的相关概念,胡著也用了一个章节进行讨论。主要
针对的是反预期、合预期这两个跟预期有关的范畴,比对两者与反
意外的关联与差异。胡著认为反预期与反意外在概念上存在交叉,
但反意外的外延要更大;而合预期只是判断反意外功能的一个必要
非充分条件。细节上有较多可以推敲之处。

反预期根据吴福祥(2004)的经典三分,即与说话人的预期相反,与听话人的预期相反,与社会共识、常理相反,可推知反预期必须是说话人与听话人对于某件事或者某信息在预期上出现了不一致。而反意外可以是说话人对听话人意外的逆反,因此胡著认为这也是说话人与听话人对于某件事或者某信息的预期不一致。然而这样的理解与直觉相违背。因为听话人的意外理应不在听话人的预期之内,对其的逆反至少是包含听话人的预期之内的,这样一来说话人的反意外事实上跟听话人的预期是有可能一致的,这跟反预期大相径庭。之前第三章至第十七章的诸多事实也反映出,大多数情况下,反意外恰恰不是反预期,而是对反预期的解除,以至于有学者称作解-反预期(袁毓林 2012;陆方喆,李晓琪 2014)。但是细究事实,我们发现有时反意外也有可能反映说话人的反预期,这是一种比较特殊的情况,比如:

(18.5)你怎么还去银行取钱呢?直接支付宝转账不就行了。

上例包含"不就行了"这样典型的反意外的标记,但由于语境的复杂性,预期也呈现出一种复杂性。后一小句的提议"直接支付宝转账"不仅对说话人而言是不言而喻的,完全落入其预期之中的,即合预期的,但也对听话人之前没有这样执行感到不解、诧异甚至责备,所以"不就行了"的反意外还含有反预期的性质。换句话说,这则信息本身是符合说话人预期的,但让说话人重申这则信息是反预期的。要从理论上进行阐发的话,可以说合预期是一阶的,反预期是二阶的,或者说合预期是行域/知域的,而反预期是言域的。无论怎么讲,反意外反映反预期应属于特殊情况,两者的交叉非常小,基于这么小的交叉比较反意外和预期的外延,并且认定反意外的外延更大,根据目前的证据,我们相当怀疑。

合预期,胡著将其把握为反意外的必要非充分条件。一般从逻辑推理来讲,内涵较广的命题推导内涵较窄的命题,前者为后者的必要条件,即必要非充分条件。内涵较窄的命题推导内涵较广的命题,这时前者是后者的必要条件,即充分非必要条件。必要条件简言之就是有之不必然,无之必不然;充分条件则是有之必然,无之未必不然。胡著的立论依然是基于反意外既包括说话人不意外,又包括打消听话人意外两个方面的。既然合预期只是说话人不意外,那么打消听话人的意外则是反意外独有的,他据此判断合预期是反意外的必要非充分条件。以上推理本身没有问题,但似乎把结论搞反了。内涵窄的命题推导内涵广的命题,应该是充分非必要条件。相当于只要是合预期,一定是反意外,但如是反意外,未必是合预期,对应的正是有之则必然,无之未必不然,即充分非必要条件。并且除了陈禹(2018)提供的"当然""果然"之外,近期的研究又发现一些属于反意外,但绝非合预期的标记。其中尤其引人注意的是祈使句中的反意外标记,比如:

(18.6) 天气热把毛衣脱掉<u>就是了</u>。

(18.7) 一遍听不懂多听几遍<u>不就好了</u>。

(18.8) 肯定是人家企业有困难,可以帮他们查查账<u>嘛</u>。

(18.9) 甭墨迹了,想去就去<u>呗</u>。

以上"就是了""不就好了""嘛""呗"不能算说话人的意料之中,也不能算打消听话人的意外,而是表示说话人的提议要么是顺其自然的结论,要么是唯一可行的方案,要么是简单易行的办法,它们的共性是不假思索、不在话下,不应该有任何意外的可能性,因此也属于反意外。因此反意外的内涵明显比合预期更为丰富,后者是前者充分非必要条件的定位目前看来恰如其分,由此亦可推知后者也是前者的下位概念/下属类型。

18.3　功能的讨论

有关反意外标记的功能语义,胡著用了两个小节加以研究。我们认为有诸多细腻可取之处,但由于问题本身过于复杂,功能划分的标准疑似不够协调。

有必要先梳理一下胡著的基本观点。以"还不是""不就是""不过是""无非是"为抓手,胡著指出反意外表达出说话人对待某事件轻视、不以为然(按:应为不以为意)的态度。此态度的来源则是主观小量。"还不是""不就是""不过是""无非是"标示主观小量,既可以标示说话人主观认为真实数量较小,也可以标示行为多寡、频率高低、程度深浅等抽象量对说话人而言偏小。如果说主观小量是语用层面的功能,那么对于话语分布类型的分析就是篇章层面的功能了。胡著把反意外标记的话语分布归纳为 6 种:单一回应型(回答问题)、解释说明型(阐述原因)、引述回应型(自问自答)、态度评价型(评价言行)、话题延续型(进一步补充当前话题)、言者自述型(自我独白)。除此之外,反意外标记还有针对预期信息的信息功能,胡著细分为基于预期"质"的偏离的反意外(概念定性的预期)、基于预期"量"的偏离的反意外(数量程度的预期),以及基于无关预期的反意外(突发状况)。

说态度功能多有轻视意义符合事实,但轻视意义来源于主观小量并无确凿证据。在第四章我们提到反意外和主观小量的关系是一种交叉关系,必须要承认一部分表主观小量的成分与反意外并无关系(例如"才八岁"的"才"),而有些典型反意外用法也没有主观小量的意思(例如"反正")。即使是明确有主观小量含义的反意外标记,究竟是谁源自谁也难以判断。更合理的解释是两者是不同角度对共时语用动因的一种归纳。

至于篇章层面的功能,比较明显的问题是 6 种分布的划分没有做到不重不漏。单一回应型和话题延续型不仅是内涵概括还是语料例释当中都有大同小异之嫌,引述回应型和言者自述型也有同样问题。更不易说清的是,是否就只有这 6 种分布? 如何论证 6 种分布覆盖了反意外标记的全部样本? 或者覆盖了"还不是""不就是""不过是""无非是"4 种反意外标记的全部样本? 目前我们还无法设想这种完全的覆盖性,甚至是否能大部分覆盖也缺少统计材料的支持。这类功能的描写诚然很有价值,尤其是条分缕析篇章分布的细节与语用策略的互动关系。然而如何更为严格客观地给出分类标准以及论证分类标准的概括性难度很大,这也是功能认知领域的语言学研究的普遍难题。

反意外所针对偏离预期,探讨偏离的"质"与"量",该视角有较大探索空间,非常有理论价值,本书第十三章也试图从预期/意外质-量分析展开对"而已""罢了"的释义。然而,无论是我们的工作还是胡著探索的"还不是""不就是""不过是""无非是",质-量分析用在预期/意外研究都无法回避的问题是:一方面所针对的预期命题,很多情况下既可以从质的方面解释,又可以从量的方面解释,比如:

(18.10)"哎,他怎么会把这种话告诉你呢?""哦,"赵信书呆笑道,"那<u>还不是</u>混熟了,他是把我当作朋友才说的。"

这是胡著举出的源于对预期"质"偏离的反意外。这是说第二个说话人的反意外,是针对"把这种话告诉你"背后的预期是意外——"他不应该把这种话告诉你"这种定性。但我们对这同一句话,也可以做对预期"量"偏离的理解,第二个说话人可以认为第一个说话人认为告诉这种话的人跟自己的熟识程度不高,但其实他们的熟识程度很高。所以同样的反意外表达,既可以是预期"质"的偏离,也可以是预期"量"的偏离,甚至说话人的意图就是兼顾二者。这样一来,对反意外标记的质-量分析也就难说做到了对内的一致性。

另一方面,质-量分析无法囊括与预期无关的反意外。胡著指出"还不是""不就是"表达的反意外,可以发生于没有预期准备的场景,也就是对突发状况的反映。那么与预期无关的反意外究竟是预期"质"的偏离(无定性),还是预期"量"的偏离(量为0),抑或是除去"质""量"之外的第三种预期偏离形式?似乎都有道理,因此质-量分析的对外的排他性也尚存疑问。对内的一致性与对外的排他性双双无法保证的话,分析手段的协调性有待斟酌。

18.4　演化路径的讨论

胡著就"还不是""不就是""无非是""不过是"四个反意外标记

的演化路径进行了探究,其历史材料的呈现和演化路径的构拟都很有启发意义。只是作为演化环节的主观小量和演化机制与动因的原理阐述或许有改善的空间。

根据胡著的考察,"还不是""不就是"的演化路径可以还原为"反问—主观小量—反意外"。在元明时期,"还不是""不就是"就已有反问用例,清代出现表示往低处说、轻处说、小处说的主观小量语料,而在民国时期反意外用法正式确立。"无非是""不过是"的情况略复杂一点,但路径相同,即"否定—主观小量—反意外"。"无非是"当中的"无非"先秦时期就已经出现否定用例,晚唐五代与系统词结合并定型,明代浮现主观小量用法,到了清代反意外的"无非是"出现。"不过是"的否定与主观小量都产生于先秦,唐代以后与"是"结合,最终在明代反意外的用法登上历史舞台。

以上两组路径的构拟有一个共同的中间环节,那就是"主观小量"。然而即使是分析胡著列出的历时语料,也可发现"主观小量"既可以在其前一个演化阶段解读出,比如:

(18.11)你遇见劫道的皮虎,<u>还不是</u>一惊么?(反问/主观小量)

(18.12)始臣之解牛之时,所见<u>无非</u>牛者。(否定/主观小量)

也可在反意外功能产生后解读出,比如:

(18.13)<u>不就是</u>童林那几个徒弟吗,哪个真有能耐?(反意外/主观小量)

(18.14)她也<u>不过是</u>一句猜度之辞,并没说你别的。(反意外/主观小量)

功能并存说明主观小量作为一个演化阶段的独立性值得怀疑,而且例(18.12)是"无非"最早的用例之一,标记的抽象小量的用例甚至早于具体小量,亦说明主观小量极有可能广泛存在于否定、反问①、反意外等功能范畴之中。本章第三节辨析了反意外和主观小量的交叉关系,主观小量当中唯有表现轻说的部分与反意外高度相

---

① 按照胡德明(2010)的观点,表达否定意义也是反问的最主要功能。

关。第五章和第十六章我们更是深入解释了反问、否定与轻说是怎么形成认知关联的。总之主观小量应该看作贯穿部分反意外标记演化始终的附带产品，而非环节。

胡著援引乐耀（2011）一段有关语言演化机制与演化动因的论述，作为解释的框架：

> 语言结构变化的机制是指一个语言单位发生演变的方式和语言环境条件，它决定了一个语言单位遵循什么样的规律进行变化，机制一般来自于语言系统之内。而一个语言结构的演变动因则是指促动一个语言单位发生演变的原因、引起变化的因素，它决定了一个语言单位为什么要发生变化，动因一般来自于语言系统之外。

据我所知，乐老师并不主攻语言演化研究。姑且不论以上论断是否代表历史语言学的当前学术理解，仅就学理而言，演化机制似乎等同于演化的内部因素，而演化动因等同于演化的外部因素。依照此划分作出的有关演化机制和演化动因的结论也就不可避免地过度概括，流于粗疏了。内部因素当中，除了演化机制，还有演化条件、演化结果。后两者很难当机制而论，比如"把"字句的复杂化当中演化条件就包括动结式的出现，而语法化领域常见的"语音弱化""语义漂白""（交互）主观化"都是演化的结果。相对地，外部因素也不仅有动因的层面，也有机制的层面，外部因素包含有语言接触这一重要的作用力。董正存（2008）直言历史材料当中常有突变的案例，多是受其他语言的影响造成。另外，吴福祥（2021）认为仿照其他语言的"语法复制"也属于演化机制，但它属于外部因素。因此，比较稳妥的观点是演化机制是一个有关 how 的问题，说的是语言演化是怎样发生的，代表方式有隐喻、转喻、类推、重新分析和仿照。演化动因是一个有关 why 的问题，说的是语言演化为什么会发生，代表方式有创新驱动、经济原则、交际策略以及语言接触。胡著说反意外标记"还不是""不就是""无非是""不过是"的演化机制包括语用推理和语境吸收。前者确为机制，但如何推理或需要更确切的回答；而后者恐怕只能以演化结果论了，因为这其中怎么吸收的机制才是更值得关注的演化发生方式。胡著接着说四者的演化动因为主观化和交互主观化。此二者虽有道理,并且也确为交际策略方面的动因,但过于概括,未能贴合反意外这种现象本身的独特属性。主观化和交互主观化可运用于几乎绝大多数的演化案例当中,这也就大大削弱了二者的解释力。不过反意外标记存在较多内部差异,而动因研究的精细化努力在学界也方兴未艾。我们在第十四章到第十七章尝试给出了一些演化动因的细节,即自明性、信据力、语力、多声性在交际中的策略性调节。当然我们深知反意外演化研究的工作还远远不足,有很多材料上的整理和学理上的构建还有待夯实。

18.5　其他相关讨论

李治平、戴园梓(2023)围绕陈禹(2018)的研究,更为细致地讨论了"还不是"的若干问题。其中的很多观点确实很有道理,也因为触及更多细节,导致部分解释琐碎,但总体不失为对反意外理论的有益补充。

李治平、戴园梓认为反问句中的"还不是"也应属于反意外范畴,核心论据是根据陈禹(2018)提供的追补测试,包含"还不是"的反问句也可以通过;同时他们认为反问构式"还不是"强调自信,非反问语气构式"还不是"强调自明。这里的结论虽然大致可靠,但是单纯通过追补测试,似乎无法断定反意外功能是由"还不是"赋予的,还是由反问句的反问语气赋予的。因为反问句的句义需要"还不是"中的"不是"作为否定词参与,才能整体上获得肯定的解读。这跟在陈述句中已经没有否定,而单纯表达语气的"还不是"语用化程度是存在差异的。因此不能直接套用追补测试,而是要剔除反问语气这个干扰因素之后,再判断这个有否定意义的"还不是"是否也存在反意外特征。

他们也在反意外的界定和相关概念的关系上提出了质疑,思路和结论与胡承佼(2022)类似,在本章第一节和第二节已有澄清。只是他们坚持反意外应该考虑说话人和听话人,所以反意外在说话人一端应分为 3 种类型,分别为① 无预期信息,② 合预期信息,③ 高概率反预期信息;反意外在听话人一端应分为 4 种类型,分别为① 无预期信息,② 反预期信息,③ 低概率合预期信息,④ 不确定性合预期信息。可是以上 7 类既无定义,也无法保证重复和遗漏,文章的尾注 4 也意识到了这一问题。即便承认以上 7 类都是存在的,怎么样对这些信息设计一套可操作性的判定标准?可以预想的方案都可以说失之细碎了,我们尽量不能让理论比事实本身还复杂,这可能有悖于理论解释的初衷。

　　另外,李治平、戴园梓引入了陈振宇、王梦颖(2021)的预期四部件模型来分析反意外的语篇特点,同时还讨论了"还不是"位置对其反意外性的影响。反意外彰显立场优越的功能中分述其中的合理性、主观性、现实性、贬抑性等方面,分析的角度和语感的描写都有不少可资参考之处,如若能跳脱预期理论,而从意外理论内部深挖,"还不是"的研究仍还大有创新潜力。

　　夏焕乐(2023)把"V 就 V 了"纳入反意外的论域,拓展了反意外功能之中降低重要性的认识,并融入了认知梯度的分析,从材料、观点、理论三个方面有明显的创新和推进意识。只是调节重要性也好,定位认知梯度也好,跟轻说的关联都很紧密,应进一步廓清其中的理路,尤其是语用机制的具体细节。

　　夏文通过解读例句与支撑词验证的方法,提出"V 就 V 了"包含两个下位类型:意愿准允类和反意外类。两者的差别就在于构式前能不能补上道义情态词"要"。两者的共通语义是:言者否定 V 的实现及其后果所带来的重要性。他断言这个共通义就是轻说功能。需要注意的是,轻说除了否定重要性维度,还有低调陈述的维度(鞠红,戴曼纯 2006)。前者多是非礼貌的,甚至是不礼貌的,而后者一般是礼貌的。两者截然相反,反意外这两种轻说都可以涵盖,但"V就 V 了"应该只有轻说的前一种情况。严格来说,"V 就 V 了"构式共通义**属于**轻说功能。

从演化的角度,夏文主张意愿准允类先于反意外类,是前者演化出后者。主要证据一是前者格式明代就有,后者民国时期才出现;二是前者功能可望文生义,后者功能更抽象,不能从字面义直接得到;三是前者也潜在包含反意外意义,后者是将此意义明示出来,较符合意义演化的一般规律。我们认为以上假说颇有见地。而对于反意外的分支特征轻说,夏文指出说话人是对于 V 及其后果轻化评价,造成反意外效果。这里似与主观小量重叠更多,到底是说话人因为反意外,而认定 V 及其后果不重要,还是因为他认定不重要,所以反意外,这里面的心理机制可能需要更细致的还原。不过就他给出的例证看,轻化评价是手段,更多的是引出前后文或者说此话时说话人的态度或建议,而这部分若是反意外的,"V 就 V 了"有触发或补充反意外信息的效用。文章之后讨论到的话语功能和语境影响也存在是标记语还是触发语或是补充语的犹豫。

至于认识梯度,夏文断言说话人对于 V 及其后果的认识高于或者等于听话人,这是"V 就 V 了"彰显反意外的认知动因。需要指出的是,说话人认识梯度居于高位是**所有**反意外话语的共同点,这里的关键其实在于轻说,即降低重要性与认识状态的高位之间有怎样的互动关系。很可惜夏文仅分类讨论加之简单的随文解释,尚未深入策略机制层面。我们在第十六章提到,高确信和低评价常统为一体,低评价话语多作为说话人展现高确信的最具经济性策略,而反意外起到中介作用,高确信的最终实现要靠其与反意外的伴生关系。具体细节可参详 16.3 节。可见反意外语用机制之复杂,构式自身的独特性更有赖个中理路的精细化。

第十九章 结 论

本书基于意外理论与汉语事实提出"反意外"这一语用概念,并专题考察了多种现代汉语常用的反意外标记。反意外跟当代语言学的诸多前沿理论有广泛的交叉,是功能主义语言学研究的进一步发展,对构式语法、认知语法等学说也多有补益。

第一章到第三章详细介绍了反意外理论的缘起、内涵与外延。反意外理论脱胎于语言类型学创建的范畴意外与意外性,也受到演化语言学领域近二十年来的核心论域之一预期性尤其是反预期的影响。然而反意外的研究又区别于前两者,它更多集中于语用手段和语用部件的探讨。从内涵上来说,反意外跟轻说语气、主观小量、确信语气、反问语气、解-反预期等现象有所交叉,但总体上保持其独立性。在全面辨析的基础上,我们给予反意外一个初步的界定,即出于既有知识、常理或经历,说话人以舒缓语气或者为表现准备充分,传递出合预期旧信息的语用手段。反意外标记就是既有反意外功能又有语音形式的语用成分。根据不同标准,反意外标记有四种分类方式:按结构类型分为词语型、短语型以及框式型,按句法位置分为句首型、句末型以及句中型,按语用功能分为确信型、推理型以及先时型,按演化来源分为反问型、断言型以及总括型。

第四章到第七章讨论反意外在不同句子类型中的表现。这些句子类型包括单句句类与复句句型。"还不是"的考察主要涉及在陈述句中的非否定用法。从跟反问用法的区别谈起,逐步发掘跟合预期、反预期和主观小量的关联与差异,并认为此中的反意外功能反映言者的优越立场。"不就 X 了"构式多在反问句中展现反意外功能。反问句配合否定意义既可以强化语气,也可以舒缓语气,构式中构件的语气遗留是反意外功能浮现的诱因之一。复句中的关联成分也能表达反意外,但更为虚灵隐晦。转折复句中连词"只不过"表达的轻转功能,本质上是基于反意外在情绪维度上的平抑。而在因果复句中,"既然"与"因为"在原因小句的表现呈现错综复杂的态势。但无论是从言者角度,还是闻者角度,"既然"更偏重表现反意外,而"因为"侧重表现意外,说明两者在意外性上实现一定程度的倾向性互补。

　　第八章到第十二章探讨在各类语义框架下反意外的特征。事实性问题是近年来的语义学的热点,"早就"构式就包含三种事实性,即客观事实、主观事实与亲涉事实,三者呈现功能转移的连续统,而亲涉事实容易浮现反意外功能,本质是话语博弈的策略选择。否定更是语义学经久不衰的议题,反意外牵涉的否定多是语用否定,或者说隐性否定,"才怪"即通过反意外的语用包装机制,促成紧缩的结论小句语用化为表否定的句末成分。力动态是认知语义学的重要模型,现代汉语中副词"反正"的释义疑难可以用该模型化解。力动态包含主力体和抗力体两抽象实体的力量对比,对于"反正"而言,主力体是反意外之事,而抗力体是意外之事,主力体在此对立中常胜,"反正"的各项语义都可得到统一解释。预期性的最新进展是切分出无定预期和特定预期两种,类似于指称性当中的泛指与特指,只是预期是命题,无定预期是基于普遍常识的预期,而特定预期是基于语境建构的预期,两种预期都出现反意外现象,分别表征为"何况"类构式与副词"当然"。

　　第十三章到第十七章论述反意外对于语用前沿理论的贡献。无意外是介于意外和反意外的中间状态,可以看作是既不意外也不反意外的语气。通过意外与反意外测试方式,我们证明"而已""罢了"表示的正是无意外,两者只存在意外性的无偏向和有偏向。自明性是反意外重要的语用特征,"毕竟"的自明性可以采用不可虚假与不可解释两类测试格式加以判断,自明性及其测试方法有助于提升语用学分析的可操作性。信据力和语力是非常重要的语用策略,我们分别以"X免"和范围副词的辨析为抓手,详细勾勒在个案中两者与反意外复杂的互塑关系。反意外对多声性理论也尝试作出贡献,更确切地说是为交互主观性学说的精细化作出贡献。针对汉语句末语气词当中特别难解的"嘛""呗"之别,我们发现反意外是关键的枢纽环节,向下反意外分别实现于多声性的肯定与否定,向上都是为了实现话语交际中的威权,仅是在语用策略上有差异,而且策略上更广谱的"嘛"占据了绝对的优势。

第十八章述评学界对于反意外理论的争论与发展。主要就界定、内涵外延、功能与演化等方面进行了一些辩护与增补。当然以上很多方面仍然还有很多工作需要完善,尤其是演化方面的探索。反意外功能的语用化机制限于学力仅在第九章进行了一些讨论,当然也多是理论性的讨论,其中的汉语乃至跨语言材料还得继续扩充。本书所提出的语用包装、语用滞留姑且可以当作初步设想。不过非常值得期待的工作就是能从汉语的视角发现些许普通语言学的规律,反意外的语用化便是极好的抓手。另外,近来在学术讲座、学术会议中有称作解意外的相关学说。因为目前还没有看到公开发表的成果,暂时不作过多评论。但就目前所知的观点来看,该学说包含不少新颖创见,值得关注。

本书作为国家社科基金项目的研究成果,部分章节经修改已在国内一些期刊或集刊中以单篇论文形式发表,包括《中国语文》《世界汉语教学》《语言研究》《语言教学与研究》《语言研究集刊》《当代修辞学》《汉语学报》等。期刊或集刊的编辑部与匿名审稿专家给予了很多精彩的意见建议,提升了反意外的研究品质和理论价值,由衷感谢。我们希望反意外研究能够被视作人类语言交互主观性精细化的努力,期待本书展现的事实、视角、方法能激发更多有关人类交际行为与一般认知能力影响语用实践的细致刻画和理论创新。

附　录

《现代汉语虚词例释》与《现代汉语八百词》中的反意外标记

序号	反意外标记	词性	释　义	例　句	特 征 要 素		
					无疑	轻说	肯定
1	啊	语气词	用在陈述句里，主要表示解释申明的语气，说明事情是显而易见的。	一点也不怪啊！那是婶子给他寄过去的。	＋	（＋）	＋
2	罢了	助词	用在陈述句末尾，表示如此而已，有把事情往小里说、轻视甚至鄙视的意味。	不过就是穿着白衣白裙罢了。	＋	＋	＋
3	呗	语气词	表示申说的语气，含有显而易见、不说自明的含义。	拥护红军的老百姓呗！	＋	＋	＋
4	甭说	动词	多用在表示让步的小句中，表示情况不言而喻。	甭说你一个人，咱们都去也不见得能解决。	＋	（＋）	＋
5	必定	副词	说明说话人对某一情况是确信不疑的。	写散文是件劳苦的事，信口开河必定失败。	＋	－	（＋）
6	毕竟	副词	后面的话表示追根究底所得的结论。充分肯定重要的或正确的事实，暗含否定别人的不重要的或错误的结论。	他毕竟还是个孩子。	＋	（＋）	＋
7	便了	助词	表示肯定、应允或让步的语气。	如有差错，由我担保便了。	（＋）	（＋）	＋

序号	反意外标记	词性	释　义	例　句	特征要素 无疑	轻说	肯定
8	不成	助词	用在句末,表示揣度和反诘的语气。	难道要人经常表扬你不成?	+	(+)	+
9	不过	连词	后一句子对前一句的补充说明。表示转折,作修正性补充,如果有"罢了""而已",有加强全句的肯定意味。	不过比前一种稍具形式上的区别,借以伪装自己,迷人眼目罢了。	(+)	(+)	+
10	不过	副词	指明范围,有轻视、往小处说的意思。	我看他也不过三十岁,不会太了解。	(+)	+	+
11	不免	副词	由于某种原因自然导致某种结果。这种结果可以是已经出现的。	但我于中西的画都是门外汉,所说的话不免为内行所笑。	(+)	－	+
12	不是A就是B	词组	表示两项之中必有一项是事实。	他不是蒙古族就是满族。	(+)	(+)	+
13	不外乎	动词	不超出某种范围。必带宾语。有往小里说的意味。	大家所关心的不外乎质量问题。	(+)	+	+
14	诚然	副词	强化肯定。	他诚然是逃出来的,不多久,这个推想就被证实了。	(+)	－	+
15	当然	副词	表示肯定,这种肯定是不容置疑的,事理上一定这样。加强语气,表示不必怀疑。	我这样说,当然是有根据的。	+	(+)	+
16	当然	形容词	应当这样。	你说应该早做准备,那当然。	+	(+)	+

序号	反意外标记	词性	释　义	例　句	特征要素		
					无疑	轻说	肯定
17	理所应当	习用语	照道理应当这样。	立功受赏,理所应当。	+	(+)	+
18	当真	副词	强调某种情况的真实性。	以后怎么办呢?当真在家当起了大少爷?	—	—	+
19	到底	副词	表示某种情况还是发生了,强调原因或特点。	南方到底是南方,4月就插秧了。	+	—	+
20	得了	动词、助词	表示肯定语气,有时略带不满的意味。	也听不懂业务,一着急就说你们俩回家去再商量一下得了。	(+)	(+)	+
21	的确	副词	完全确定,表示十分的肯定。	这本书的确好。	(+)	—	+
22	断乎、断断、断然、断	副词	表示不容怀疑的语气。	他是有名的作家,写作态度又非常严谨、认真,文章断无不通之理。	+	—	+
23	而况	连词	用反问语气强调更进一层的意思。用于后一小句开头。用于书面。	行政工作非其所长,而况他又有病,还是另选别人吧。	(+)	—	+
24	而已	助词	与"罢了"基本一样,对整个句子表示的意思起减轻、冲淡的作用,把事情往小里说,甚至含有鄙视的意味。	那些希望日本资产阶级中和派出来停止战争的,仅仅是一种幻想而已。	+	+	+
25	如此而已	习用语	像这样罢了,没有其他的。	如此而已,岂有他哉?	(+)	(+)	+

序号	反意外标记	词性	释　义	例　句	特征要素		
					无疑	轻说	肯定
26	反正	副词	强调在任何情况下都不改变结论或结果。上文常有"无论""不管"或表示正反两种情况的词语。	信不信由你,反正我不信。	(+)	(+)	+
27	固然	连词	前后小句意思矛盾,表示确认某一事实,转入下文。	药固然可以治病,但是服用过量也会产生相反的作用。	(+)	—	(+)
28	果然、果真	副词	表示事实与所说或所料(预期)相符。	这歌编得果然好。	(+)	—	+
29	果然、果真	连词	表示事实与所说或所料(预期)相符。	那儿果然/果真像你所说的那么冷。	(+)	—	+
30	还是	副词	表示行为、动作或状态保持不变,或不因上文所说的情况而改变。	今天咱们还是装运木料。	—	—	+
31	好歹	副词	不管怎样,无论如何。	作为朋友,好歹会帮你说几句。	(+)	(+)	+
32	何必	副词	表示说话人认为某事情或行为的进行是没有必要的,或不一定是必要的,多用于反问句。	他是工人出身,接近工人总比我强些,我何必包揽一切呢?	(+)	(+)	(+)
33	何尝	副词	文言词,表示委婉的否定。相当于"哪里、怎么能、怎么会"。有一种反问和辩解的语气。	虽是明清文章,又何尝真的看得懂?	(+)	—	+
34	何苦	副词	用反问语气表示不值得。	你何苦生孩子的气呢?	—	—	+

序号	反意外标记	词性	释 义	例 句	特 征 要 素		
					无疑	轻说	肯定
35	何况	连词	用反问语气表示更进一层的意思;进一步申述理由或追加理由,用法基本上同"况且"。	他是专门学这一行的都不懂,更何况我呢?	+	(+)	(+)
36	何况	副词	相当于口语里的"甭说、甭提",两件事物对比映衬,用浅的映衬深的,表示甲如此,乙更应该如此。	北京都下雪了,何况哈尔滨?	+	(+)	+
37	究竟	副词	多用于含有评价义的陈述句。归根到底。有加强语气的作用。	谎言究竟代替不了事实。	+	-	+
38	就是了	副词	用在陈述句末尾,表示不用犹豫、怀疑;把事情往小里说的意味。	这事谁不知道,我不过不说就是了。	+	+	+
39	决	副词	一定、完全。用在否定词"不、无、非、没"等前面,表示坚决否定。做状语。	遵守交通规则,决不闯红灯。	(+)	-	+
40	绝	副词	绝对。用在否定词前面,表示完全否定;排除任何例外。	那笔钱绝没有讨回的希望。	(+)	-	+
41	绝对	副词	表示肯定、坚信。	他既然说来,绝对会来。	(+)	-	+
42	可不是	习用语	反问句式,形式上否定,意思却表示肯定、赞同。	可不是!我也这样想。	+	-	+
43	嘛	语气词	表示某种语气。表示事情本应如此或理由显而易见。	人多力量大嘛。	+	+	+

序号	反意外标记	词性	释　义	例　句	特征要素		
					无疑	轻说	肯定
44	明明	副词	意思相当于显而易见地、很明显地、清清楚楚地,用以确认某事或确凿的事实、理由对相反的做法和结论提出疑问或驳斥。	李有才做出来的歌,不是"诗",明明叫作"快板",因此不是诗人。	(+)	—	+
45	乃尔	助词	常与"何其"连用,用在反问句里,有指明事实或表明不容置疑的作用,意思是"怎么……这样呢"。	何其相似乃尔?	+	—	+
46	难道	副词	句末常有"吗"或"不成"。加强反问语气。	难道这是偶然的吗?	+	—	+
47	难怪	副词	有"怪不得"的意思,发现了某种情况后,对事物本身的真相有所了解,因而觉得这种事情是合乎常理的。	难怪小毛说没啥。	(+)	—	+
48	难免	副词	表示某种原因很可能导致某种结果。	如果丢了这个去忙一些次要的问题,那就难免要吃亏了。	(+)	(+)	+
49	无非	副词	常用在判断句里加强语气,表示所陈述的事物不会超过说话人设定的范围,把事情往小里、轻里说,意思相当于"不外乎是""只不过是",含有轻蔑的意味。	这种人村里就很多,无非脸色比他黝黑些。	+	(+)	+

序号	反意外标记	词性	释　义	例　句	特　征　要　素		
					无疑	轻说	肯定
50	显然	副词	表示说话人觉得某种情况或道理是很容易明白和理解的,同时含有强调和加重的语气。后面有停顿,这时强调的语气更重。	显然王强对老周的到来感到说不出的惊喜。	(+)	(+)	+
51	一定	副词	必然,确实无疑。	他一定会同意。	+	—	+
52	一概	副词	表示没有例外。	不分好坏,一概都要。	+	—	+
53	一律	副词	表示概括全部,没有例外。	值勤人员一律佩戴臂章。	+	—	+
54	犹	副词	先引出退一层讲的意思,然后再进一步说明正意,相当于"尚且"。	老年人犹能如此,更何况我们年轻人。	(+)	—	+
55	早	副词	表示某种情况或行为动作在另一情况或行为动作产生之前就已经存在。	一个年轻的妇女早给我和天桂扫净了一片地方。	—	—	+
56	早晚、迟早	副词	或早或晚,总有那么个时候。用来表明预知一件事情必然发生,尽管说不出它发生的确定时间。	这一天迟早/早晚要到来。	(+)	(+)	+
57	至	副词	不仅表示最大的程度,同时含有程度再高也不会超过这个限度的意思。	可见,阉猪的方法,至迟在两三千年前的周代,就已经发明了。	(+)	(+)	+

序号	反意外标记	词性	释　义	例　句	特征要素		
					无疑	轻说	肯定
58	至多	副词	表示一种最大限度或最大可能性，多用于对数量或情况的估计。后面往往带有"不过""只有"之类的词语。	那时候的我，怕至多也只有四岁吧！	（+）	（+）	+
59	至少	副词	表示对数量的估计，在说话人看来某数字最少也不会少于自己估计的。	一学期至少做四篇作文。	（+）	（+）	+
60	终究	副词	用在助动词前，表示强调事物的本质特点不会改变，事实不可否认。表示预料、期望或肯定要发生的事情必将发生。	不尊重科学，不按科学态度办事的人终究会犯错误。	+	－	+
61	终于、终	副词	表示预料和期望中的某个事件情况，或肯定要发生的事情（情况）在经历了一个过程以后，毕竟发生了。	他的态度终于恭敬起来了。	－	（+）	（+）
62	准、准保	副词	表示对情况的估计和推测，语气十分肯定。	敌人的汽船要回去，准得从苇塘前面过。	+	－	+
63	着实	副词	用来肯定事物、情况的真实性，意思跟实在、确实相当。	我们看着大哥，心里着实有点担心。	（+）	－	+
64	自	副词	自然，当然。	久别重逢，自有许多话说。	+	（+）	+
65	自然	副词	表示某种现象的发生是合乎规律和常情的。	碰坏了车，自然要赔钱。	+	（+）	+

序号	反意外标记	词性	释　义	例　句	特　征　要　素		
					无疑	轻说	肯定
66	总	副词	表示"过去经常如此，很少例外，现在也仍然如此"。	他总这样：从来不知道爱惜自己，为了别人，宁肯牺牲一切。	(+)	—	+
67	总归	副词	表示最后必然如此。	问题总归会得到解决的。	+	(+)	+

参 考 文 献

Aikhenvald, Alexandra Y. (2004) *Evidentiality*. New York: Oxford University Press.

Aikhenvald, Alexandra Y. (2012) The essence of mirativity. *Linguistic Typology* 16(3): 435 – 485.

Austin, John Langshaw (1975) *How to Do Things with Words*. Oxford: Oxford University Press.

Bybee, Joan (2015) *Language Change*. Cambridge: Cambridge University Press.

Cappelle, Bert, Edwige Dugas & Vera Tobin (2015) An afterthought on let alone. *Journal of Pragmatics* 80: 70 – 85.

Claridge, C. & Arnovick, L. (2010) Pragmaticalisation and Discursisation. In Andreas, H. & Jucker, I. T. (eds.), *Historical Pragmatics*. Berlin: De Gruyter Mouton.

Croft, William (2001) *Radical Construction Grammar: Syntactic Theory in Typological Perspective*. Oxford: Oxford University Press.

Dahl, Östen (2000) *Grammaticalization and the Lift Cycles of Construction*. Ms., Stockholm University.

Dahl, Östen (2001) Grammaticalization and the life cycles of constructions. *RASK* 14: 91 – 133.

DeLancey, Scott (1997) Mirativity: The grammatical marking of unexpected information. *Linguistic Typology* 1: 33 – 52.

DeLancey, Scott (2001) The mirative and evidentiality. *Journal of Pragmatics* 33(3): 369 – 382.

DeLancey, Scott (2012) Still mirative after all these years. *Linguistic Typology* 16(3): 529 – 564.

Ding, Jing (2018) *A Lexical Semantic Study of Chinese Opposites*. Singapore: Springer.

Du Bois, John W. (2007) The stance triangle. In Englebretson, R. (eds.),

Stancetaking in Discourse: Subjectivity, Evaluation, Interaction, 139 – 182. Amsterdam/Philadelphia: John Benjamins Publishing Company.

Erman, B. & Kotsinas, U.-B. (1993) Pragmaticalization: The Case of "ba" and "You Know". *Studier i Modern Sprakvetneskap* 10.

Fillmore, C. J., P. Kay & M. Katherine (1988) Regularity and idiomaticity: The case of let alone. *Language* 64(3): 501 – 538.

Goldberg, Adele (1995) *Constructions: A Construction Grammar Approach to Argument Structure*. Chicago: Chicago University Press.

Goldberg, Adele (2006) *Constructions at Work: The Nature of Generalization in Language*. Oxford: Oxford University Press.

Goldberg, Adele (2019) *Explain Me This: Creativity, Competition, and the Partial Productivity of Constructions*. Princeton/Oxford: Princeton University Press.

Gregory, Michael (1967) Aspects of Varieties Differentiation. *Journal of Linguistics* 3(2): 177 – 198.

Grice, H. Paul (1975) Logic and conversation. In P. Cole, & J. Morgan (eds.), *Syntax and semantics*, 41 – 58. New York: Academic Press.

Halliday, Michael A. K. & Christian M. I. M. Matthiessen (2014) *Halliday's Introduction to Functional Grammar*. London/New York: Routledge.

Haspelmath, Martin (2021) Explaining grammatical coding asymmetries: Form-frequency correspondences and predictability. *Journal of Linguistics* 57(3): 1 – 29.

Heine, Bernd, Ulrike Claudi & Friederike Hünnemeyer (1991) *Grammaticalization: A conceptual Framework*. Chicago: University of Chicago Press.

Heritage, John (2012) Epistemics in Action: Action Formation and Territories of Knowledge. *Research on Language & Social Interaction* 45(1): 1 – 29.

Hengeveld, Kees. & Hella Olbertz (2012) Didn't you know? Mirativity does exist!. *Linguistic Typology* 16(3): 487 – 503.

Israel, M (2001) Minimizers, maximizers and the rhetoric of scalar reasoning. *Journal of Semantics* 18(4).

Jakob Neels (2020) Lifespan change in grammaticalisation as frequency-sensitive automation: William Faulkner and the let alone construction. *Cognitive*

Linguistics 31(2): 339 – 365.

Kratzer, Abgekuja (1991) Modality. In Arnim von Stechow and Dieter Wunderlich (eds.), *Semantics: An International Handbook of Contemporary Research*, 639 – 650. Berilin: de Gruyter.

Labov, William & David Fanshel (1977) *Therapeutic Discourse: Psychotherapy as Conversation*. New York: Academic Press.

Labov, William & David Fanshel (1977) *Therapeutic Discourse: Psychotherapy as Conversation*. New York: Academic Press.

Langacker, Ronald W. (2016) Baseline and elaboration. *Cognitive Linguistics* 27(3): 405 – 439.

Langacker, Ronald W. (2019) Levels of Reality. *Languages* 4(2): 1 – 20.

Langacker, Ronald W. (2008) *Cognitive grammar: a basic introduction*. Oxford: Oxford University Press.

Leech, Geoffrey (1983) *Principles of Pragmatics*. New York: Longman Inc.

Leech, Geoffrey (2014) *The Pragmatics of Politeness*. Oxford: Oxford University Press.

Levinson, Stephen C. (1983) *Pragmatics*. Cambridge: Cambridge University Press.

Lewis, David (1969) *Convention—A philosophical study*. Cambridge: Harvard University Press.

Nuyts, Jan (2012) Notions of (inter) subjectivity. *English Text Construction* 5: 53 – 76.

Roese, N. J. (1994) The Functional Basis of Counterfactual Thinking. *Journal of Personality and Social Psychology* 66(5): 805 – 818.

Sperber, Dan & Deirdre Wilson (1986) *Relevance: Communication and Cognition*. Oxford: Blackwell.

Sweetser, E. (1990) *From Etymology to Pragmatics: Metaphorical and Cultural Aspects of Semantic Structure*. Cambridge: Cambridge University Press.

Talmy, Leonard (2000) *Toward a Cognitive Semantics Vol 1: Concept Structuring Systems*. Cambridge/London: The MIT Press.

Toosarvandani, Maziar (2009) The relevance of focus: The case of let alone reopened. In María Biezma & Jesse Harri (eds.), *UMOP 39: Papers in pragmatics*, 105 - 123. Amherst, MA: GLSA.

Traugott, Elizabeth C. (1999) The Rhetorical Counter-expectation in Semantic Change: A Study in Subjectification. In Blank, A. & P. Koch (eds.), *Historical Semantic and Cognition*. Berlin: Mouton de Gruyter.

Traugott, Elizabeth C. & Graeme, T. (2013) *Constructionalization and Constructional Changes*. Oxford: Oxford University Press.

Traugott, Elizabeth C. & R. B. Dasher (2002) *Regularity in Semantic Change*. Cambridge: Cambridge University Press.

Traugott, Elizabeth C. (2003) From subjectification to intersubjectification. In Raymond Hickey(ed.), *Motives for Language Change*. Cambridge: Cambridge University Press.

Verhagen, Arie (2005) *Constructions of Intersubjectivity: Discourse, Syntax and Cognition*. Oxford: Oxford University Press.

Verhagen, Arie (2008) Intersubjectivity and the architecture of the language system. In Jordan Zlatev, Timothy P. Racine, Chris Sinha & Esa Itkonen (eds.), *The Shared Mind: Perspectives on Intersubjectivity*, 307 - 332. Amsterdam/Philadelphia: John Benjamins Publishing Company.

Zhang, Niina N. (2013) Encoding unexpectedness by aspect inflection. *Concentric: Studies in Linguistics*. 39(1): 23 - 57.

巴赫金 (1988)《陀思妥耶夫斯基诗学问题》,白春仁,顾亚铃,译,北京:生活·读书·新知三联书店。

柏　杨,吴　颖 (2012) 条件式衔接连贯标记语"反正",《现代汉语虚词研究与对外汉语教学》第 4 辑,上海:学林出版社。

北京大学中文系 1955、1957 级语言班 (1996)《现代汉语虚词例释》,北京:商务印书馆。

蔡　旺,杨遗旗 (2014)"不就"与"就"的异同以及"不就"的词汇化,《兴义民族师范学院学报》第 4 期。

陈　波 (2003)《逻辑学导论》,北京:中国人民大学出版社。

陈昌来,占云芬 (2009)"多少"的词汇化、虚化及其主观量,《汉语学报》第 3 期。

陈垂民 (1993) 闽南话的"去"字句,《暨南学报》(哲学社会科学版)第 3 期。

陈立民（2005）也说"就"和"才"，《当代语言学》第 1 期。

陈小荷（1994）主观量问题初探——兼谈副词"就""才""都"，《世界汉语教学》
　　第 4 期。

陈晓桦（2007）语气副词"反正"语义语用分析，《语文学刊》（高教版）第 5 期。

陈星朝，赵春利（2021）轻蔑副词"无非"的分布验证和语义情态，《世界华文教
　　学》第 2 期。

陈　瑶（1996）《现代汉语反问性"还不是 X"小句研究》，华中师范大学硕士学
　　位论文。

陈　瑶（1998）现代汉语反问性"还不是 X"小句研究，《江汉大学学报》第
　　1 期。

陈　瑶（2000）现代汉语还不是 X 反断句研究——兼论反问句具体类型的研
　　究方法，《深圳大学学报》（人文社会科学版）第 3 期。

陈　禹（2018a）作为反意外范畴标记的"还不是"，《世界汉语教学》第 4 期。

陈　禹（2018b）"V 好"的构式竞争与篇章动力，《汉语学习》第 6 期。

陈　禹（2019a）现代汉语客观性范畴，《汉语学习》第 4 期。

陈　禹（2019b）说明语体中事件的句法配置，《语言教学与研究》第 4 期

陈　禹（2021a）句末"不就 X 了"构式的形义表现与反意外功能——兼论反意
　　外与意外、解-反预期以及反问之关联，《世界汉语教学》第 1 期。

陈　禹（2021b）事态性否定的分化——以"并不 X""又不 X"的构式竞争为
　　例，《外国语》第 2 期。

陈　禹（2021c）反意外：表轻转"只不过"的语用本质与演化动力，《汉语学
　　报》第 2 期。

陈　禹（2021d）"毕竟"语义诠释的本质机制，《语言研究集刊》第二十八辑，上
　　海：上海辞书出版社。

陈　禹（2023a）"反正"的力动态模型：基于反意外与意外的对立，《语言研
　　究》第 1 期。

陈　禹（2023b）从"既然""因为"之别看原因小句的意外性分化，《语言科学》
　　第 3 期。

陈　禹，陈　晨（2022）个体预期的反意外与无意外：基于构式竞争的视角，
　　《当代修辞学》第 5 期。

陈振宁，陈振宇（2020）基于语义地图的北京话和成都话意外类语气词类型比
　　较，《常熟理工学院学报》（哲学社会科学）第 6 期。

陈振宇（2017）《汉语的指称与命题——语法中的语义学原理》，上海：上海人民出版社。

陈振宇（2019）预期与意外，第十届现代汉语语法国际研讨会会议论文，日本大阪，10 月 26—27 日。

陈振宇（2020）《逻辑、概率与地图分析——汉语语法学中的计算研究》，上海：复旦大学出版社。

陈振宇，杜克华（2015）意外范畴：关于感叹、疑问、否定之间的语用迁移的研究，《当代修辞学》第 5 期。

陈振宇，姜毅宁（2019）反预期与事实性——以"合理性"语句为例，《中国语文》第 3 期。

陈振宇，王梦颖（2021）预期的认知模型及有关类型——兼论与"竟然""偏偏"有关的一系列现象，《语言教学与研究》第 5 期。

陈振宇，王梦颖，陈振宁（2020）汉语主观副词与客观副词的分野，《语言科学》第 4 期。

程璐璐，尚晓明（2017）儿童语用发展取效行为的语力探讨——以认知语言学为视角，《学术交流》第 5 期。

储泽祥（2019）辩证性："毕竟"的使用基础，《当代修辞学》第 2 期。

崔希亮（2019）汉语语气词"～嘛"的情态意义，《语言教学与研究》第 4 期。

戴耀晶，陈振宇（2014）是质的否定还是量的否定？《2014 年"语言的描写与解释"国际学术研讨会论文集》，复旦大学中国语言文学系编，第 44—51 页。

邓思颖（2011）问原因的"怎么"，《语言教学与研究》第 2 期。

丁存越（2017）基于语料库的"罢了""而已"语篇功能比较分析，《海外华文教育》第 1 期。

丁　健（2019）语言的"交互主观性"——内涵、类型与假说，《当代语言学》第 3 期。

丁声树，吕叔湘，李　荣，等（1961）《现代汉语语法讲话》，北京：商务印书馆。

丁志丛（2008）《汉语有标转折复句的关联标记模式及使用情况考察》，湖南师范大学博士学位论文。

董付兰（2002）"毕竟"的语义语用分析，《首都师范大学学报》（社会科学版）第 3 期。

董秀芳（2008）反问句环境对于语义变化的影响，《东方语言学》第 2 期。

董正存（2008）情态副词"反正"的用法及相关问题研究，《语文研究》第 2 期。

范晓蕾（2018）再说"差一点"，《中国语文》第 2 期。

方　梅（2005）篇章语法与汉语篇章语法研究，《中国社会科学》第 6 期。

方　梅（2016）北京话语气词变异形式的互动功能——以"呀、哪、啦"为例，
　　《语言教学与研究》第 2 期。

方绪军（2006）语气词"罢了"和"而已"，《语言科学》第 3 期。

冯　英（2000）《标点符号用法正误辨析》，北京：北方工业大学出版社。

高书贵（2000）"毕竟"类语气副词的与预设，《天津大学学报》（社会科学版）第
　　2 期。

高育花（2008）"不免""难免""未免"的语法化，《云南师范大学学报》（对外汉
　　语教学与研究版）第 3 期。

高增霞（2005）从非句化角度看汉语的小句整合，《中国语文》第 1 期。

谷　峰（2014）汉语反预期标记研究述评，《汉语学习》第 4 期。

顾一鸣（2020）空间体：从"了"的意外用法说起，《外文研究》第 4 期。

管志斌（2012）"得了"的词汇化和语法化，《汉语学习》第 2 期。

郭　光，陈振宇（2019）"知道"的非叙实与反叙实——兼论"早知道"的语法
　　化，《语言教学与研究》第 2 期。

郭　红（2012）汉语传信语气词"嘛"和"呗"，《首都师范大学学报》（社会科学
　　版）第 5 期。

郭继懋（1997）反问句的语义语用特点，《中国语文》第 2 期。

郭继懋（2008）"因为所以"句和"既然那么"句的差异，《汉语学习》第 3 期。

郭奇军（2012）试谈表看轻义"不就 X"构式，《乐山师范学院学报》第 8 期。

郭　锐（2017）复数事件和虚词语义，《世界汉语教学》第 4 期。

郭晓麟（2018）意外：起始义"V 上"的语用意义，《汉语学习》第 4 期。

韩　蕾，刘　焱（2007）话语标记"别说"，《宁夏大学学报》（人文社会科学版）
　　第 4 期。

侯学超（1998）《现代汉语虚词词典》，北京：北京大学出版社。

胡承佼（2018）意外范畴与现代汉语意外范畴的实现形式，《华文教学与研究》
　　第 1 期。

胡承佼（2019）因果关系的意外性与意外因果句，《汉语学报》第 3 期。

胡承佼（2022）《现代汉语意外范畴研究》，北京：商务印书馆国际有限公司。

胡德明（2010）《现代汉语反问句研究》，合肥：安徽人民出版社。

胡德明（2010）从反问句生成机制看反问句否定语义的来源，《语言研究》第 3 期。

胡雪婵，吴长安（2016）汉语成语语义韵的演变论略，《汉语学习》第 5 期。

黄伯荣（1996）《汉语方言语法类编》，青岛：青岛出版社。

黄晓红（2015）语气副词"反正"的使用环境及其教学问题研究，《华文教学与研究》第 1 期。

江桂英，孙少文（2018）言语行为中取效行为和取效效果的认知研究，《外语学刊》第 5 期。

江蓝生（2008）概念叠加与构式整合——肯定否定不对称的解释，《中国语文》第 6 期。

蒋　严（2020）汉语反事实条件句的表达方式，载陈振宇、张新华《叙实性与事实性》第 252—265 页，上海：上海教育出版社。

金　颖（2009）副词"无非"的形成和发展，《古汉语研究》第 1 期。

金　颖（2011）《汉语否定语素复合词形成演变研究》，广州：广东人民出版社。

金智妍（2011）《现代汉语句末语气词意义研究》，复旦大学博士学位论文。

鞠　晨，袁毓林（2022）从多声性看外交语言中问句的语义隐涵及其推理机制，《当代修辞学》第 3 期。

鞠　红，戴曼纯（2006）低调陈述作为语用策略的顺应性研究，《外语教学与研究》第 1 期。

康　德（1781/2004）《纯粹理性批判》，邓晓芒，译，北京：人民出版社。

匡鹏飞（2011）语气副词"明明"的主观性和主观化，《世界汉语教学》第 2 期。

雷冬平（2021）"不外（乎）"的演化及其功能研究，《语言研究》第 2 期。

黎锦熙（1924）《新著国语文法》，上海：商务印书馆。

李成陈，江桂英（2017）力动态意象图式视阈中"笑哭"表情符号语用意义的认知阐释，《外语学刊》第 5 期。

李　宏（1999）副词"反正"的语义语用分析，《语言教学与研究》第 4 期。

李晋霞（2010）反事实"如果"句，《语文研究》第 1 期。

李晋霞（2020）从篇章角度看复句与句群的差异，《汉语学报》第 1 期。

李晋霞，刘　云（2004）"由于"与"既然"的主观性差异，《中国语文》第 2 期。

李婧婷（2018）"自然"和"当然"的副、连之辨，《齐齐哈尔大学学报》（哲学社会科学版）第 9 期。

李丽娟（2017）话语标记"当然"的主观性及交互主观性分析，《三峡论坛》第
5 期。

李 强（2021）"怎么"表达意外：疑问、反问和感叹，《汉语学报》第 1 期。

李 强，袁毓林（2018）"都"和"只"的意义和用法同异之辨，《中国语文》第
1 期。

李 帅（2015）"堕、陷"类动词的语义韵及其认知阐释，《语言研究》第 2 期。

李小军（2009）语气词"已""而已"的形成、发展及有关问题，《汉语史学报》第
9 辑。

李小军（2018）试论总括向高程度的演变，《语言科学》第 5 期。

李新良（2013）《现代汉语动词的叙实性研究》，北京大学博士学位论文。

李新良（2015）立足汉语事实的动词叙实性研究，《世界汉语教学》第 3 期。

李宇凤（2021）从"你是说"引述回应看元语解释的否定功能，《语言教学与研
究》第 1 期。

李宇明（1997）主观量的成因，《汉语学习》第 5 期。

李宇明（1999）数量词语与主观量，《华中师范大学学报》（人文社会科学版）第
38 卷，第 6 期。

李治平，戴园梓（2023）也谈作为反意外标记的"还不是"，《湖南第一师范学院
学报》第 1 期。

李宗江（2014）连词"何况"和"岂况"是怎样形成的？《汉语学报》第 2 期。

李宗江（2015）近代汉语"意外"类语用标记及其演变，《汉语史学报》第 15 辑。

李宗江，王慧兰（2011）《汉语新虚词》，上海：上海教育出版社。

廖秋忠（1986）现代汉语篇章中的连接成分，《中国语文》第 6 期。

刘 彬，谢梦雅（2019）疑问代词"怎么"的惊异义及其句法后果，《汉语学习》
第 2 期。

刘 彬，袁毓林（2020）疑问与感叹的相关性及其转化机制，《世界汉语教学》
第 1 期。

刘 荣，潘贵生（2019）《现代汉语词典》所收英源外来词使用状况考察，《语言
文字应用》第 1 期。

刘森林（2010）语用力动力场理论探讨，《外语教学》第 5 期。

刘晓晴，邵敬敏（2012）"罢了"的语法化进程及其语义的演变，《古汉语研究》
第 2 期。

刘娅琼（2014）《现代汉语会话中的反问句研究——以否定反问句和特指反问

　　句为例》,上海：学林出版社。

刘娅琼,陶红印(2011)汉语谈话中否定反问句的事理立场功能及类型,《中国
　　语文》第 2 期。

刘　焱,黄丹丹(2015)反预期话语标记"怎么",《语言科学》第 2 期。

刘月华,潘文娱,故　韡(1983)《实用现代汉语语法》,北京：外语教学与研究
　　出版社。

刘志远,刘　顺(2012)"罢了"的词汇化及语气意义的形成,《语文研究》第
　　1 期。

鲁承发(2020)"怀疑"行为的决策机制及其词汇意义的识解策略——基于信
　　号博弈理论视角,《语言教学与研究》第 6 期。

鲁　莹(2020)汉语强调研究 60 年：手段、概念和体系,《汉语学习》第 3 期。

陆方喆,李晓琪(2014)"何况"的主观性表达功能——兼析与"况且"的区别,
　　《汉语学习》第 6 期。

陆方喆,朱　斌(2019)语言中的违预期信息与违预期范畴,《常熟理工学院学
　　报》(哲学社会科学)第 4 期。

陆俭明(2017)重视语言信息结构研究 开拓语言研究的新视野,《当代修辞
　　学》第 4 期。

吕海燕(2011)语气副词"毕竟"的语法意义,《乐山师范学院学报》第 6 期。

吕叔湘(1982[1942])《中国文法要略》,北京：商务印书馆。

吕叔湘(1985)疑问・否定・肯定,《中国语文》第 4 期。

吕叔湘(1999)《现代汉语八百词》,北京：商务印书馆。

马　宁(2013)"才怪"的语用否定性,《语文建设》第 9 期。

莫启扬,段　芸(2012)言语行为语力的认知语言学研究,《外语研究》第 3 期。

欧几里得(2014)《几何原本》,兰纪正、朱恩宽,译,南京：译林出版社。

齐沪扬(2002)《语气词与语气系统》,合肥：安徽教育出版社。

齐沪扬,胡建锋(2006)试论负预期量信息标记格式"X 是 X",《世界汉语教
　　学》第 2 期。

强星娜(2008)知情状态与直陈语气词"嘛",《世界汉语教学》第 2 期。

强星娜(2010)话题标记"嘛"与语气词"嘛",《汉语学习》第 4 期。

强星娜(2017)意外范畴研究述评,《语言教学与研究》第 6 期。

强星娜(2020)无定预期、特定预期与反预期情状的多维度考察——以"竟然"
　　"偏偏"等为例,《中国语文》第 6 期。

邱　贤,刘正光(2009)现代汉语受事主语句研究中的几个根本问题,《外语学刊》第 6 期。

屈承熹(2006)《汉语篇章语法》,潘文国等,译,北京:北京语言大学出版社。

全永百(1993)英语情态助动词有无时态形式,《现代外语》第 1 期。

任　鹰(2013)"个"的主观赋量功能及其语义基础,《世界汉语教学》第 2 期。

山雨禾,赵春利(2021)句末助词"得了"的分布验证与态度取向,《汉语语言学》第 2 辑。

邵敬敏(1982)回声问的形式特点和语用特征分析,《华东师范大学学报》第 2 期。

邵敬敏(1996)《现代汉语疑问句研究》,上海:华东师范大学出版社。

沈家煊(2003)复句三域"行、知、言",《中国语文》第 3 期。

沈家煊(2015)《不对称和标记论》,北京:商务印书馆。

石定栩,周　蜜,姚　瑶(2017)评价副词与背景命题,《外语教学与研究》第 6 期。

石　飞(2019)句末"就是了"的话语立场与话语功能,《汉语学习》第 6 期。

石　飞(2019)言者事理立场表达:"再怎么说"的信据性,《世界汉语教学》第 33 卷第 2 期。

史金生(2011)《现代汉语副词连用顺序和同现研究》,北京:商务印书馆。

史金生,孙慧妍(2010)"但(是)"类转折连词的内部差异及其形成机制,《语文研究》第 4 期。

宋作艳,陶红印(2008)汉英因果复句顺序的话语分析与比较,《汉语学报》第 4 期。

孙佳莹,陈振宇(2021)"同盟"范畴研究成果与问题,《语言研究集刊》第二十七辑。

唐正大(2008)了然于心·预料之中·出乎预料,《东方语言学》第 2 期。

唐正大(2019)社会性直指与人称范畴的同盟性和威权性——以关中方言为例,《当代语言学》第 2 期。

陶　寰,李佳樑(2007)方言与修辞的研究接面——兼论上海话"伊讲"的修辞动因,《修辞学习》第 3 期。

完　权(2018)信据力:"呢"的交互主观性,《语言科学》第 1 期。

完　权(2019)《"的"的性质与功能》,北京:商务印书馆。

万光荣(2017)惊讶范畴:类型学研究的新领域,《语言科学》第 6 期。

王灿龙（2009）一个濒于消亡的主观性标记词——想是,《当代语言学》第 1 期。

王　还（1999）《新编汉英虚词词典》,北京：华语教学出版社。

王佳敏,罗思明（2018）汉英动词语义功能负荷量研究,《西安外国语大学学报》第 3 期。

王　健（2013）一些南方方言中来自言说动词的意外范畴标记,《方言》第 2 期。

王　珏（2020）由功能模式出发研究语气词口气及其系统,《中国语文》第 5 期。

王　力（1985[1943]）《中国现代语法》,北京：商务印书馆。

王　敏（2006）《"当然"和"自然"的异同考察》,暨南大学硕士学位论文。

王起澜,张　宁,宋光中（1989）《汉语关联词典》,福州：福建人民出版社。

王瑞烽（2011）"毕竟"语篇的语义结构类型,《宁夏大学学报》（人文社会科学版）第 5 期。

王维贤,张学成,卢曼云,程怀友（1991）《现代汉语复句新解》,上海：华东师范大学出版社。

王文斌,吴　可（2019）论动结式中的两类典型构式,《西北师大学报》（社会科学版）第 4 期。

王希杰（2014）《汉语修辞学》（第三版）,北京：商务印书馆。

王咸慧（2021）语气词"嘛"背景信息共识化功能初探,《中国语文》第 6 期。

王　岩（2007）表示转折关系的"不过"和"就是",《汉语学习》第 5 期。

王莹莹,潘海华（2019）排序语义与"能"和"可以"的语义和句法分析,《当代语言学》第 3 期。

王　志（1992）交谈中的提醒句,《语言研究》第 2 期。

王自强（1998）《现代汉语虚词词典》,上海：上海辞书出版社。

吴福祥（2004）试说"X 不比 Y·Z"的语用功能,《中国语文》第 3 期。

吴福祥（2021）也谈语法化的机制和动因,《语文研究》第 2 期。

吴　越（2020）亲涉性述评,《当代语言学》第 3 期。

夏焕乐（2018）现代汉语"无非"的功用研究,《河池学院学报》第 6 期。

夏焕乐（2019）跨层结构到评注性副词："无非"的演化历程,《钦州学院学报》第 6 期。

夏焕乐（2023）轻化评价义构式"V 就 V 了"的功用与演变——兼论反意外类

型及其认识状态梯度表现,《语言研究集刊》第三十一辑,上海:上海辞书出版社。

肖任飞,张 芳(2014)熟语化的"(更)不用说"及相关用法,《语言研究》第1期。

肖治野,沈家煊(2009)"了₂"的行、知、言三域,《中国语文》第6期。

谢 林(2018)《世界时代》,先刚,译,北京:北京大学出版社。

邢福义(1987)现代汉语的特指性是非问,《语言教学与研究》第4期。

邢福义(1991)汉语复句格式对复句语义关系的反制约,《中国语文》第1期。

邢福义(2001)《汉语复句研究》,北京:商务印书馆。

徐晶凝(2000a)"反正"与"既然",《北大海外教育》第3辑,北京:华语教学出版社。

徐晶凝(2000b)汉语语气表达方式及语气系统的归纳,《北京大学学报》(哲学社会科学版)第3期。

徐晶凝(2007)语气助词"呗"的情态解释,《语言教学与研究》第3期。

徐晶凝(2008)《现代汉语话语情态研究》,北京:昆仑出版社。

玄 玥(2017)话语标记"当然"的语法化,《语文研究》第4期。

晏生宏,廖巧云(2013)信息复合与词的语法化——以"after all""毕竟"为例,《湖北民族学院学报》(哲学社会科学版)第5期。

杨德峰(2018)连词带语气词情况及语气词的作用,《华文教学与研究》第1期。

杨 刚,匡鹏飞(2022)从引述到否认:"所谓"的表义条件、历时演变和立场表达,《世界汉语教学》第2期。

杨寄洲,贾永芬(2005)《1700对近义词语用法对比》,北京:北京语言大学出版社。

杨霁楚(2007)语气副词"偏偏"的主观语义及相关句式考察,载《中国语文》杂志社(编),《语法研究和探索(十四)》,北京:商务印书馆。

姚双云(2017)《关联标记的语体差异性研究》,北京:世界图书出版公司。

易 丹(2015)柳州话中"去"的一些特殊用法,《语文建设》第4期。

殷树林(2007a)"不就VP"反问句的句意类型,《安庆师范学院学报》(社会科学版)第2期。

殷树林(2007b)也谈"还不是X"反问句,《聊城大学学报》(社会科学版)第3期。

尹洪波（2014）否定与转折,《语言研究集刊》(第十三辑),上海：上海辞书出版社。

尹洪波（2020）现代汉语转折复句新论,《汉语学报》第 1 期。

袁毓林（2008）反预期、递进关系和语用尺度的类型——"甚至"和"反而"的语义功能比较,《当代语言学》第 2 期。

袁毓林（2012）《汉语句子的焦点结构和语义解释》,北京：商务印书馆。

袁毓林（2014）概念驱动和句法制导的语句构成和意义识解——以"白、白白（地）"句的语义解释为例,《中国语文》第 5 期。

袁毓林（2015）汉语反事实表达及其思维特点,《中国社会科学》第 8 期。

袁毓林（2020）叙实性和事实性：语言推理的两种导航机制,《语文研究》第 1 期。

袁毓林（2021）从语言的"多声性"看"假装"句的解读歧异,《语言战略研究》第 5 期。

袁毓林,寇　鑫（2018）现代汉语名词的叙实性研究,《语言研究》第 3 期。

乐　耀（2011）从"不是我说你"类话语标记的形成看会话中主观性范畴与语用原则的互动,《世界汉语教学》第 1 期。

乐　耀（2013）论北京口语中的引述类传信标记"人说",《世界汉语教学》第 2 期。

张伯江（2021）复杂句式的扁平化——纪念朱德熙先生百年诞辰,《中国语文》第 1 期。

张　静（2015）《"既然"式推断复句研究》,华中师范大学博士学位论文。

张秋航（2006）语气副词"毕竟"的语义分析,《汉语学习》第 4 期。

张文贤,乐　耀（2018）汉语反问句在会话交际中的信息调节功能分析,《语言科学》第 2 期。

张汶静,陈振宇（2016）信息的确定性对否定表达的制约,《语言教学与研究》第 5 期。

张秀松（2015）"毕竟"的词汇化和语法化,《语言教学与研究》第 1 期。

张秀松（2019）话语标记化的性质之争,《外语学刊》第 4 期。

张秀松（2020）近代汉语中语用标记"可又来"的多功能性与语用化研究,《中国语文》第 1 期。

张秀松,刘　通（2020）古代汉语程式问候语"幸会"的语用化研究,《海外华文教育》第 1 期。

张秀松,张爱玲 (2016)"阿弥陀佛"向会话程式语的语用化,《当代修辞学》第 2 期。

张秀松,张爱玲 (2017)"好说"向会话程式语的语用化,《当代修辞学》第 3 期。

张　滟 (2010a)"X(连)A 都/也 Y,更不用说/别说 B"框架下的"连"字结构语义-句法界面研究——反观汉语句法类型与语义类型的联系,《外语教学》第 2 期。

张　滟 (2010b) 构式"XAY let alone B"与"X(连)A 都/也 Y,更不用说/别说 B"的语义-句法界面研究——基于"交互主观性"认知观,《中国外语》第 1 期。

张　滟 (2012) 因果复句关联标记句法-语义研究——基于"交互主观性"认知观,《外国语》第 3 期。

张谊生 (1996) 现代汉语副词"才"的句式与搭配,《汉语学习》第 3 期。

张谊生 (2000)《现代汉语副词研究》,上海:学林出版社。

张谊生 (2001) 论现代汉语的范围副词,《上海师范大学学报》(社会科学版)第 1 期。

张谊生 (2014)《现代汉语副词研究》(修订本),北京:商务印书馆。

张　莹,陈振宇 (2020) 汉语的反事实条件句和非事实条件句,《汉语学报》第 3 期。

张则顺 (2014) 合预期确信标记"当然",《世界汉语教学》第 2 期。

张则顺 (2015)《现代汉语确信副词研究》,北京:中国社会科学出版社。

章　敏 (2016)"本来"反事实句与情态共现问题研究,《新疆大学学报》(哲学·人文社会科学版)第 1 期。

赵春利,方甲珂 (2017)"喽"的功能、意向、态度和情感研究,《语言科学》第 4 期。

赵春利,石定栩 (2015)"呗"的态度取向及其语义基础,《语言教学与研究》第 4 期。

赵春利,杨才英 (2016) 句末助词"嘛"的认知与情感的关联性研究,《外国语》第 5 期。

赵　琪 (2013) 汉语非典型动结构式的论元结构分析,《汉语学习》第 3 期。

赵　新,李　英 (2009)《商务馆学汉语近义词词典》,北京:商务印书馆。

赵　彧 (2016) 降格否定"遑论"的分布特征、表义功能及连词化历程——兼论"遑论"与"不论"的异同,《励耘语言学刊》第 2 期。

郑娟曼（2018）所言预期与所含预期——"我说呢、我说嘛、我说吧"的用法分析，《中国语文》第 5 期。

钟小勇，张　霖（2013）"既然"句和"因为"句主观性差异探，《汉语学习》第 4 期。

周　红（2011）"不免""难免""未免"的语义语用分析，《汉语学习》第 4 期。

周　莉（2017）后分句引导语"别说"与"何况、况且、而且"，《语言教学与研究》第 2 期。

周　韧（2011）"全"的整体性语义特征及其句法后果，《中国语文》第 2 期。

周　韧（2021）向右无量化："都"的性质再认识，《中国语文》第 3 期。

朱德熙（1982）《语法讲义》，北京：商务印书馆。

宗守云（2015）晋方言情态动词"待"及其否定关联和意外性质，《中国语文》第 4 期。

祖人植，任雪梅（1997）"毕竟"的语篇分析，《中国语文》第 1 期。

后 记

　　虽然本书研究的是反意外，但做这个研究的开端还挺意外的。因为这跟我原先的研究方向几乎没有关系，而且这个题目的最初来源纯属偶然。当时是我读博的最后一年，在华中师范大学国际文化交流学院实习，给来华留学的预科生教汉语。教预科生很像准备高考，就是不停地刷题、改题和讲题。有一道听力题大多数学生都做错了，听力题中有句话"还不是因为考试成绩嘛"，留学生都理解成了"不是因为考试成绩"。中国人一般平时不觉得，像"还不是、不也是、不就是"虽带个否定词，但常常没有否定的意思。不过我当时很疑惑，就问班主任阮蓓老师，后来又问万莹副院长，她们都表示这是个很有意思的问题，但解释起来可能对于预科生来说知识超载，建议我处理成约定俗成的固定词组。虽说如此，我还是觉得有必要搞清楚到底是什么原因。毕业临近，资格论文和学位论文早已完成到位，所以就有充足的时间精力去额外做这个研究，找资料的时候强星娜老师的大作《意外范畴研究述评》给了我灵感，也许"还不是"没有否定意义跟意外有关，只是好像是把意外反了过来，以传达某种特殊的语气，研究的题目就叫反意外吧。

　　兴趣使人高效，论文只用了一个多月就写好了。写完的当天看到《世界汉语教学》青年学者论坛的通知，也真是凑巧，文章是从对外汉语教学当中来，索性就投到对外汉语教学的顶刊中去。没成想这篇论文评审非常顺利，春天投稿，秋天就发表了出来。其间还有幸以这篇论文去北京语言大学作青年论坛的大会报告，点评专家郭锐老师非常细致地点出了文章的优劣得失，心中佩服不已，尤其听到郭老师说"文章是对汉语语法主观性研究的新发展"，更是感到振奋无比。毕竟我当时只是个未出茅庐的博士生，况且在此之前的学术研究难说成功。由衷感谢《世界汉语教学》编辑部给予我的这次宝贵经历,张博老师、帅志嵩老师、孟凯老师、胡媛老师都给了我非常多的支持和鼓励,温暖的眼神和殷切的话语点燃了一个籍籍无名小学者的小宇宙。这场在北语报告的"反意外"论文称得上我学术生涯迈上正轨的转折点。

入职华中科技大学后,首聘期压力很大,还好博士期间的拼劲尚有一点余热,论文的考核要求倒是很快完成了,但是真正的考验是课题申报。先是以博论的题目申请课题,没中;第二年尝试做语言信息处理的题目,依然不中;之后又以语体语法申请,还是不中。由于一次次漫长的等待等来的都是徒劳无功,当时陷入了深深的无力和巨大的焦虑。这时复旦大学的一则征稿启示引起了我的注意,是陈振宇老师主办的"预期与意外"专题会议。其实写完那篇"还不是"的论文之后,我就一直没继续做反意外的研究,一是因为太理论,与应用有距离,尤其是在一个以理工科为主的学校不做应用,感觉难有作为。二是跟我博士论文几乎完全不搭界,难以在项目申报中论证研究的延续性。陈老师的这个会议倒是提醒我,要不然试试接着做反意外? 毕竟我其他的研究多是在沿袭,而且未必高明,即使其中有应用,也很难说有什么亮点,当时就在想,纵使做理论困难重重,但做理论更让我感兴趣,说不定天赋就是在这上面,同门师兄弟张大强老师甚至说:"反意外的那篇是我这几年读过最好的论文。"虽然有严重溢美之嫌,但转念一想反意外至少是我自己独立做出来的呀,题目再小,应用再少,原创的东西总会多一点独一无二的优势。虽然在学术史上未必没有这方面的先见之明,袁毓林老师提醒我这个反意外跟他提出的解-反预期似有雷同之处;陆方喆老师也说反意外细归细,可归根结底还是应算在合预期当中。我完全承认两位老师意见的合理性,不过甭管是名称上的分歧,还是实质上的雷同,反意外这个方向仍存在挖掘的潜力,亦有不少理论化、体系化的余地。更重要的是,武汉地方的方言特别容易表现不在话下、成竹在胸的语气(武汉话叫作"信得足"),使得我对反意外的类似语气异常敏感。于是决心坚定信念把反意外研究给续上。

　　决心好立,抓手难寻。继续做反意外的最大问题就是找不到贴切的抓手,也真是幸运非常,好友石飞老师在《世界汉语教学》上发表了篇有关"就是了"的论文一下子就抓住了我的注意力。因为身边经常可以听到"不就是了、不就得了、不就好了"等表达,直觉告诉我这些自信满满的表达就是反意外,于是便奋笔疾书开始写"不就 X了",希望打开反意外的新局面。然而在理论解释时犯了难,我能证明"不就 X 了"与反问句高度相关,但不知怎么解释"不就 X 了"是冲淡的语气,而不似多数反问句一样是强调的语气。问华中师范大学语言所的刘彬老师时,刘老师非常慷慨地告诉我可以参考一下胡德明老师的反问句研究专著,里面又全面又详细。确实,我从胡著中立马就找到了突破口。按计划写完后投稿"预期与意外"会议,过程出奇顺利。参会期间,更是得到张谊生、龙海平、盛益民等先生的宝贵意见,坚定了我继续研究反意外的决心。陈振宇老师鼓励我要打造一个新的系统,兼容可以兼容的一切事实,不断添砖加瓦,推动系统成长。次年很顺利地发表了谈"不就 X 了"的论文。备受鼓舞的我又投稿了陈振宇老师隔年举办的"隐形否定"会议。接着谈反意外,重点放在其与否定的联系,研究反意外的思路也就逐渐打开,而后又接连撰文让反意外接轨于复句、副词、语气词等汉语语法经典议题,使反意外融合于预期学说、力动态模型、多声性理论等学界前沿,努力做到陈老师指点的那样,系统式构建,兼容式积累。最终成功以反意外为题的国家社会科学基金项目获批立项,并优秀结项,实现良性循环。

　　2020—2024 年这五年对我而言,可以说主要就是围绕着反意外展开科研攻关。无比荣幸有一群聪明勤奋的研究生加入我这个小团队,一起讨论,帮忙分析,激发灵感,督促写作,立下汗马功劳,他们是刘林旭、杨晨、郭诗雨、汪悦、余倩文、戴婳婳、陈彤、李紫微、龚添、陈甜歌、王婧珂、赵祎祯、郭倩、王向慧、甄晴、彭悦君、李艾欣、冯杨、张秀梅、李诗晴、陈珊珊、卢轩、陈曦、王冰冰、瞿语棠、刘颖、王孜、兰安然等同学,感谢诸位的鼎力支持!其间我参加了大大小小很多场学术会议,先后得到了袁毓林、施春宏、谢晓明、张谊生、龙海平、盛益民、陈昌来、姚双云、赵春利、史维国、唐正大、朱斌、完权、史金生、邵洪亮、孟凯、崔山佳、胡承佼、应学凤等前辈先生的帮助与鼓励,石飞、李姝姝、陆方喆、刘彬、寇鑫、李强、李湘、鲁莹、杨旭、姜毅宁、张耕、刘星等老师也提出了很多宝贵建议和中肯意见,在此一同表达由衷感谢。如果说这五年能算小有进步的话,实乃各位专家倾囊相授与智慧托举之结果。尤其感谢陈振宇老师,不仅一直为我的研究搭桥指路,还在百忙之中抽空为本书作序。特别感恩业师萧国政先生,不仅没有责备我从自然语言处理研究转行做语用学,而且还总是给我加油打气,经常转我学界动态和前沿信息。向本书的责任编辑毛浩先生致以诚挚的谢意,他的悉心校对和辛苦加工,为本书增色不少。

最后感谢我的父母和妻子梦欢,他们在家里辛苦操持才保证了我能心无旁骛地完成了这项研究。本书写完时,我可爱的女儿乐乐诞生了,这本书献给她,作为她来到这个世界的礼物。

陈　禹

2025 年 3 月 7 日写于后襄河畔

图书在版编目（CIP）数据

现代汉语反意外语用标记研究 / 陈禹著. — 上海：
上海教育出版社，2025.5. — ISBN 978-7-5720-3391-9

Ⅰ. H109.4

中国国家版本馆CIP数据核字第2025E6J067号

责任编辑　毛　浩
封面设计　周　吉

现代汉语反意外语用标记研究
陈　禹　著

出版发行　上海教育出版社有限公司
官　　网　www.seph.com.cn
地　　址　上海市闵行区号景路159弄C座
邮　　编　201101
印　　刷　上海昌鑫龙印务有限公司
开　　本　890×1240　1/32　印张 10.5
字　　数　274 千字
版　　次　2025年5月第1版
印　　次　2025年5月第1次印刷
书　　号　ISBN 978-7-5720-3391-9/H·0102
定　　价　108.00 元

如发现质量问题，读者可向本社调换　电话：021-64373213